运河帆影

——江苏运河史话

南京图书馆 编

东南大学出版社
SOUTHEAST UNIVERSITY PRESS
·南京·

编委会

一、编辑委员会

主任委员：韩显红　陈　军

委　　员：许建业　全　勤　姚俊元　吴　政

二、策划委员会

主任委员：束有春

委　　员：丁　勇　耿　健　单红彬

三、编写组

组　　长：刘丽娜

成　　员：陶梦云　嵇　婷　郭海林　陈法玉
　　　　　夏宝国　顾　风　王玉国　张戬炜
　　　　　徐道清　夏刚草　徐苏君　赵　婷
　　　　　张　晨　梁雯雯　丁　鑫　王建新
　　　　　刘　佳　黄立言　徐　茜

前　言

运河—大运河—中国大运河，是一组质地相同，但内涵外延差别很大的语词。

"运河"就是人工开挖的河道，与自然河道及其他河流相连，除航运外，还可用于灌溉、分洪、排涝、给水等。

"大运河"是就其体量长度宽度比一般运河要长要宽而言。每一条运河都有自己的地理名称，按理，"大运河"这个名称是不能成立的，因为它所指地理环境不清晰。用"大"来修饰，是因为与国外只有190公里的埃及西奈半岛西侧"苏伊士运河"相比，与全长只有82公里的中美洲"巴拿马运河"相比，与全长只有98.26公里的德国"基尔运河"相比，与全长只有6.3公里的希腊"科林斯运河"相比。正是在与异邦的对比中，加之中国的运河置身于泱泱大国的怀抱，由西向东，由北向南，显得绵长而又阔大，纵贯五大水系，故可毫不夸张地称之为"大运河"。

我们之前都约定俗成地称自己的运河为"隋代大运河""京杭大运河"，因为申报"世界遗产"的需要，最后统一用"中国大运河"作为固定名称呈现在异邦面前，所以，"中国大运河"成了运河文化中的又一个重要概念。

我们对于大运河的"历史价值"认识经历了漫长的、褒贬不一的历史过程，认识上的差别可以用"天壤"来形容。因为人们习惯于把隋朝的灭亡归咎于隋炀帝，归咎于隋炀帝开挖了大运河。但早在唐代人眼中，"隋代运河"除被唐代人继续使用并不断疏浚拓展外，歌颂赞许之声还是有的，其中以唐代诗人皮日休的《汴河怀古二首》最为代表。

现代人们对于大运河的重视，也是从其"文化遗产"价值引发开来的，并且逐步升温。2006年，国务院公布第六批全国重点文物保护单位时，大运河被列入其中，用的名称是"京杭大运河"。从2006年开始，江苏就着手省内运河沿线8市的大运河保护规划编制工作。2009年，国家决定要在2014年把大运河申报为世界文化遗产，大运河开始真的"吃香"起来了，由文化文物部门的行动开始转为社会多部门的行动，直至上升为国家行动。我省扬州市作为中国大运河申遗"牵头城市"，笔者曾参与了前期大量筹备工作。开始时，运河沿线城市只有33家，后来浙江绍兴、宁波二市认识到大运河申遗的重要性，要求加盟，加之隋唐时期，大运河的南端事实已经伸入宁绍平原，所以，中国大运河沿线城市就变成了35家。最后成立了国家层面的运河城市联盟，以扬州作为中国大运河申遗牵头城市，申遗办公室正式挂牌成立。从此，以"中国大运河"名称申报世界文化遗产的伟大工程正式拉开了序幕。

2013年5月3日，国务院公布第七批全国重点文物保护单位时，将"春秋至中华人民共和国"时期位于北京市、天津市、河北省、浙江省、江苏省、安徽省、山东省、河南省境内的运河，与第六批全国重点文物保护单位"京杭大运河"合并，合并后的名称改为"大运河"。这样做，不仅在名称上将我国大运河文化遗产的内涵与外延作了进一步明确，也更加有利于整合大运河文化遗产资源，推动我国大运河"申遗"工作更加科学地、全面地、有效地开展。

2014年6月22日，在第38届世界遗产大会上，"中国大运河"项目成功入选世界遗产名录，成为我国第46个世界遗产项目。

"中国大运河"由隋代运河（习惯又称"隋唐运河"）和京杭运河两大部分组成，这是不争的事实。但在网络媒体乃至在有些文章或文件中出现将"浙东运河"与"隋代运河""京杭运河"相提并论的现象，称中国大运河由三部分组成。这种"三分天下"的做法不仅与国务院公布的全国重点文物保护单位的名称及内容不符，更与我国申报世界遗产时，对世界遗产"协约国"的承诺不符。

"中国大运河"申遗文本中明确表明：中国大运河的主体工程主要集中在三个时期：一是春秋战国时期（公元前5世纪至公元前3世纪），各诸侯国出于战争和运输的需要竞相开凿运河，但都各自为政，规模不大，时兴时废，没有形成统一体系。这一时期最著名的事件就是"邗沟"的开挖，它沟通了淮河与长江，成为中国大运河河道成型最早的一段,并作为重要的区域性交通要道而得到不断维护与经营。二是隋朝时期(公元7世纪初),为了连通南方经济中心和满足对北方的军事需要,在帝国政府统一规划、建设和管理下,先后开凿了通济渠、永济渠,并重修江南运河和疏通浙东航道,从而将前期各地方性运河连接了起来,形成了以国都洛阳为中心,北抵涿郡、南达宁波的大运河体系,完成了中国大运河的第一次全线大贯通。三是元朝时期(公元13世纪后期),由于国家政治中心从中原地区移到了大都(今北京),皇帝忽必烈组织开凿了会通河、通惠河等河道,从而将大运河改造为直接沟通北京与江南地区的内陆运输水道,形成中国大运河的第二次南北大沟通。明清两朝维系了大运河的这一基本格局,并进行了多次大规模的维护与修缮,使大运河一直发挥着漕粮北运、维系国家稳定繁荣等重要功能。

我们由以上已经不难领会,"浙东运河"是很早就完全包含在了"隋代大运河"中了。

东晋南北朝时期,南方统治阶层着力开凿修治浙东运河,自杭州东渡钱塘江至萧山县西兴镇,再由西兴镇东通至宁波,沟通了姚江、甬江、钱塘江、曹娥江等自然河流。经过1 000多年的陆续营建,到隋统一中国之前,以中原地区为中心,贯通东西南北的中国大运河体系已初步形成,为隋唐时期对运河大规模开挖、整治及航运大繁荣奠定了基础。隋炀帝的伟大之处在于,他不仅对春秋时期的"古邗沟"进行了合理利用,在河道取向上保持了一致,也对浙东宁绍平原上由"山阴古水道"形成的固有河道进行疏浚,实现了隋代大运河对包括钱塘江在内的"五大水系"的全部纵向沟通。

隋代大运河以洛阳为中心,分别由西向东南、向东北方向延伸,呈"Y"形或侧卧"人"字形。京杭大运河以元大都为中心,由北向南纵向延伸,虽然名称是卡位卡到杭州称"京杭",呈"I"形,但实际上与宁绍平原上的浙东段运河水系早已是相连的。如果要将"浙东运河"独立出来,与"隋代运河""京杭运河"并列,又能呈现出什么样的形状?浙江的政治经济中心在杭州,杭州又是南宋都城所在地,历史地位明显高于绍兴和宁波,因此,后人将由元大都南下通达的大运河命名为"京杭运河"而不称为"京绍运河""京宁运河",是不需要讨论商量的。我们的先人在给运河取名时采用了两种方法,一种是历史标记法,如"隋代运河"(或曰"隋唐运河"),一种是地理标记法,如"京杭运河"。但有一个共同点就是都要围绕着国家或地方政治经济的中心来思考定位。

我国将"中国大运河"分为十大河段,由北向南分别为:通济渠段、卫河(永济渠)段、会通河段、通惠河段、北运河段、南运河段、中河段、淮扬运河段、江南运河段、浙东运河段。"浙东运河"与"江南运河""淮扬运河"等其他九个河段一样,只是"中国大运河"十大河段之一,是在第二层次,绝不可以僭越到与"隋代运河""京杭运河"相等的第一层次。

在"中国大运河"十大河段中,江苏拥有三个河段还多一点:"中河段"包括徐州、宿迁二市,"淮扬运河"段包括淮安、扬州二市,"江南运河段"包括镇江、常州、无锡、苏州四市,另外,还有与安徽省泗县相连、由盱眙入淮的"通济渠"一部分,流经全省13个省辖市的8个市。

"中国大运河"在江苏的实际长度,分开来说,"隋代运河"全长2 700多公里,其中在江苏省内达800余公里;"京杭运河"全长1 797公里,在江苏境内达1 000余公里。由于两条线路有重叠交叉之处,在江苏境内的最终数据,省水利部门的统计数据为1 027.4公里,规划编制部门的统计数据为1 023.3公里(其中:中运河483公里,淮扬运河242.5公里,江南运河232.8公里,通济渠段65公里),可以大约地说:"中国大运河"在江苏境内的长度达1 020多公里。

另一个问题是"古邗沟"与"太伯渎"谁是中国大运河"第一锹"开挖地问题。

这是个老而又新的问题。就江苏而言,10多年前,在中国大运河"申遗"过程中,曾出现过两个问题:一个是来自外部的压力,即山东的济宁市要与我省的扬州市争夺"牵头城市"席位,结果经过几轮论战和专家现场考察,最后花落江苏,扬州成为中国大运河申遗牵头城市;第二个是来自内部的"运河第一锹土"所在地之争,当时无锡市就有同志提出"伯渎港""伯渎河"问题,认为中国大运河的"第一锹土"应该是在无锡,理由很简单,也很吸引人,就是"吴太伯"是"吴王夫差"的老祖宗,而无锡一带有"泊渎河"。结果在"以史为征"、功能、作用等要素对比情况下,加之无锡同志顾全大局,不搞"兄弟阋于墙",扬州市终于坐稳了中国大运河申遗牵头城市的交椅。作为当事人,笔者曾亲历了全过程。

2019年12月26日,无锡市新吴区曾在梅里镇召开"中国运河第一撬"学术研讨会,尽管"锹""撬"二字音同且词性截然不同,但研讨会所要表达的意境是十分清晰的。应该说,这是推动江苏大运河文化研究、丰富运河文化内涵的一个重要举措,值得倡导,但以后人命名的"太伯渎"两岸发现的、体量面积很小的商周末期的灰沟、陶器残件作依据,就断言现在的"太伯渎"就是当年吴太伯开挖的,并以此要从扬州拿走"第一锹"席位,显然力道不够。更何况,吴王夫差时的扬州也好,无锡也罢,都属于吴国的国土呢。

"邗沟"之"沟"字与水关联密切。其本义有二。第一是指田间水沟或水道。《周礼·遂人》有"十夫有沟",意思是十户人家所种的田要有一条水沟用于灌溉。第二是指"护城河"。《史记·齐世家》有:"楚,方城为城,江汉以为沟。"这句话在《左传·僖公四年》中为:"楚国方城以为城,汉水以为池。""方城"是春秋时楚国的一座城池,也可理解为一个区域,带有拱卫防御功能。"江"指长江,"汉"指汉水。这句话的意思是:楚国把方城当作城墙,把汉水当作护城河。

吴王夫差开挖古邗沟的记载最早见于《左传·哀公九年》:"秋,吴城邗,沟通江淮。"晋杜预注曰:"于邗江筑城穿沟,东北通射阳湖,西北至末口入淮,通粮道也。今广陵韩江是。"这是文献中最早出现"邗沟"记载,那是公元前486年的事。中国大运河申遗文本据此精确地表述为:中国大运河的开掘始于春秋战国时代。公元前486年,为北上争霸,吴国在今扬州附近开挖邗沟,沟通长江与淮河水系,成为中国历史文献中记载的第一条有确切开凿年代的运河。

古人以"沟"来表达人工与自然相结合的水系,除了"邗沟"外,还有著名的"鸿沟"。战国中期,魏国为争雄称霸,于公元前361年前后开始挖掘改造鸿沟,北接黄河,南边沟通了淮河北岸的几条主要支流,构成了黄、淮之间的水路交通网络。公元前221年秦始皇统一中国后,为了建立和巩固新生帝国政权,充分利用鸿沟水系,从各地漕运大批粮食,源源不断地运往关中和京师咸阳。鸿沟水系的许多支流后来因黄河泛滥而淤塞,只有其主水道汴渠尚未断流。隋炀帝在前代汴渠的基础上,下令开凿通济渠,沟通黄河与淮河,汴渠也成为隋代大运河的一部分。

我们再来看"太伯渎"之"渎"字,它的本义是什么?在先秦时期,差别很大。

一种是与水不沾边的"渎"字。如《周易正义》卷一有："蒙：亨。匪我求童蒙，童蒙求我。初筮告，再三，渎，渎则不告。"晋王弼注曰："渎，蒙也。"这里的"渎"是指没有悟性、蒙昧的意思。《左传·昭公十三年》有："晋有羊舌鲋者，渎货无厌。"晋杜预注曰："渎，数也。"这里的"渎"是指屡次、反复的意思。

《左传·成公十六年》载：子反入见申叔时，曰："其师何如？"对曰："德刑详义礼信，战之器也。德以施惠，刑以正邪，详以事神，义以建利，礼以顺时，信以守物。民生厚而德正，用利而事节，时顺而物成。上下和睦，周旋不逆，求无不具，各知其极。故《诗》曰：'立我烝民，莫匪尔极。'是以神降之福，时无灾害，民生敦庞，和同以听，莫不尽力，以从上命，致死以补其阙。此战之所由克也。今楚内弃其民，而外绝其好，渎齐盟而食话言，奸时以动，而疲民以逞。民不知信，进退罪也，人恤所底，其谁致死！子其勉之，吾不复见子矣。"在这一段齐楚双方重要人物的战前对话中，出现"渎齐盟"三字，晋杜预注解为"渎，不详以事神"。这里的"渎"是指"亵渎"、不守信用、背弃的意思。在《左传·昭公二十六年》中有："国有外援，不可渎也。"这里的"渎"通"黩"，是"贪污""贪财"的意思。

再看与水沾边的"渎"。成书于战国后期的《尔雅·释水》中有："江、淮、河、济为四渎，四渎者，发源注海者也。"《礼记·祭法》曰："天子祭天下名山大川，五岳视三公，四渎视诸侯。"战国后期的《韩非子·五蠹篇》中有："天下大水而鲧禹决渎。"这里的"决"就是挖掘、疏通，"渎"就是指河流、水道。到了汉代，《史记·殷本纪》中有"东为江，北为济，西为河，南为淮，四渎已修，万民乃有居"句。但"渎"字有时也指小水沟、小水渠。如贾谊《吊屈原赋》中有："彼寻常之污渎兮，岂能容吞舟之鱼！"意思是说，那小小的污水沟，怎能容得下能够吞下舟楫的大鱼呢！

吴地人喜欢用"渎"字命名水系，反映了水网密布的地域特色。除了"太伯渎"，还有"木渎""练渎""射渎""蠡渎""孟渎"，等等。至今，吴地仍有许多地名是带"渎"字的，宜兴市号称境内现存有"七十二渎"，每个渎都有自己的名字，当地还专门成立了"渎文化研究会"。

如果我们放眼至长江北岸的"老吴地"，吴王夫差开凿的古邗沟，亦有"山阳渎"别称。现在的盐城地区人也喜欢用"渎"，如"盐渎"。盐城在历史上盛产盐，

"盐渎"应是指用于运盐的水道"串场河"吧。

今天无锡地区的"太伯渎"(亦作"泰伯渎")一词,最早出现的时间应该是在唐宋时期。据北宋地理总志《太平寰宇记》卷九十二记载:"太伯渎,西带官河,东连范蠡渎,入苏州界,淀塞年深,粗分涯岸。元和八年,刺史孟简大开漕运,长八十七里,水旱无虞,百姓利之。"这里出现了唐代刺史孟简于唐宪宗元和八年(813年)所开"孟渎"与传说中的吴太伯的"太伯渎"的关系。笔者仔细查阅了由宋人欧阳修、宋祁撰写的《新唐书》,在卷四十一《地理志五》"江南道"中,"常州晋陵郡"条的原文和补注是这样的:

"武进,望。武德三年以故兰陵县地置,贞观八年省入晋陵,垂拱二年复置。西四十里有孟渎,引江水南注通漕,溉田四千顷,元和八年,刺史孟简因故渠开。"

"无锡,望。南五里有泰伯渎,东连蠡湖,亦元和八年孟简所开。"

这是"泰伯渎"在官史中的出现,但同时又注解"泰伯渎""亦是元和八年孟简所开"。由此不难推断,"泰伯渎"的出现,最早也就是在唐宋年间的事。

正是在这样的官史文献基础上,后起之地方史乘不断地对"泰伯渎"加以发酵,日积月累,遥想入志。清代《锡金考乘》卷一转引元代王仁辅《无锡县志》云:"渎开于泰伯,所以备民之旱涝。民德泰伯,故名其渎,以示不忘。"《梅里志》卷二云:"泰伯渎:'西枕运河,东连蠡湖,而梅里当其中。长八十七里,广十二丈。起自无锡县东南五里许。历景云、泰伯、梅里、垂庆、延祥五乡,入长洲界,相传泰伯所开。盖农田灌溉之通渠,亦苏锡往来之迳道也。唐元和八年,常州刺史孟简尝浚导之,改称孟渎。然民间有口,但云伯渎,不闻孟渎也。'"《锡山志》又云:"泰伯渎,运河之支也。于清宁桥南入口。有桥跨其上,名伯渎。""相传"多了、久了,久而久之,人们就又禁不住从实处来做,并且是愈做愈逼真,因为他们在落笔成文时,看到的就是眼前"此时"的现实,而对于泰伯"彼时"的实情是并不在意也压根就不想去在意的。历史是叠加的、渐进式的,亦犹如"积薪",使用者可以从其中任意"抽"取一页,都可以说是历史,都可以为我所用,但问题的关键是历史的原点在哪里?把续写的"相传"的历史当作是原点的历史来认定,是极其危险的学术公害,必须予以澄清。

我们知道,中国传统文化自古就有"尚同""尚贤"习惯性思维。黄帝时代的一切发明创造,人们都要归到黄帝身上;尧舜禹时代的一切罪恶和不好的东西,人们都要一律推到"四凶"的头上。吴王夫差开邗沟,图谋伐齐,国力再强大,但他最后把吴国江山给弄丢了,让越国灭了吴国,把老祖宗创下的基业给毁了,后世子孙们总是不能原谅他的。怎么办?就一个劲地去说老祖宗太伯好,把光环都朝"太伯"头上套,骂你夫差是个败家子。正是出于这样一种心理诉求,吴地人在埋怨夫差的同时,诅咒越国范蠡使用西施美人计,所以至今吴地仍有一个地名叫"骂蠡港"。孟简作为唐代常州刺史,受朝廷之命,历时四年多,带领十多万民众开展疏浚河道、引运入江,通漕工程取得成功,正是隋代大运河工程在唐代的延续,所以后人称"隋唐大运河"也是于史有征的。孟简不仅留下了"孟渎",还留下了今天常州境内的"孟河镇"。

唐代的无锡地区属于"常州晋陵郡"管辖,不仅《新唐书》如此记载,《史记·吴太伯世家》唐代人张守节"正义"也告诉我们:"太伯居梅里,在常州无锡县东南六十里。"常州是郡府,无锡是县衙。长期以来,吴地人养成了宽厚善良、吃苦耐劳、不忘根本的好传统,当他们在取得治理水患成绩时,忘不掉老祖宗当年的辛劳与伟绩,将一段疏浚开通的河流冠以老祖宗的名字,也是在情理之中的。"伯渎河""伯渎港",假设纵然不是太伯、仲雍时代的产物,但也的确是吴地古人对他们的祖先感恩之情的圣洁表达。如果从唐代开始算起,"泰伯渎"的名称有一千多年的历史了;即使从宋代开始算起,"泰伯渎"的存在也有一千多年了,仅这一点,还是应该引起我们去珍惜和纪念。

话又说回来,商朝末期的吴太伯到了荆蛮之地后,是真的需要掘渠挖渎吗?关于太伯、仲雍兄弟二人当年由西部岐山周原"奔吴"一事,《史记·吴太伯世家》说他们奔的地方是"荆蛮"之地。"荆"是古荆楚之地的旧称,泛指湘江流域,"蛮"是泛指闽越南夷之地。也就是说,他们当年离家出走后,落脚的地方是在古老的楚、越之间。尤其是他们采取"文身断发"的过激行动后,更充分说明当时的荆蛮们是以渔猎为生,要经常下水"捕鱼捉虾"。如果今日的无锡一带也属"荆蛮"之地,那当时一定是水乡泽国汪洋,独木舟自由穿行水面,弄潮儿涛头站立,又何来"渎"有?又何须用原始工具去掘去撬?大禹治水,也只能是采取

"疏"字,让水从高到低,顺势流走而已。

太伯生处商代末期,那时南方的生产力水平还极度低下,铁器还没有产生,处于刀耕火种渔猎时代,如果要掘渠挖渎,其劳动工具也只能是大禹治水时的木质"耒耜"而已。只有到了铁器时代即春秋战国时代,铁制农具尤其是类似后世铁锹的出现后,进行大规模的河道开挖才成为可能,而吴王夫差的春秋时代已经具备了这种生产能力。有人会说,"良渚古国"时期已经有水利设施了。不错,但良渚古国的先人们主要是在利用自然山势走向,在下游进行筑坝拦水,毋须掘进工具的发达。

当年竟然有一千多户没有见过世面的"荆蛮"们愿意跟着太伯、仲雍这两位"北方佬"干,要抱团发展就得有旗号呀,于是就带着"鴃舌"之音,取号"句吴"(亦作"勾吴")。太伯这个外来和尚自然就是"大酋长"了。一直到了周武王伐纣成功、周王朝正式建立后,通过"周章"这个晚辈后生,周武王才"追封"他那位未曾谋过面的堂曾祖父为"吴太伯",从此有了"吴国"。

必须指出,吴太伯是"无子"、没有子嗣的,也就是说他并没有后代。他去世后,实行的是"兄终弟及"制,让弟弟仲雍接过了他的大酋长交椅。他之所以称之为"太伯",而不似"仲雍""季历"将"伯、仲、叔、季"序号放在前面称"伯X",就是以他的"侄子们"即仲雍的儿女们的口吻来称其为"大伯"的。古文字中,"大"字与"太"字相通,先有"大"字,再有"太"字,"吴太伯"在之前应该是称"吴大伯","吴太伯"最早应该是由《史记》发出先声。《史记》已经明确告诉我们:后来的吴王夫差与吴太伯之间是没有直接血缘关系的,夫差是仲雍的嫡系后裔。

日月迢递,江河东逝,沧海化为桑田。当年的荆蛮之地逐渐"裂变"诞生出了"楚""越""吴"等国,当年的水乡泽国"裂变"出了许多湖、泊、汊、港、渎等。从宏观历史角度来看,无论是吴太伯时代的"句吴",还是吴王夫差时代的"吴国",无论是今天的"古邗沟"所在地扬州,还是今天的"太伯渎"所在地无锡,他们都属于历史上的"吴国"范围。在中国大运河成功申遗五年多的今天,我们如果硬要为姬姓"吴门"的这两位先人弄清楚大运河"第一锹"的"知识产权"问题,欢喜一个又恼掉一个,应该说是吃力不讨好。

吴文化如果以太伯、仲雍来到荆蛮之地作为滥觞,那么到今天已经有三千多年的发展史了。笔者粗略思考,吴文化大致经历了周王朝建立前的"先吴文化",秦王朝建立前的"吴国文化",中华人民共和国建立前的"吴地文化",中华人民共和国建立后的"新吴文化"四个大的发展阶段。吴王夫差虽然不是吴太伯的嫡系,但他开挖"邗沟",打通江淮、北上争霸的行为,正是对祖先那种筚路蓝缕、艰苦创业、不断进取精神的最好发扬,是吴文化自强不息精神内涵的又一次伟大实践。

江苏大运河是中国大运河重镇所在,全省13个省辖市有8个市直接与大运河有关,有6个市在世界遗产"中国大运河"中有遗产段、遗产点。近年来,这8个市都成立了大运河遗产保护与利用的专门组织,研究力量不断加强,大运河在当地经济文化建设中的作用不断得到彰显。在国家图书馆、南京图书馆的关心和组织下,我们组织8个市的专家学者,启动开展了"江苏运河史话"数字化资源共享工程。在口述的基础上,由南京图书馆组织力量,将老师们的讲课内容再通过视频整理成文字,再经由讲课老师们认真审定和统一审核,终于使这项江苏运河文化研究宣传的浩大工程得以事半功倍,数字与纸质齐举,线上与线下并发,在一个树枝上开出了两朵鲜花。

束有春

2021年8月20日于金陵四合斋

[束有春,研究馆员,历任江苏省文化和旅游厅(江苏省文物局)文物保护处处长、博物馆处处长、公共文化处处长]

目　录

序篇　江苏大运河及南京运河 ··· 1
　一、中国大运河简述 / 1
　二、江苏与中国大运河 / 3
　三、南京的运河 / 5

第一篇　江苏运河史话徐州段 ··· 11
　一、徐州运河的嬗变 / 11
　二、泗水畔的龙脉 / 15
　三、徐州"古泗水三洪" / 16
　四、徐州治水功臣 / 19
　五、土山镇与关帝庙 / 25
　六、古下邳遗存 / 26
　七、运河徐州段的名胜 / 27
　八、河漕交汇的信仰 / 31

第二篇　江苏运河史话宿迁段 ··· 33
　一、三星落地成名镇 / 33
　二、三英豪气贯长虹 / 36
　三、三杯美酒醉天下 / 40
　四、三戏同源唱悲欢 / 41
　五、三味佳肴声名远 / 42
　六、三庙祈福保平安 / 45

七、三站发力济北水　/　46

　　八、三园游客如云织　/　49

　　九、三品载誉实业兴　/　50

第三篇　江苏运河史话淮安段 ……………………………………………… 53

　　一、邗沟末口——大运河文化之发端　/　53

　　二、码头清口——运河会淮穿黄枢纽工程　/　56

　　三、洪泽湖大堤——四百年前的三峡工程　/　60

　　四、洪泽湖石刻遗存——江苏运河文化的明珠　/　63

　　五、仁义礼智信五坝——大运河水利技术代表　/　66

　　六、总督漕运公署遗址——现存最高级别的国家漕运管理机构　/　71

　　七、淮安运河文化新篇——运河广场等文化建筑群　/　73

第四篇　江苏运河史话扬州段 ……………………………………………… 75

　　一、扬州运河系列　/　75

　　二、运河项链上的珍珠　/　88

第五篇　江苏运河史话镇江段 ……………………………………………… 97

　　一、水道、桥梁　/　97

　　二、街区、村镇　/　113

　　三、建筑、遗迹　/　117

第六篇　江苏运河史话常州段 ……………………………………………… 133

　　一、常州地区早期运河的开掘　/　133

　　二、京杭大运河通达常州　/　137

　　三、运河流域居重要地位的常州　/　140

　　四、常州的漕运　/　141

　　五、常州史上最重要的一次人口迁移——永嘉南渡　/　148

第七篇　江苏运河史话无锡段（上） ……………………………………… 153

　　一、泰伯奔吴开伯渎　/　153

　　二、江南运河的起源和整治　/　156

三、无锡城的兴起和运河变迁 / 160

第八篇　江苏运河史话无锡段（下） ······ 164

一、江南运河无锡城区段的走向及其变迁 / 164

二、城中直河就是古运河的原河道 / 165

三、从"穿城而过"到"环城而过" / 166

四、山水美景、市井风光、罗列两岸如画卷 / 167

五、水陆驿道、舟运马奔、南来北往名人多 / 171

六、工业遗产丰厚，名人故居众多 / 179

第九篇　江苏运河史话苏州段（上） ······ 187

一、苏州运河 / 187

二、运河故道岁月稠 / 191

三、运河城镇觅芳华 / 195

四、全晋会馆内的吴歈雅韵 / 199

五、运河功臣利千秋 / 203

六、运河诗碑书壮阔 / 206

七、运河展望绘蓝图 / 209

第十篇　江苏运河史话苏州段（中） ······ 213

一、运河航标虎丘塔 / 213

二、盘门的剑与火 / 216

三、岁月悠悠宝带桥 / 219

四、"地与江平"话平江 / 221

五、七里山塘到虎丘 / 222

六、桥是江南旧相识（吴江古纤道及运河桥梁）/ 225

七、运河科技焕新颜 / 228

第十一篇　江苏运河史话苏州段（下） ······ 232

参考文献 ······ 237

序 篇
江苏大运河及南京运河

一、中国大运河简述

讲到中国的大运河,肯定离不开江苏的运河航道。江苏省省会南京市虽然没有大运河流过,却与运河有着千丝万缕的联系。

纵观我国的疆域版图,第一感觉就是西部高、东部低。俗话说,人往高处走,水往低处流,西高东低的地势也形成了我国的山川走向,所以,我国的水资源是由西向东的流势走向。

水是生命之源,我们的地球也不缺乏水资源。如果把海洋资源算在内,地球可以被划分为三山六水一分田,也就是有三分是山、六分是水、一分是土地。按道理来讲,水资源这么丰富,人类不用去忧愁,但值得注意的是,人类最为需要的是淡水资源,主要是江、河、湖、泊里的水。在江、河、湖、泊这些大的水域河流称呼中,河这种水系,它和人工开挖有很大的关系,所以"运河"这个概念应运而生,而并没有运海、运江、运洋这些概念。

河流是可以人工开挖而成的,这些人工河流就称之为运河。当然,运河并非每寸、每米都是人为造就,它实则是人类在开挖过程中合理地利用了原有的河道资源,来进行整合而成,准确地说,运河或者说人工运河是人工和自然相结合的产物。它不仅利于舟楫航运,农田灌溉,还可以解决淡水资源的供给等问题,给我们的生活带来了许多便捷。

2014年,"中国大运河"申报世界文化遗产成功,在党和国家的重视下,中国大运河已经成为我国文化经济建设中一项令人关注的重要内容。细说来,中国大运河由两大部分组成,一大部分是隋唐运河,另一大部分是京杭运河。

先说隋唐运河。我们把时光退回到公元前486年,当时正值春秋时期,吴国地处现在江苏的苏南与扬州一带,势力范围已经非常强大,吴王夫差准备北上与齐国、晋国等抗衡。吴国地处南方,若要北伐就要将水路打通,所以在公元前486年,吴王夫差在古广陵地区也就是今天的扬州一带,造邗城、开邗沟,打通长江与淮河之间的水路,这一条河道就被称之为古老的邗沟。

中国大运河的第一锹土是在扬州。古邗沟在春秋时吴国争霸战争中立下功绩后,又经历了战国、秦汉等朝代历史变化,古邗沟的淤塞现象也不断显现出来。到了隋朝,我们的国家再次获得统一。隋朝的都城定在洛阳,洛阳是全国政治中心。洛阳位于中原地区,由于统一后的整个国家疆域很大,随着江南的开发,江南这一带的经济也已经很发达了,百姓富庶,所以朝廷要将南方的大量物资运往中原地区,输送到都城洛阳,以巩固统治地位。到了隋炀帝时期,基于当时的交通情况,水运算是十分便利的途径,又省运输费,于是隋炀帝将运河的开凿作为国家的一个重大的方针来进行安排策划。隋代大业年间,公元605年,隋炀帝下令开凿全国性的运河。当时共有两路,分头前进。第一路是把已经存在的古邗沟一段进行疏浚畅通,使其重新发挥水运道路功能,实现淮河与长江的无缝对接。越过长江以后,再把江南运河这一带也进行疏浚,即对钱塘江、宁绍平原、浙东运河进行疏浚,使得宁绍平原可以连接到江南运河。江南运河过江经过古邗沟后,到达淮河,直至与黄河水系相接,以中原洛阳地区为出发点,将南线全部打通了。我们再看第二路。由于这时的军事重地还是北方,北方仍然是动荡不安,所以隋炀帝在原来汉代汴河的基础上,开通了永济渠,把这段线向北延伸,一直延伸到叫涿郡的地方,也就是现在我们北京南郊这一块。由此形成了以中原洛阳为核心,北到现在的北京,南到现在宁绍平原的一个庞大水系。

通过运河南北纵向走向,我国的黄河、淮河、海河、钱塘江、长江这个五大水系在隋代的时候就已经打通了,这条兴建于隋代的运河,我们习惯称为"隋唐运河"。

隋唐运河并不是直线走向,有人把它形容为"Y"形,也有人把它称为一侧的"人"字形。隋代运河总长度已达2 700多公里,算是很长了。隋炀帝最后在江都就是扬州一带,被宇文化及造反所杀。隋炀帝也由于开挖大运河这样一项浩大的工程,耗费了大量的人力物力,搞得百姓怨声载道,他在后世的名声也颇多争议。至于隋的灭亡,说法众多,但值得肯定的是,大运河对于之后的国家统治,尤其是交通运输、水系贯通是有利的,它从政治上、经济上、军事上起到了很大的作用。唐代大诗人皮日休著《皮子文薮》,其中有诗《汴河怀古》,其中有这么几句:"尽道隋亡为此河,至今千里赖通波。若无水殿龙舟事,共禹论功不较多。"皮日休站在汴河边,看着上下连通的大运河,人们都说隋代灭亡就是因为这条河,但至今我们仍然在依靠这条河进行水运,实现舟楫便利,承载着贯通南北的功能。如果当时隋炀帝不在运河上展示龙舟水殿这等豪华奢靡的排场,那么他的功劳可以和治水英雄大禹相比肩了。

到了公元13世纪,元朝统一中国后,定都在大都,也就是现在的北京这一带。国家为了进一步加强统治,实现政治、军事、经济的统一,确保南方物资源能够源源不断地向京师大都供应,元朝政府把运河的扩大开凿又提上了议事日程。最先在北京附近开了一条河叫通惠河,通惠河可以把渭河和泗水接起来,连接了泗水就等于将黄河接起来,将其外围先打通。第二步就在通州一带,又打通了一条河道叫会通河,将整个的水系引到都城积水潭一带。这样,整个大运河的走向就改变了,呈"I"形,北京可以和早先就通航的黄河、淮河衔接,将原来的运河行程缩短了起码1 000公里。水运路线改变以后,原来隋唐运河的一些河段失去通水航运功能,这些河段主要集中在河南和安徽地区,就慢慢地淤塞荒废掉了。

元代运河的功绩在于,它将我国大运河水系从北京一直到杭州直至宁波全部贯通了,所以我们把这条运河也称之为"京杭运河"。

无论是公元7世纪的隋代运河,还是公元13世纪开凿的京杭运河,都与江苏有很大的关系,并且在江苏得到了很好的保护和利用。

二、江苏与中国大运河

2006年,"京杭大运河"被列为全国重点文保单位。江苏在做好大运河保护规划编制工作的同时,更是通过对运河遗产的保护来带动全省文化遗产的保护。江苏省财政投入了大量的财力对沿河的一些文物古迹进行保护维修。隋唐运河有2 700公里,京杭运河有1 700多公里,这两段运河汇合在江苏境内都达到了1 000多公里,准确来说,水利部门统计有1 027公里,规划部门统计有1 023公里。2009年,国家将"隋唐运河"也加入申遗列表,与京杭运河一同申请列入世界遗产名录,名称统一为"中国大运河"。以往我国的文物保护单位都是专指某一具体建筑或者古遗址,像把大运河这种上千公里的水域作为全国重点文物保护单位还是第一次,这也向文物保护工作者提出了新的挑战。

面对这样一个巨型的、线型的、活态的、正在使用中的文化遗产,它的申遗之初有 33 个城市参与,后来把隋唐运河河南、安徽的淤积段加上,毕竟这些河段在历史上也发挥过作用,慢慢地发展为 35 个城市参与。

大运河申遗的重点地段在江苏,扬州被国家认定为中国大运河申遗牵头城市,这对江苏的运河文化遗产保护来说,起到了一个很好的推动作用。

扬州市为了加强这方面的工作,特地专门成立了扬州市文物局,这个局是一级局,在全国来讲也不多见,可见其投入力度非常大。

2014 年,中国大运河终于申报世界文化遗产成功。在世界遗产公布的中国大运河确认的 27 段世界遗产河段中,江苏的宿迁、淮安、扬州、常州、无锡、苏州 6 个河段都在其中。大运河的遗产还列出了 58 个遗产点,像一座桥、一个水工设施、一个古遗址这样的遗产点,江苏占了 22 个,这个比重也是很大的。

江苏的大运河文化遗产成就与前人留下的智慧劳动有关,也和当今江苏人做出的保护努力有关。江苏地区要感谢大运河给我们带来的便利生活,历代的江苏劳动人民在运河边上、在长江边上繁衍生息,有人把运河比作乳娘,表达了运河养育了这方土地上的人们。

江苏与大运河发生直接联系的城市一共有 8 个,从北到南开始数,有徐州、宿迁、淮安、扬州,过了江以后有镇江、常州、无锡、苏州。但是,在世界遗产当中,江苏只有 6 个城市与之结缘,徐州和镇江两个城市很遗憾没有被列入其中。虽然徐州和镇江在这次申遗中既没有遗产河段,也没有遗产点,但是并不影响这两个市是我国运河沿线的主要城市。因为申报世界遗产是一个过程、一种手段,与当时的特定情况和遗产保护工作都有很大关系。

中国大运河申报世界遗产成功。国家把大运河分成十个部分,从北京向南开始数有:通济渠、卫河(永济渠),再向北,围绕北京周围转,有会通河、通惠河、北运河、南运河,继续向南走,有中运河、淮扬运河、江南运河、浙东运河。十个河段中,江苏占了四段,徐州和宿迁属于中运河这一段,淮安和扬州属于淮扬运河这一段,过了江以后叫江南运河,就是镇江、常州、无锡、苏州段。当然,在苏州继续向浙江方面走,最后进入浙东运河这一段。在整个大运河保护规划编制过程中,江苏在全国走在了前面,也带动了运河遗产及周边其他文化遗产的保护工作,所以说,现在整个大运河已经形成一个文化带、经济带。尤其是习近平总书记对大运河遗产保护利用工作作出相关明确指示以后,江苏更是下了很大的功夫,现在,运河沿线市都设立了运河文化遗产研究保护和利用的相关机构,还把与运河相关的南京、南通、泰州等地也列入了大运河保护体系当中来了。

江苏有13个省辖市,其中有8个城市有大运河流经,实际上除了那8个市以外,南京、南通、泰州、盐城、连云港也都有运河。这并不矛盾,因为运河是人工开挖的河段,但我国在申报世界遗产时,只是以隋唐和京杭这两条线汇入的主线来申报,隋唐与京杭合并成为"中国大运河","中国大运河"这个称谓专指隋唐运河和京杭运河,这个水系并未包含所有存在于中国大地上的运河。

可以说,大运河将江苏的苏南、苏中、苏北全部沟通起来了,从文化上面来说,把吴文化、淮扬文化、金陵文化乃至楚汉文化几个文化圈都串联起来,所以大运河涉及江苏的方方面面。

三、南京的运河

从水系通达成网角度审视,江苏13个省辖市虽地分苏南、苏中、苏北,但大的水系通过长江、运河、淮河等主渠道进行沟通,基本实现了大小水系联网。中国大运河虽然江苏只有8个城市列入,但其他地区仍然存在着运河这一人工河流现象,与大运河存在千丝万缕的联系。南京是江苏省省会所在地,与镇江、常州、无锡、苏州属于苏南地区,并且在"宁镇"线上,中国大运河的江南运河虽然没有经过南京,但是,南京的运河也是和"江苏运河史话"有密切关系的。

南京有运河吗?答案肯定是有的,并且很多,在南京地名中,那些带"河""渎""渠"或"沟"的水系,实质上都是运河。这里主要说说南京三条像模像样的古运河,分别是胥河、秦淮河、胭脂河。我们用"古运河"而不是用"大运河"来称呼它们,似更为确切,以便与"中国大运河"中的运河相区别。

根据史料记载,胥河的开凿时间比吴王夫差开邗沟还早二十年,它是吴王阖闾在公元前506年命令伍子胥开凿的。当时阖闾想开凿河道连接太湖和长江,于是伍子胥就在现在南京的高淳境内,开凿了这条大概30多公里的河道。人们为了纪念伍子胥,称之为"胥河",现在这条河还在使用。

中国大运河系列以外的运河水系很多，大家熟悉的秦淮河也在其中，南京的夫子庙、老门东等景区就在秦淮河边上。现在来看，秦淮河可分为两条水系，第一条在今天的镇江句容境内即茅山一带，称之为句容河；第二条在今天南京的溧水境内东芦山，称为溧水河。实际上，这两个河系离南京都比较远，但是水是流动相通的，最后这两路水流到江宁上方山这一带汇合，并继续向北流，进入南京的上坊门，再入东水关，进了东水关以后就到了南京夫子庙景区了，进了夫子庙以后形成十里秦淮。东水关、西水关又可将秦淮河划分为内秦淮、外秦淮。从东水关到西水关一共十里，出了西水关后直奔长江而去。实际上，把内、外秦淮河加起来有一百多公里长，但其真正的干流就是30多公里。据水利部门有关专家考证，秦淮河的干流除了之前讲到的句容河和溧水河外，总共有19条支干，这19条不同的水系不断地注入秦淮河，造就了秦淮河的源源不断，长流不息，孕育了南京这座文明悠久的城市。

其实，原来这条水系不叫秦淮河，它开始的名字叫"龙藏浦"，这个名字很富有诗情画意，意思就是这个水系中隐藏着龙。汉代时，称之为"淮水"。

那么秦淮河什么时候被称为秦淮河的呢？顾名思义，秦淮河跟秦朝有关系。秦始皇在建立秦王朝政权数年后，他为了巩固江山，加强地方政权，开始不断地进行南巡。过了10年，到了公元前211年，秦始皇来到南京一带，当时的随行中有各色人物，其中也有一种人叫作术士，也叫"望气者"，是专门看天文、看气象、观风水的人。术士跟随秦始皇来到南京江边后，断定金陵一带王气很重，五百年后定会出天子。那秦始皇肯定不愿意，他认为秦的统治是要千秋万代的，怎能允许有人五百年后抢我江山。于是他决定破掉金陵的风水，凿金陵的王气，断金陵长陇。秦始皇派人在今江宁一带凿河道，这段正好与秦淮河水系相连，原来古老的龙藏浦水系被往下延伸，通到长江，借水流东逝，把金陵王气给泄掉。即使泄了王气也不够，秦始皇还将金陵的名字改成秣陵。秣陵的秣就是厉兵秣马的"秣"，意思是养马的饲料，所以到现在，南京还有些地名留下了当年的痕迹，比如秣陵街道、秣陵小区。而且，南京当时的行政地位也被打压，秦王朝统一以后把天下分为36郡，南京隶属于会稽郡，会稽郡的郡治在吴县，就是现在的苏州一带。在行政区划上来看，历史上，当时的南京是属于苏州领导的。

秦淮河的开凿和秦始皇有关，但是秦淮河的名字并非秦始皇所定。汉代时这条水系还被称为"淮水",并非秦淮。"秦淮"的名称其实和唐代人及其文学作品有很大的关系。2019年10月31号,联合国教科文组织正式命名南京市为"文学之都",这和秦淮河也有关系,也与历代作家诗人有关系。西晋末年,"衣冠南渡",东晋王朝在南京建都。之前黄河流域的政治、经济中心开始南迁,所谓的华夏文脉也一同被带到南方,并发展壮大起来。

关于南京的文学,也是在六朝、唐代等历代文人中兴盛起来的。这些文学作品,大多数留下了秦淮河的身影。东晋大书法家王羲之的儿子王献之曾经有一首歌叫《桃叶歌》:"桃叶映红花,无风自婀娜。春风映何限,感郎独采我。"桃叶既是民歌的曲牌"竹枝词"之类,也指一位美女,同时也是秦淮河上一个叫桃叶渡的地方,现在这个景点还存在。此外,唐代的众多大诗人都在南京秦淮河留下过诗篇。刘禹锡的《乌衣巷》:"朱雀桥边野草花,乌衣巷口夕阳斜。旧时王谢堂前燕,飞入寻常百姓家。"现在乌衣巷、朱雀桥都在秦淮河边上。李白有一首诗叫《长干行》,现在的秦淮河边还有一个地名叫"长干里"。《长干行》是这样的:"妾发初覆额,折花门前剧。郎骑竹马来,绕床弄青梅。同居长干里,两小无嫌猜,十四为君妇,羞颜未尝开。低头向暗壁,千唤不一回。……"全诗以一个小少妇的口吻讲述了发生在秦淮河边长干里的故事,这个女子小时候,还留着刘海,就拿朵小花来找邻居家小男孩玩耍,那小男孩拿个小竹竿子夹到裤裆里,晃啊蹬的,像骑小马一样,两人都住在长干里,一起长大,互相喜欢信任,最后结为夫妻。"两小无猜""青梅竹马"这两个成语典故就和南京秦淮河紧密相关。后来到了清代孔尚任的《桃花扇》、曹雪芹的《红楼梦》、吴敬梓的《儒林外史》也都和南京秦淮河脱不了关系,所以说南京被誉为文学之都,秦淮河与秦淮河文化占据了半壁江山。

文学作品也让秦淮河这个名字被后人记住了。文学作品的力量不容小觑,单几首诗就可见其影响力。写秦淮河的诗最著名要数晚唐代诗人杜牧的《泊秦淮》:"烟笼寒水月笼沙,夜泊秦淮近酒家。商女不知亡国恨,隔江犹唱《后庭花》。"杜牧在一个寒冬夜晚,乘船来到秦淮河,停泊在河边,看到河上雾气像纱幔一样遮住了昏黄的月亮,河上不时传来歌女吟唱着曲牌《后庭花》,以此借南朝陈后主陈叔宝荒淫误国的教训来表达出对晚唐社会危机四伏的担忧。这首诗中明显地出现了"秦淮"两个字。当时好的诗歌传播很快,不多久,洛阳和全国各地传唱开这首诗,秦淮河的地名也变得耳熟能详。

李白也有诗《留别金陵诸公》中写道:"六代更霸王,遗迹见都城。至今秦淮间,礼乐秀群英。"秦淮河又一次出现在唐人诗中。这也可以说明,起码从唐代开始,南京这条本叫龙藏浦,汉代叫淮水的河流,基本固定被称为秦淮河了。秦淮河水流过千年,总长一百多公里,主干流三十几公里,是孕育历史文化名城南京的母亲河,是历史文化名河。想当年,秦始皇泄了金陵王气,以图江山永固,但不曾想,在他还没有回到都城咸阳时,就病死在路上。秦王朝也仅仅存在了15年,唯有秦始皇凿金陵王气时留下的这条秦淮河水,仍然在流淌不息。

南京的第三条运河叫作"胭脂河",与胭脂河不得分割的还有一座桥叫"天生桥",两者的名字都如此美丽诱人,但是它们的来历,却会让人顿生唏嘘之感。

胭脂河位于南京溧水区境内,这条人工开凿的运河并不长,不像胥河和秦淮河都有 30 多公里,它只有 7.5 公里即 15 里长,但从水运角度来讲,它的作用是很大的。

1368 年,明代朱元璋定都在南京,他想把苏南、浙江等地的资源调剂到南京,让都城的物资更加丰富,于是考虑利用古老的秦淮河这个水系,向南面延伸,打通现在高淳境内的固城河、石臼湖、水阳江,从而将太湖水系、长江太湖水系进行连接,使南京不过长江就能通航南方各地。这样做,可以避免过江的危险,也可以降低水运成本。朱元璋开凿这条河道也是出于政治、经济目的考虑。

那么如何开凿这条河,谁去开凿这条河?根据《明史》记载,1393 年,也就是明洪武二十六年的时候,朱元璋下决心避开风高浪急的长江,要向南顺着老秦淮河开凿一条人工运河。他派了手下一个叫李新的重臣负责这件事。李新也是安徽凤阳人,跟朱元璋是老乡,在元末的时候,就跟着朱元璋起义造反,一路风风雨雨闯过来,深得朱元璋信赖。而且,李新还有一个功劳,就是帮助朱元璋营建明孝陵。明孝陵是朱元璋的陵墓,在其生前就开始修建,古代人有视死如生的观念,皇帝更是奢求死后荣华不减,所以对陵墓修建特别上心。负责明孝陵方方面面工程的也就是李新,朱元璋还把这位老乡任命为"崇山侯",所以李新也叫崇山侯。

在李新向南延伸运河时,发生了一件蹊跷的事。按理说,顺着原有水系继续打通就好了,但是这条 7.5 公里的人工河却开凿了十年的时间。延误工期的主要原因就是负责人李新没有选择在平坦土地上开凿运河,而是选择在山脊上面进行开凿。其实南京的地理环境没有多少崇山峻岭,基本上都是良田,当时在开挖河道时,也没有节约土地资源的意识。那么李新为何选择艰难重重的山脊进行开凿呢?这其中有段不光彩的隐情。

根据溧水县志记载,当地有个姓严的大财主坐拥良田万顷,得知朝廷要在这里开挖河道时,生怕朝廷征用他家土地,严氏财主为了避免自家损失,于是上下打点,与李新拉上关系,并将自己的小女儿许配给李新作为贿赂,希望李新凿河时,能绕开他家的田地。

李新收了严氏的大礼后,自然要为这位老岳丈考虑,于是放弃了在平地开河的简单方法,而是将河道的趋势向西延,一路避让,直至遇到了山岗。要在上岗上开凿河道。在当时的技术情况下,凿山成河是非常困难的,土方工程量非常之大。山岗上面,到处是草木岩石,河工们首先要把荒草树木烧掉,烧完以后再用凿子凿,用刨子刨,但是石头太坚硬,只是单用一般的刨凿工具很难见成效。后来,河工们又发明了火烧冷泼后撬石的方法,就是先凿沟,再用麻绳粘油放到石沟里去,再点火燃烧,然后再泼水冷却,使石头热胀冷缩,产生开裂现象,然后再一层一层慢慢地凿下去,这个工程量是非常大的。

开凿后的河两岸并不像刀切豆腐一样齐整,而是怪石嶙峋,相对而出,而且这些石头本身就是质地偏红,再加上大火焚烧,就更显出殷红色,恰似姑娘们用的胭脂水粉色调,因此得名"胭脂河"。其得名与岩石颜色及焚烧都有关。

凿山成河中产生的大量石头要怎样运出去呢?

实践出真知。河工们在凿河时,有意地预留了两堵石墙,目的是让河两岸可以便利交通,等河全部凿开成形后,再把这两堵墙的中间掏空成洞,这样,在河床上就顺理成章地形成了两座桥。这两座桥实际上是和山体皮肉相连,本为一体,所以人们给它们取名"天生桥"。天生桥桥面宽30多米,厚度也有30多米,方便车马人来回通行;桥洞高有40多米,也方便通舟行船。天生桥不是天生的,与其说是天生之桥,倒不如说是古代劳动人民的匠心独运、智慧结晶。

明代后期,两座桥中靠近南面的那座桥倒塌了,目前只留下一座天生桥耸立在胭脂河上。胭脂河、天生桥它们听起来那样美好,实则非常残酷。可知这条能运输船只的河流,其深度和宽度都不低于30米,劈山开石的奇迹是无数劳工用鲜血和生命换来的。据说胭脂河旁边有个坑叫作"万人坑",当时因开河而死去的河工就被埋葬在坑里。

据《明史》记载,当胭脂河即将竣工之时,朱元璋前来视察,看到河工死伤无数,听到老百姓怨声载道,十分气愤。经查实,原来李新被严氏收买,放弃了容易开凿的地方,而硬要在山岗上开河,才造成这种局面。这么多冤魂,长达十年的辛劳,怎能不追究。朱元璋为了平息民愤,巩固统治,而裁决了李新。《明史》中关于李新之死,仅用了"以事诛"三个字。胭脂河开凿工程的纰漏是李新被杀的主要原因。

胭脂河很美丽,天生桥很浪漫,但都饱浸了劳动人民的血泪和汗水。李新开凿胭脂河,本是劳民伤财之举,但是这条河本身却凝聚着劳动人民的智慧和血汗,不会被磨灭掉。今人合理利用这条河,在保证水系和秦淮河畅通航运的同时,开发其旅游价值。胭脂河天生桥已变为南京市溧水区的一个重要的旅游景点。

1996年,江苏省人民政府把胭脂河、天生桥合并公布为省级文物保护单位,把它作为文物来加以保护,因为它凝聚了古代劳动人民的血汗和智慧。在此之前,天生桥上人来车往,农耕拖拉机、板车、三轮车川流不息,对天生桥造成很大的损害,更重要的是给当地老百姓的生产、生活带来安全隐患。所以1996年,江苏省文物局赶快请专家制定方案进行保护。专家数次走访后,决定在这个桥上面再加一层木桥,并禁止机动车通行,木桥很好地阻隔了桥体本身的磨损。如今,胭脂河水流清澈,河道深邃,两岸草木丰茂,奇石栉比,犬牙交错,尤其行至天生桥时,桥梁犹如一道长虹横跨河两岸,景色可谓美不胜收。

胭脂河因其独特风光也被冠以"江南小三峡"的美誉。更有传说,当年乾隆皇帝也曾乘船游历此地,对其美景赞不绝口。南京市在打造金陵新四十八景时,就把胭脂河、天生桥作为一个重要的景点来打造,使其成为江苏一处重要的文化景观。将来如果可以的话,我们可以以小型景观类运河遗产来申报世界遗产,让胭脂河暨天生桥在全世界人民面前一展风采。

如今,当大家畅游胭脂河,获得赏心悦目的快感时,可以关注了解一下这条人工开凿的运河的来历。只有当我们阅读了历史,了解了过去,才会更加珍惜我们今天的美好生活。

(主讲人 束有春)

第一篇
江苏运河史话徐州段

大运河徐州段在中运河和里运河之间,北起蔺家坝接鲁运河,南到窑湾通江南运河,全长210公里。运河徐州段比较复杂,它由泗水、汴水、故黄河交织在一起。徐州是大运河贯穿东西和南北的重要节点城市。下面主要论述大运河文化徐州段的九个部分。

一、徐州运河的嬗变

1. 在历史地理环境上徐州与河的不解之缘

徐州临水已久,从大禹治水划天下为九州,徐州为九州之一。州本来就是水中的陆地,随着时代的变迁沧海桑田,徐州到清代由三面环水到四面环水,城北有由西向东流向的汴水、黄河,城东有由北向南流向的泗水河、南北流向的大运河,城西有北南流向的护城河,城南还有东西流向的奎河。泗水河、汴河、黄河和大运河四水绕城,水运不仅成就了徐州五省通衢交通要道的定位,并且水给徐州带来了多层次的文化个性,使徐州因水而生的同时,也造就了徐州人的性格。因此徐州的地域文化导致徐州人既有北方人的粗犷,又有南方人的婉约。

大运河史话徐州段,要从古运河开始。公元前475年,我国开始进入战国时期。公元前376年,三国分晋,即赵国、韩国、魏国瓜分晋国。到公元前364年,秦国入侵魏国,魏国东部有一个著名的城市大梁,当时魏国的魏惠王,是守江山者,他为避强秦,决定迁都,从河东地区经太行山迁到大梁。到公元前360年,魏惠王终于将都城迁到了大梁,大梁就是后来的汴梁,即现在的开封,魏国经过四个年头才完成了首都的搬迁。

当魏国重心转移之后，其战略重点也随之转移，由于济水以南不远处就是楚国，考虑到要尽量避免和楚国相争，但又可以和强楚形成对峙局面，魏国认为在国境线上要有足够的纵深，于是魏国就在大梁的附近修了两条运河，这两条运河其中之一就是荥阳的鸿沟。我们知道楚汉相争的时候划鸿沟为界，东面是西楚霸王，西面是汉王，鸿沟主要是通过济水南下，然后到淮水，这对于当时的楚国有一定的威胁，因为水是由高向低流，自上而下比较顺畅，逆水而上就比较困难，所以在这个问题上，魏国占了很大的便宜，而且开鸿沟也占了楚国不少的城邑。

对徐州影响比较大的另一条运河叫深沟，又称菏水。深沟，是济水经过菏泽然后连接泗水，水流方向是从西向东，水流速度也比较快。深沟并非从魏国挖起，而是与吴王夫差有直接联系，吴王夫差曾开了邗沟，其实他还开了另一条人工运河就是深沟。夫差曾经占领过徐州一带来威胁齐国，他开深沟主要是想和晋国相连，争夺霸主的地位，当时吴国修筑深沟是临时性的，所以河道不宽，吴国撤回去后，经过一百多年，深沟基本上也淤塞了。后来魏王为了军事和经济需要，开始为深沟清淤，在清淤挖掘当中加深加宽河道，宽的地方达二百米，最窄的地方也有一百余米，并与宋国联合起来挖深沟，再次把济水和泗水打通，于是，在宋国境内也出现了一条贯穿宋国东西的人工运河即深沟。

深沟和济水的交汇处又催生了一个大的都市定陶，当时名邑陶。定陶利用水陆优势很快发展起来，和大梁、邯郸、洛阳等大城市并驾齐驱。因而，定陶也成为后来的兵家必争之地。公元前202年，汉王刘邦在定陶称帝，后来从定陶迁都到长安，即后来的西安。

深沟的战略意义很重要，正是由于深沟的存在，先是齐国灭了宋国，紧接着五国伐齐，魏国取得了宋国很多城邑，秦国也占领了当时的陶邑，最后魏国又从秦国的手中夺回了陶邑。

到战国后期，宋国旧地大部分为魏国所有，这与徐州也有很大关系，因为宋国曾经一度占领过彭城，并且把彭城列为它的国都，所以徐州在历史上曾经两次被列为都城，一次是宋都，一次是西楚霸王建都彭城。

魏国的国都大梁附近有很多的码头船坞，昼夜灯火不息，白天更是车马喧哗，舟船川流不息，大梁成为中原最大的中转站。两条运河在没有战争的和平年代，使得商业沟通更为顺畅，魏国国富民强，其东部发展如火如荼，当时大梁城成为中原屈指可数的大都市,也为后来成为东京汴梁奠定了重要的基础。

2. 徐州城饱经水患兵灾

徐州南北经泗水,北上经微山湖,西进经深沟、济水,然后到大梁,水运交通便利,商旅同行,促进了古彭城的发展,也使其成为水陆交通要道,兵家必争之地。然而,黄河、济水充盈泗水,时常泛滥,因此,徐州又饱经水患兵灾,徐州城曾遭四次淹城,一次屠城。

第一次淹城是汴水淹东晋刘裕城,建南朝宋元嘉城。

东晋安帝义熙十二年(公元 416 年),由于汴水暴涨,徐州城被淹,"悉以转垒,楼橹赫突,南北所无"。当时大将刘裕(徐州人)驻守徐州,其后他的儿子刘义隆(后即南朝宋文帝)再次守徐州城。景平年后,元嘉元年(公元 424 年),刘义隆建徐州元嘉城。

第二次是泗水淹陈太建城,后建唐贞观城。

南朝陈宣帝太建十年(公元 570 年),令大将吴明彻攻彭城,旷日未克,乃堰泗水灌城,城再次被毁。唐贞观五年(公元 632 年),重建徐州城,但其规模不如元嘉城宏伟。

隋唐大运河由苏杭经通济渠流向西到洛阳,不经徐州。但是通济渠上游与汴水合流,到开封与通济渠分流偏北向东流向徐州。汴水经徐州与泗水合流,形成与通济渠相向共流向洛阳的复线,这种状态一直延续到宋代。

徐州漕运由南向西,再向东京汴梁,成为重要的节点。到北宋熙宁十年(1077 年),当时苏轼从密州调任到徐州,在徐州待了一年十一个月,其中 8 个月的时间在抗洪,紧接着后三个月又是大旱,苏轼又带人到徐州城东二十里左右的石潭去求雨。苏轼在徐州留下了很多印迹,在云龙山有东坡石床,在故黄河畔有黄楼,另外他还留下了苏堤。在徐州任职也是苏轼人生的一个节点,之后他又到湖州去任职,在湖州遭遇乌台诗案,受冤入狱,然后被贬到黄州,开始了他苦难的人生旅程。

南宋时,徐州属金朝,一共是 78 年,这段时间里泗水河交通不断,商旅通行,并没有因为军事上的国界划分而影响到经济交流。到了元代,元代都城在北京,所以开通了京杭大运河,从杭州通达北京,可见运河与政治中心紧密相关。南北京杭大运河在元代也就是 1279 年开通,开通京杭大运河主要是通过两个方面：一小部分是人工运河，大部分勾连起原有的古河道。比如徐州段就勾连了泗水、汴水、故黄河，所以徐州是借黄济运的重镇。

第三次是元脱脱屠城，先迁建奎山武安州城，后建明洪武城。

元朝建立后，定都北京。1279年开通南北京杭大运河，利用汴水、泗水、黄河，"借黄济运"徐州重镇。1351年8月"芝麻李"在徐州起义抗元复宋。1352年，元右丞相脱脱亲率大军，镇压徐州李二起义，以百炮轰城，城尽毁，同时也发生了历史上徐州唯一一次大屠城，那时的徐州，十室九空，几无人迹，因此不得不迁城，后迁到奎山脚下并改名为武安州。在奎山脚下，武安州城存在了十五年，直到1368年明洪武年间才废了武安城，迁回故址，重建徐州城。这在《徐州府志》当中都有明确的记载。洪武年间徐州城墙大致是："高三丈三尺，址广如之。"当时徐州城三面阻水，也就是"汴水为池"，唯独南面可以通车马。四个城门中，东门称河清门，西门称通汴门，北门称武宁门，南门称迎恩门。

第四次是黄河淹明洪武城，建万历城。

明万历十八年（1590年），黄河溃决淹徐州古城，河臣潘季驯和徐州兵备副使陈文道为排徐州城西积水，沿徐州南城墙自西向东挖了一条河，经奎山向南同黄河平行，流入安徽。因为在古代，星宿和地理相互关联，天上有二十八星宿，地面上徐州处于奎星之间，故名奎山和奎河。奎河，因其河道窄，又非主流，又名支河。这样徐州古城由三面环水，到四面环水，每个城门外都有一条河，每个城门外面临的河上都有一座桥。徐州古城北城门大河前横，其右前方有一座桥为云集桥。东城门在花园饭店东北角，淮海路大下坡原是黄河堤坡，黄河河床泥沙淤积，成为高于古城的悬河。东门外黄河上有一"弘济桥"。南城门在彭城路移动公司东南角，南门外奎河上有一吊桥。西城门在徐州医学院附属医院西门，西门外奎河上有一"大安桥"。2005年徐州西门大街仍存有半爿街，基本保持20世纪50年代的形制，守西城门的衙役居住的小房子还在。守城门的人一直住到1928年城门被拆，门外的吊桥也被改建成小石桥才离开。

第五次是黄河淹明万历城，建崇祯城。

明天启四年（1624年），黄河由奎山堤决口，水深一丈三，城完全被淹，于是迁至城南二十里铺重建，历时整整三年，这是徐州第二次迁城。明崇祯元年（1628年）水退，城内淤积泥沙厚达一至五米，建筑悉埋于积沙之中。时兵备道唐焕于徐州城原址重建,是谓崇祯城,城规模及形制与地下洪武城雷同且相重合。为了安全起见,有钱人自然选择在高处建房,距离南城门只有200米的户部山也就成了"高档住宅区"。据《徐州府志》载,明代天启四年,黄河泥沙湮没古城,4年后,也就是崇祯元年开始重建。明天启年,黄河改道,水患频发,古城屡遭淹没。新城于旧城之上原址重建,成就"城下城、府下府、街下街、井下井"的古城遗脉。

隋唐开始,大运河经过苏杭流向徐州西下。到了宋元明清,尤其是明清两朝,大运河是经徐州北上的黄金水道,也促进了徐州的发展。所以徐州、济宁、临清都非常繁华。运河是集漕运商贸、手工业、农产品加工、农业商业化一体化的,京杭大运河全长1 794公里,在徐州境内有210公里,占总长的九分之一。京杭大运河流经徐州时,北起微山湖蔺家坝,然后到新沂窑湾二湾,接下来经徐州的五个市县区,连接的主要湖泊河道有骆马湖、微山湖、中运河不老河、房亭河,流域面积2 000多平方公里。所以到明代的时候,徐州已设两个卫,即徐州卫和徐州左卫。徐州也成为漕运四大粮仓之一,每年经徐州北上的粮船达12 143艘,成为很重要的节点城市。以上是徐州与河流的不解之缘。

二、泗水畔的龙脉

泗水河,亦称泗水、泗河,虞夏为徐州之域。泗水河发源于山东省泗水县东蒙山南麓,四源并发,故称泗水河。泗水经曲阜、兖州、鱼台、沛县、留城过徐州,又折向东南流经吕梁、下邳,合沂、沭二水入淮河。河长400余公里,流域面积约7万平方公里,泗水与汴水合流结合部在徐州城中心。汴水,隋唐起于汴梁,一说荥阳汴渠,向东流于徐州与泗水交汇。公元779年,唐韩愈在徐州张建封幕僚任职,写下《此日足可惜赠张籍》《汴泗交流赠张仆射》两首诗,前诗中有"乘船下汴水,东去趋彭城"。另有唐诗有"汴泗交流郡城角,筑场千步平如削"。

古泗水河槽500~800米宽,局部宽1 400米,是流经徐淮大地的一条古河道。其向南与淮海相接,成为淮河最大的支流,几乎占淮河流域的三分之一。汴泗流域交通便利,便于引水灌溉农田造福人民的同时,也时常泛滥。"汴水流,泗水流,流到瓜洲古渡头。吴山点点愁。思悠悠,恨悠悠,恨到归时方始休。月明人倚楼。"白居易的《长相思·汴水流》不仅点出了汴、泗的流向,也道出了汴、泗两岸的忧殇。

　　历史上泗水河地理位置十分重要,早在两千多年前的《尚书·禹贡》就有过"沿于江海,达于淮泗"的记载。泗水在夏代的时候就流经徐州,西汉的时候还专门设置管理机构,东汉也沿用了西汉的旧制。泗水文化深刻影响了徐州,奠定了徐州区域历史文化的基础。

　　中国古代封建王朝大多建都在黄河流域,泗水便成了江淮与中原地区的交通命脉,对南北文化交流和经济发展起着十分重要的作用。据典籍记载,由于泗水虞夏为徐州之域,西汉置卞且,属徐州鲁国,东汉沿用西汉旧制。

　　由于泗水交通便利,许多山东人沿泗水南下到徐州定居,改变了徐州人口的结构,影响了徐州的方言,因此在徐州当地土话当中有很多山东话。另外泗水也给徐州区域带来了儒文化。

三、徐州"古泗水三洪"

　　泗水经过徐州,给徐州带来便利的同时也给徐州带来了灾难,徐州与洪水相抗争的历史由来已久。泗水在徐州与汴水相汇后,继续东流出徐州,因为徐州位于多山的丘陵地带,泗水受两侧山地所限,河道比较狭窄,尤其是河水暴涨的时候,水流非常湍急,石阻河流,惊涛拍岸,震耳欲聋,舟行其中,樯倾楫摧,险象环生,所以人们称之为洪。泗水经徐州形成了三个主要的洪,也就是三处激流险滩,它们分别是秦梁洪、百步洪、吕梁洪。徐州古泗水三洪之险闻于天下。

　　第一是秦梁洪。秦梁洪地处徐州北郊,与铜山区茅村镇交界地带,横跨京杭大运河,它有个地标性的建筑叫秦梁洪大桥,河床下有石梁,阻碍了水流,所以水流非常湍急,终成洪峰险滩。秦梁洪之所以得名并闻名于徐州,与秦始皇泗水捞鼎的故事有关。秦始皇泗水捞鼎没有成功,但从泗水河中捞出了很多石块、石梁,堆积在岸边高约五丈,长约一里许,因此名秦梁。秦始皇为什么要到泗水捞鼎?传说九鼎是我国夏朝时候铸造的九个古朴精美、气势庄重的青铜大鼎,汉书上记载:"禹收九牧之金,铸九鼎,象九州。"九鼎是一套稀世之作,它体现了王权至高无上,为传国之宝,所以我们讲一言九鼎,表示很坚决,很有权威。相传汤王的时候曾经把九鼎安放在当时的商邑,就是现在的商丘。周武王的时候迁都到洛阳,又把九鼎迁到了洛阳。春秋五霸、战国七雄时,诸侯强国都想把九鼎占为己有,因为他们认为得了九鼎就是得了天下,就有了权威,就有资格去称王,因此公元前606年,楚庄王曾经陈兵东周边境耀武扬威,要向周天子问鼎,问九鼎在哪里,是什么样的,所以后来"问鼎"变成了挑衅、侵略的代名词,也是"问鼎中原"这个成语的由来。战国时秦、齐、楚等强国都曾企图夺鼎。直到公元前254年,秦国灭掉了六国,统一天下。但是珍贵的国宝九鼎却不翼而飞,下落不明。史书上的记载说法不一,有的讲九鼎已经全部沉入泗水,有的讲秦已经得了八鼎,剩下的一个鼎被沉入泗水。郦道元的《水经注》中曾经这样记述,秦始皇"使数千人没水求之,不得,所谓鼎伏也"。所谓"鼎伏"就是鼎不见了。传说后来有人把鼎捞出水,但是鼎中探出一条龙,把系鼎的绳子给咬断了,鼎又跌落水中,再也无法找到。徐州汉画像石艺术馆收藏了一块秦始皇泗水捞鼎的汉画像石,从这一方汉画像石上的图案可以看到,秦始皇在泗水桥捞鼎,鼎即将出水,突然出来一条龙,把绳子咬断,于是他没有得到鼎。

然而对秦始皇究竟是否捞过鼎,从汉代到现代一直众说纷纭。有人认为确有其事,九鼎象征皇权,得九鼎即得九州,徐州为九州之一,另外徐州好神仙方士,当时从咸阳走驰道到东海一定会路过彭城,所以有人认为,秦始皇完全有可能到徐州泗水捞鼎。但是也有人认为徐州泗水没有鼎,因为当时周灭亡之后,九鼎一应入秦,而且史记上有记载,其后百二十岁而秦灭周,周之九鼎入于秦。秦始皇究竟有没有捞鼎,成为历史的悬案。实际上分析一下我们会发现,这里面有政治原因,就是刘邦当了汉帝,为了名正言顺,他制造了一个秦始皇泗水捞鼎而又捞不到的神话传说,是为他这个泗水亭长是真龙天子而编写的一个君权神授、天人合一、灭秦兴汉的神话。虽然在泗水并没有捞出九鼎,但是这里落下一个秦梁洪的名称。

秦梁洪、秦洪桥、秦洪村有无关联?秦梁洪大桥西侧大运河南岸有个古老的村庄就叫作秦梁洪村,简称秦洪。这个村子在司马迁的《史记》和郦道元的《水经注》当中都有提及,秦梁洪村不是以秦、梁这两个姓氏为名,村里姓氏主要是以王姓为多,所以秦梁洪有王氏族谱,始于明代嘉靖三十三年。王氏始迁祖碑记载:"洪左有王五村。"其村在河南岸,原名叫王五村,而不是叫秦梁洪村,后来因为秦梁洪而得名秦梁洪村。秦梁洪和古泗水有千丝万缕的联系,秦梁洪村本来就位于古泗水南面,之后由于老秦洪桥年久失修,新中国成立后又建了新秦洪桥,新秦洪桥横跨京杭运河之上,上面有陆路,下面有水路,打通了徐州北行的通道,使徐州北去的公路交通更加顺畅。这是泗水在徐州的第一个洪,秦梁洪。斗转星移,随着整个泗水河道发生的变化,如今秦梁洪逐渐失掉了洪的意义和洪的形状。

第二是百步洪。宋元时称百步洪,又称徐州洪。万历《徐州志》曾经记载:"徐州洪在州东南二里许,巨石盘踞,巉岩龌龊,汴泗流经其上,冲激怒号,惊涛奔岸,迅疾而下,舟行险艰。"百步洪原来就位于现在徐州市区故黄河和平桥到显红桥一带,这个洪当中乱石峭立,长约一百步,分三洪,中间叫中洪,西面叫外洪,东面叫里洪。外洪自东北向西南,水道较宽,水中巨石连亘,西岸漫滩上大石多如羊群。中洪水道比较窄,仅能容一船通过。每年水涨的时候,巨石淹没水中,妨碍行船,等到大水的时候,三洪都可行船,至水全消时,只有中洪勉强可以通过,但是非常危险,稍不留意就可能船翻人亡,所以在《徐州洪神庙碑记》当中曾经记载:"凡至洪下者……莫不割牲酾酒。"也就是说凡是要通过这个百步洪,都要备上酒水,求神保佑,否则的话就会船毁人亡。到了嘉靖中期,修筑百步洪,把它水下的岩石凿掉,洪流变成了安流。以前有闸,后来把闸也取消了。古泗水在元朝的时候地位非常重要,它是西安、洛阳、汴京这些古都通往江浙的黄金水道。

第三是吕梁洪。吕梁洪位于徐州城南 50 里处的吕梁山下,泗水经过水中石梁所以称吕梁洪。吕梁洪实为险洪,其四周多山,河床不易摆动,文天祥的《彭城行》当中有这样两句诗:"连山四围合,吕梁贯其中。"正是对当时此地地貌的描写。尉迟恭也曾写过一个庙碑记,由元代书法家赵孟頫抄写,他说过吕梁洪非常艰险,"舟行至此,百篙枝柱,负缆之夫流汗至地,进以尺寸数,其难也乃几于登天,舟中之人常号呼假助于神明"。也就是讲当船行到这个地方的时候,就要用竹篙撑着石头,并且纤夫要拉纤,不拉纤过不去,纤夫汗流浃背,每走一步只有一尺几寸长,非常艰险,尤其是逆水而上的时候更加艰难。这个洪中有很多石头,巨石被激流冲刷得非常光滑,所以这些石溜因为险而出名,人们也给这石溜起了很多名字,如卢家溜、黄石溜、夜叉石,等等,船只经过这些石溜,必须靠纤夫来拉纤,否则的话就没法通过。那么这三处险滩怎么处置? 尤其是京杭大运河开通之后,经徐州必须过三洪,三洪严重影响漕运交通,这个棘手的问题也为徐州带来了很多治水功臣。

四、徐州治水功臣

治水是徐州的首要大事,在徐州治水的功臣很多,如夏时的大禹、东汉王景(徐州刺史)、明潘季驯、明万恭、明宋礼、清张謇(治理沂沭泗)等。典籍记载及徐州人们口耳相传至今的主要有下面这几位。

1．苏轼与苏堤

北宋熙宁十年(1077年),苏轼调任徐州知州。后遇黄河决口,徐州城被淹。苏东坡在抗洪救灾中,修筑了由戏马台向西北沿徐州城墙南、东向北的土木结构拦洪堤,这就是最早的苏堤。

查阅宋史,苏东坡曾在任职的杭州、惠州、徐州等城市,都留下了历史的遗迹——苏堤,但是徐州却有过两条苏堤,一条苏堤路。

（1）北宋苏轼修抗洪堤

北宋时期徐州的地理环境是"冈岭四合,隐然如大环","状若仰釜",徐州城处在这个大环或仰釜中心的最低洼处。宋代徐州古城很小,基本上是半月形,两面环水,北门、东门面临黄河(汴、泗交汇借黄河水道),西门、南门外是护城河。由于黄河河床高于徐州城十米以上,成为悬河,客水由西、北来,徐州城压力很大。但是,由于北门和东门地势高,城西北也有高头弯堤挡客水西来,压力最大的当属徐州南城墙。

北宋熙宁十年(1077年)四月,苏轼由密州调任徐州知州。到任刚三个月,七月十七,黄河在澶州决口泛滥。八月二十一,洪水冲向徐州。九月初一,徐州城下水深二丈八尺,大雨夜以继日。苏轼有诗云:"去年重阳不可说,南城夜半千沤发。水穿城下作雷鸣,泥满城头飞雨滑。"到十月十五日,黄河终于回归故道,经淮河入海,被洪水围困的徐州城终于脱险。抗洪救灾中,苏东坡主要做了三件事。首先,防水。"水未至,使民具畚锸,畜土石,积刍茭,完窒隙穴,以为水备,故水至而民不恐。"(宋·苏辙,《黄楼赋》)苏轼穿便服、麻鞋,住在城上,"调急夫,发禁卒……以身帅之,与城存亡"。其次,排水。大雨昼夜不止,城内有积水,"塞东西北门,水皆自城际山"(宋·苏辙,《黄楼赋》)。再次,拦水。"汇于城下……筑东南长堤,首起戏马台,尾属于城。"(《宋史·苏轼传》)城南门两侧沿东西城墙一片汪洋,苏轼筑堤沿徐州城墙外东南角向西南到戏马台,再由戏马台向西北延伸到徐州城西南角。因徐州城南面地势较低,主要防黄河洪水从城南灌入。当时洪水急迫,拦洪堤仅是土木结构。洪水过后,苏轼上疏皇帝要求拨款,把土木堤改建成石头堤,皇帝没有批准。这"筑东南长堤,首起戏马台,尾属于城"的堤,是苏轼修筑的最初的抗洪堤,是徐州最早的苏堤,由于徐州城数次被淹,加之迁城、扩建,其早已弥废。

(2) 清代重修防洪苏堤

从北宋到清康乾时代,徐州城饱经水患,城区扩大,城市面貌也发生了很大的改变。据志书记载:为防黄河水从西北、石狗湖(现云龙湖)水从东南淹城,清康熙三十八年自黄茅岗至西关栅栏门(今儿童医院北一带),筑一长堤,命名为"苏堤"。

清乾隆二十六年(1761年)徐州知府邵大业在《重修苏堤记》中说:"徐州之西有堤焉,起云龙山黄茅冈至西关上,长六百余丈,废坏不治。世传为宋苏文忠(苏轼谥号)所筑以御黄(水)者,因名苏堤。"邵大业明确指出的这条苏堤的起止方位,显然不是《宋史·苏轼传》中所说的"首起戏马台,尾属于城"的那条土木之堤。邵大业认为:"戏马台在今南门外,距城不能里许,果首尾仅止,乌足以御黄流。然则城非旧城,堤之是与非,未足为定论矣。"为了迎接乾隆二十七年南巡"彭门河防要地",他用两个月的时间,在六百余丈的苏堤上,重新修建"长七百九十二丈(折合现在2 640米),高一丈二三尺有差,顶宽三丈,底宽八九丈有差",南起云龙山黄茅岗向西,北至西关栅栏门(今儿童医院北一带),中建石闸,以泄石狗湖水到奎河的新苏堤(以土为主,石砖为辅)。果然,乾隆皇帝南巡过徐州,视察了新苏堤,并题诗《苏堤》:"通守彭城闻昔年,长堤亦得号髯仙。涨波未到麦芒绿,绝胜西湖巷柳妍。"

(3) 现在的苏堤路

清乾隆以降,徐州几经战乱水患,乾隆二十六年邵大业修建的防洪苏堤多年失修,早就石塌土溃,已是杂草丛生的土堤,成为凹凸不平的土路,晴日尘土飞扬,雨天满路泥泞。新中国成立后,20世纪80年代,徐州市政建设对其进行全面拓建,始称苏堤路。90年代到新世纪又经多次分段修建,现在从中山南路(云龙山隧道西出口对面)到淮海西路口为苏堤路;再向北过淮海西路,由合群桥直到铜沛路为苏堤北路,绿树成荫,沥青路面,全长3 900余米。苏堤路基本沿清代防洪苏堤旧址,但是清代防洪苏堤不过黄河,而现在的苏堤路过黄河,因此,苏堤路比清代防洪苏堤长1 260余米。尽管苏堤几经变化,但是苏轼在徐州人们心中立下了一座不朽的丰碑。人们铭记他的政绩,怀念他与徐州人民同甘共苦的人品、官品。虽然新开辟的大道与原本苏堤的走向不尽相同,人们还是将它命名为"苏堤路",作为对苏轼的纪念。

2. 明代陈瑄、郭昇、费瑄及陈邦彦治吕梁洪和百步洪

迁都北京的明成祖朱棣欲罢海运,兴内河,可吕梁洪成了他的一个心病。水利大臣平江伯陈瑄等人主张将洪中之怪石予以夷平,以利漕运。但工部尚书、大运河浚疏总管宋礼却力排众议,坚持保留洪之怪石,"河水多泥,留此石可以激泥先下,澄浊为清也"。但陈瑄的主张还是被朱棣采纳了。

(1) 陈瑄

陈瑄(1365—1433年),字彦纯,合肥(今属安徽)人,明代军事将领、水利专家,明清漕运制度的确立者。

陈瑄历仕洪武、建文、永乐、洪熙、宣德五朝,自永乐元年(1403年)起担任漕运总兵官,后期还兼管淮安地方事务。他督理漕运三十年,改革漕运制度,修治京杭运河,功绩显赫。宣德八年(1433年),陈瑄病逝于任上,享年六十九岁。追封平江侯,赠太保,谥号"恭襄"。

由于水盛时易毁堤坝冲良田,陈瑄提出坚修堤坝,一方面利于漕运,一方面保护农田。因此在明代整个漕运过程中,时而筑坝,时而凿石,时而边筑坝边凿石,吕梁洪工部分司署的官员们殚精竭虑地呵护着关乎国家命运的漕运要道。

明永乐十三年(1415年),为"浚徐吕二洪,引淮舟入济",陈瑄便开始疏凿吕梁洪。到明宣德初年(1426年),因漕运艰难,粮船频频受阻,陈瑄在旧河道凿渠以导之,"渠深二丈,阔五丈,以利行舟"。宣德七年(1433年)复凿此渠,使其更深,并置石闸。但不久又湍险如故。因凿石艰难,便增堤坝束水。

(2) 郭昇

郭昇,陈瑄的继任者,颍州人。明成化三年(1467年)冬,以徐州洪工部分司署主事奉命至徐州。据清道光《铜山县志》载:"(明)成化四年(1468年)六月,管河主事郭昇以大石筑吕梁两堤,固以铁锭。凿外洪,败船恶石三百,而平筑里洪堤岸。又甃石岸,东西四百余丈。"郭昇因治理徐州洪有功,被擢郎中,仍莅洪事。

(3) 费瑄

费瑄,字仲玉,号复庵,江西承宣布政使司广信府铅山县(今江西省铅山县)人,明朝成化十一年进士。明成化十五年(1479年),费瑄以工部主事督水利于徐州,用了6年时间治理吕梁洪。费瑄至吕梁洪后,"聚徒给廪,辇块石堙土累为长堤百六十又五丈,广五丈,而崇不过五尺。水小,则迫之归洪,河用不涸;大则纵之使漫流其上。又于西筑坝三十余丈,可以杀湍悍,而堤得以不啮。又观于东堤丛石间,民困牵挽,足不能良步。乃畚瓦砾,实其洼隙,外以石礉之,为丈四百二十有奇。又东南则礉为长衢,而行者亦因以为利。"吕梁之险历数千万年而被费瑄十去其五六。明武宗朱厚照正德十六年(1521年)漕运总兵杨宏、瓯宁进士谢纯所著《漕运通志》载:"……成化庚子,主事费瑄叠石为堤,迫水使归于洪。又于堤西筑坝二十余丈以遏水势,而堤得以不啮。吕梁之险历千万年而十去五六,瑄之功也。"

费瑄组织人工用3年时间把吕梁洪的西堤筑好时,任期已满,就要离任他调。当地百姓联名上书朝廷留任,费瑄得以留任3年。3年后,吕梁洪东堤修成,费瑄被朝廷升迁为政选员外郎。

费瑄利用6年的时间,基本上使吕梁洪能让往来漕船安然而渡。吕梁百姓感念费瑄治理吕梁洪之功德,遂在下洪建费公祠。清道光《铜山县志》载:"费公祠,在吕梁下洪。成化间,工部主事费瑄督理洪事,有惠政,洪人立生祠。"

时光荏苒,自明永乐十三年(1415年)陈瑄开始疏凿吕梁洪起,到明嘉靖二十二年(1543年)吕梁洪工部分司署主事陈洪范疏凿吕梁洪结束,130年间历任吕梁洪主事干着同样的事情,凿石通洪,确保漕运畅通。现在保存在吕梁凤冠山上的三绝碑(徐阶作记、文征明书写、韩邦奇篆额)《疏凿吕梁洪记》记载了疏凿后的吕梁洪:"怪石尽去,舟之行者如出坦途。"

除去了水中怪石,弥漫在地方官吏及舟子船夫心头千年之久的阴霾也随吕梁洪上空的山风一扫而去,"官无漕运受阻之忧心,民无船翻人亡之惧意",吕梁洪上下一片祥和安宁。冯世雍《吕梁洪志·漕渠》记述了官漕之盛:"天下十总粮船每年过洪者,一万二千一百四十三只……"官运漕船往来无虚日,民船、商舶亦不可胜数。"江东民运白糙、粳、糯,每年过洪者:曰常州府及武进等四县,曰苏州府及吴江等六县,太仓州,曰松江府及华亭等二县,曰湖州府乌程等五县,曰嘉兴府及嘉兴等七县,共粮一十八万八百六十余石,则以民舟运之,不下千余艘……"

畅通无阻的漕运坦途也使得南方贡品更方便及时地进入京都,因为大运河不仅承担着漕运、载客,同时也承担着南方诸省的贡品北上运输。据王应时《吕梁志》载:"进贡船每岁过徐吕二洪者,其一,则司礼监,曰神帛、笔料;其二,则守备尚膳监,曰鲜梅、枇杷、鲜笋、鲥鱼;其三,则守备不用冰者,曰橄榄、鲜茶、木樨、柿橘;其四,则尚膳监不用冰者,曰天鹅、腌菜、笋、蜜、樱、苏糕、鹚鹕;其五,则司苑局,曰荸荠、芋、姜、藕、果;其六,则内府供用库,曰香稻、茵姜;其七,则御马监,曰苜蓿,后加龙衣、板方等。船外者复多舟艘,至以千计。洪夫牵挽并两河递送,殆不胜其困矣。"

吕梁洪巨石的去除,同样使得徐州与吕梁之间水平如镜。

(4)陈邦彦

陈邦彦,青阳人,明神宗万历五年(1577年)任吕梁洪工部分司署主事。陈邦彦上任时,由于黄河南迁,河水挟泥沙顺流而下,导致河床不断淤积抬高,致使狭窄的河道与汹涌的水势极不匹配,堤溃坝败,造成河水纵溢,水盛时尤甚。陈邦彦于是"所筑垣堤沿地形高下,帮护以土。自大王庙起至禹王庙止,为丈几一千四百,而其中加高以五六尺许者半之。下洪大王庙以南至关尉庙,旧苦无堤,今接筑石堤,亦帮护以土,为丈几五百。有旁堤,面广四尺,底广二之,而其高则大都一丈五六尺许。既又以水口不塞,脱有奔湍入,是以堤与撼也。则于禹王庙后,连山石堤续筑一百三十丈,以御万家集一带之流。于安民集前横筑缕水土堤三百五丈,以障黄家桥诸水于迁。乔集、高岗集、王公集则夹筑缕水石堤三百六十丈,以束李家桥诸水。而又于石盘沟西南直至东门加筑连山土堤八十余丈,或续茂前基,或径创新绪。河堤适成,民田亦复……"

陈邦彦所筑堤坝工程量较之当年费瑄更为浩大,其功德亦不弱于费瑄,"诸生吏民皆德公而多其堤之力为不朽"。余孟麟在为陈邦彦所作的《吕梁洪堤记》中也说:"……昔王诲垒,鄡河患息而转运无与,常坚堰清运,道便而民护耕之绩,阙如也。即今捍鸿涛以俾漕计,而保有数千顷之禾。利赖一方功尽兼之矣。赖史氏一言,将镵之石与斯堤,岿然并峙,尚亦永有鉴哉!……"

"吕梁遂安流,泯泯无水声",平静的水面,使吕梁洪主事们放下了心中的包袱,开始采山石役民力增修、增建亭台轩榭、寺观庙宇,供公务之余徜徉留恋,修身养性。据清道光《铜山县志》载:"吕梁洪工部分司署,在吕梁东岸向西,明弘治十年(1497年)主事来天球建,为本洪主事莅政之所。外为前门,左右为钟鼓楼,中有坊,曰漕河通济。又内为仪门,为正厅。左为仪仗库,右为小轩,后为川堂、后堂。由厅迤北,为大观堂,主事曹英建。后为状元亭,乃费宏读书处。亭后为望云楼,主事伍全建。大观堂西为宅。正德中(1506—1522年)陈宪于公署四周为石垣,计六里,中为石门,左右通衢为二,门各有楼。又后立三门,以便出入,岁久圮坏。嘉靖四十三年(1564年)主事王应时因旧增筑为城,延袤五百余丈,高二丈五尺,下广八尺。门四,东曰迎和,西曰广济,南曰通裕,北曰澄清。又于署西催迎厅前因高为楼,匾曰吕梁洪,其门曰正洪门。署左为观澜亭,右为养正书院,主事陈洪范建。北为社仓二区,主事郭持平建。万历二年(1574年)主事黄猷吉重修。本署于城南建万石仓,夫厂二区、砖厂、药局各一区。俱久废。"三里之城,五里之郭,方圆已达六里的吕梁洪工部分司署已具有一个城市的规模了。这是自隋废吕县以来,甚至漕运以来,吕梁城最繁华、最鼎盛的时候。

水满则溢,月盈则亏。物极必反,盛极必衰。

凿尽水中怪石、筑坝束水的吕梁洪,水平如镜。千帆竞秀,百舸争流,樯橹遮天蔽日,日过舟船不可胜数的繁华与喧闹,竟是吕梁洪漕运史上最后的辉煌。这一切都没有出乎永乐初年工部尚书宋礼的意料。

永乐九年(1411年),为漕运计,当平江伯陈瑄说要凿去二洪之巨石时,宋礼极力反对,认为河水多泥,留此石可以激泥先下,澄浊为清。因为徐州百步洪与吕梁洪水中巨石所阻,上游而来的河水形成的巨大的水能,便犹如两架马力十足的机器,将上游来的泥沙激活并安然送出。巨石凿去了,舟行坦途了。但鱼与熊掌不可兼得,二洪之中天造地设的巉岩峭立巨石被夷平后,没有了二洪怪石的斗沙激泥,黄河在徐州境内开始水缓沙停,河床日高,逐渐形成悬水危城的局面,多次造成灌城溺民的惨剧。其次是河道淤塞,漕运比以往更加艰难,当局不得已,只好另开泇河,以资漕运。明万历三十二年(1604年)李化成开成泇河后,避开了漕运二洪之险,漕船大部分不再经过徐、吕二洪北上,只有南下的回空船只经过。明万历三十八年(1610年)徐州附近黄河决口倒灌运河后,漕船就全数出邳州直河口经泇河北上南下了,徐州(吕梁)运道从此废弃。徐州从此由昔日漕运的繁华之都市退出运河漕运历史舞台,经济每况愈下。不再受世人关注的徐州,社会与经济地位一落千丈。皮之不存,毛将焉附？吕梁,也逐渐淡出了人们的视野。

3．刘顺之与护城石堤

刘顺之,广西柳州马平人,明嘉靖三十一年(1552年)举人。明隆庆五年(1571年)春天,任徐州知州。

明万历年初(1572年),都察院左都御史副使舒应龙视察徐州,向当时的徐州知州刘顺之提出建议"宜筑护堤,以扞其外"。刘顺之于万历二年九月(1573年)组织动工,在城墙外围建造护城石堤,四周共2 064丈(13.76里),万历三年三月(1574年)竣工,直至清代仍在使用(《徐州府志·建置考·张鹤鸣〈护城堤记〉》)。护城石堤是建在徐州古城墙外围抵抗洪水的一道防线,主要由条石组成,条石之间用糯米汁、石灰浆、沙子的混合物粘合,十分牢固。庆云桥附近,矿山路、民主南路、快哉亭公园东边,都曾发现过护城石堤。它是徐州古城很重要的组成部分,是古代徐州一项重要的水利工程。护城石堤不仅可防洪水淹城,而且可作为军事防守工事,防范军队入侵。清代将护城石堤改建成外城墙,周长20余里,开6门,炮台10座,具有军事防御和防汛抗洪双重功能。

由于战争、洪水和地震等灾害,徐州城墙曾经多次遭到摧毁,又多次重建或者修葺。20世纪20年代初期的徐州城墙,是明代末年留下来的,清代又进行了重修,城墙保存基本完整,也非常坚固。当时的城墙南到现在彭城路的南头移动公司营业厅附近,奎河北侧;东到大同街东;北到牌楼市场;西到二院,城墙上一共3 638个豁口。民国十七年(1928年)某天,徐州四个城门的墙上赫然出现"铜山县政府城垣变卖委员会"变卖徐州城墙的布告。没几天,连绵十几里的徐州古城墙就成了残垣断壁。再后来,残垣断壁也没有了,徐州的古城墙在人们的视野里彻底消失了。

沧海桑田,尽管徐州古城已不复存在,但是,党和政府非常重视历史文物的保护。1987年徐州市政府把徐州古城遗址公布为市级文物保护单位,这对于传承历史文化,守卫我们的精神家园,起到很重要的作用。

五、土山镇与关帝庙

东汉末年到公元220年,在天下大乱群雄四起的时代,徐州面临三方争夺。当时徐州是东汉刺史部治所,有两个卫星城,西北泗水河畔有小沛,即现在的沛县;东南是下邳,也在泗水河畔;徐州城在中间,泗水绕城而过,三点一线构成了以后大运河的主线。在东汉末年的时候,陶谦曾经在徐州任徐州牧,后来陶谦三让徐州让给了刘备,但是刘备没有能够守住,后来让吕布占了。张飞占小沛,关羽占下邳,占了两个卫星城。

关羽"土山约三事"的故事,就发生在古泗水河上下游的土山镇,后来还在土山立了关帝庙。到了明代的时候关羽已经被捧为武圣人,被称为关帝。文圣人是孔子,武圣人就是关羽,并且道教把关羽封为主神,民间也建了很多关帝庙。土山镇是一个千年古镇,古时候曾经是郡、州、县的治所,土山寺的关帝庙有五百多年的悠久历史,并且它也是保存最完好的一座关帝庙。同时,土山镇的明清建筑和文化古迹遍布整个镇区,是非常宝贵的文化资源。近代,为了搞好古镇的保护开发,土山镇曾经邀请一些专家制订了开发计划,对关帝庙进行修复。关帝庙原建于明代天顺三年(1459年),后来在明代崇祯年间,清代的雍正、乾隆年间重修,到民国三年也就是1914年的时候,又进行了一次大修。徐州有一个军阀叫张勋,民国后尚留清时辫子,故人称辫帅。张勋部下有一个营长,曾经用罚没款1 500大洋,在庙后重修马迹亭,亭子分3层高15米,里面有马蹄印,北侧有关羽磨刀石,关帝庙经过修复并重新开光。1948年,粟裕将军在关帝庙里设立了淮海战役碾庄圩战斗前沿指挥所。20世纪60年代,毛泽东主席到徐州的时候还打听过关羽屯兵的土山镇的所在。因此,关帝庙现在不仅是独具三国文化特色的旅游景点,同时也是爱国主义教育基地。土山本身是一个著名的古镇,2005年的时候政府对其进行了第五次大修,尤其是完善了这座江苏省面积最大、保存最完好的关帝庙。同年,土山镇关帝庙被批准为江苏省历史文物重点保护单位。徐州市内的云龙山山西会馆也有一个关帝庙,规模要比土山镇的小,因为关羽是山西人,所以山西会馆必定有关帝庙。

六、古下邳遗存

古邳镇,简称"邳",古称"下邳",别名旧州、旧城。古邳地处邳、睢、宿、铜四县(区)接壤地区,古泗水(后为黄河故道)畔,东连窑湾,西抵姚集,南临庆安,北望土山。1940年,析邳县陇海铁路以南,置邳南行署,古邳镇属之。泗水从下邳城门流过,向东南入骆马湖,进宿迁运河段。1942年,邳南行署改为邳南县,同年又改为邳睢县,古邳镇属之。1953年,经国务院批准,撤销邳睢县建制,复设古邳镇,划入江苏省睢宁县。

春秋战国时期,敢于直言进谏的邹忌被齐威王封为下邳成侯,那个时候就开始有"下邳"这个称号。秦时曾设下邳县,当时的下邳和现在的邳州是成为一体的,但是现在下邳属于睢宁县,这是历史区划的重新划分。汉代,下邳曾为楚国的都城,韩信为楚王的时候曾经驻守下邳。东汉的时候曾经有过下邳国。汉末徐州刺史部治所曾经在下邳,后来迁往徐州。

七、运河徐州段的名胜

隋唐以来京杭大运河徐州段数次改道,其在汴泗交汇处,通汴西下洛阳,黄河夺流夺泗南下,由骆马湖经微山湖北上济宁,历史久远。加之大运河徐州段不牢河、大沙河开通后,徐州运河段上有了不少名胜,比如新沂窑湾镇、邳州土山镇、运河镇,铜山房村镇、吕梁镇、奎山村都曾经昌盛一时,历史文物众多并且有古遗存遗址。运河徐州段共有古墓葬三十余处,古遗址十七处,含古城址梁王城、北洞山汉墓、茅村汉画像石墓等8处古墓葬,主要是汉代遗存,还有3处古建筑遗址,含漕运府,3座古桥,数座古闸。

1. 泗水河中消失的战国古城——湖陵城

湖陵城,也称胡陵城、胡陵县、胡陆、湖陆。湖陵城始建于春秋时期,公元前286年,楚置湖陵县,史志典籍均有记载。《中国古代地名大辞典》中有"湖陵县,春秋宋湖陵邑"。秦改置湖陵县,属泗水郡,郡治在沛县。《汉书·地理志》记载西汉"湖陵属山阳郡"。《后汉书·郡国志》记载:"湖陵即湖陆,章帝更名。"《三国疆域志》记载:"湖陵之名,始于秦,汉代因之;王莽改为湖陆,而东汉兴,仍复旧名。"资料显示,自春秋宋湖陵邑到隋朝入沛县止,其间近千年,湖陵均作为县级地方行政区划而存在。明嘉靖四十四年(1565年),水患造成古城坍塌。明嘉靖末年,《沛县县志》记载:"河决沛县,上下二百余里,运道俱塞,散漫湖陂,达于徐州,浩淼无际。"由此可知,湖陵城陆沉的主要原因是黄河泛滥。清代中后期,随着河湖的有效治理,水道渐畅,湖陵古城部分遗址才恢复为陆地,但城池已不复存在。湖陵城大部分已沉落于湖下,只有城东北的高地鸡鸣台及在其上建造的湖陵古寺还矗立在大沙河畔,成为湖陵古城遗存。

湖陵城遗址位于沛县龙固镇三里庙村、前程子村与山东省微山县张楼镇程子庙村交界处一带。自春秋宋国城邑至南朝刘宋置高平郡,湖陆入方与止,其间近千年时间内其均作为一地方行政区划而存在。《汉书·地理志》《后汉书·郡国志》《三国疆域志》等史志均有记载。南朝刘宋时撤销湖陵县,将其并入方与县(今鱼台),至此湖陵城作为独立行政区划不复存在,但城邑仍存。明中期后屡遭水患,古城坍塌。清咸丰元年,黄河决堤,沛丰受淹,至此湖陵城彻底湮没于地下。2013年3月,徐州市博物馆考古队初步勘探调查,湖陵城是以古泗水为界分南北两城,总面积约180万平方米,今地表基本无迹可寻,但地下墙体轮廓保存较为完好。

依现在地形地貌分析,在山东省微山县张楼镇湖陵村与江苏省沛县龙固镇前程子村之间,有一条边界河。两岸河堤残缺,一座石桥跨越两省。缓缓流淌的河水,见证了这里的繁荣与衰败,这条河就是举世闻名的泗水故道。据史志记载:地处苏鲁交界的古泗水两岸曾是春秋时期建造的湖陵城,又是秦汉时期湖陵县城旧址。从沛县、滕县、鱼台县三地县志所记载的资料和图经来看,古泗水河道从湖陵城中间穿过,以河为界,分南北两城,二城独立存在,各自有完整的城郭、城壕等设施。同时,古城隶属两省(山东省、江苏省)、三县(沛县、滕县、鱼台县)所管辖。这就形成了"一条大河属两省,泗水中分湖陵城。遗址隶属三县辖,三县地址未均平"的格局。在同时期的城址调查、勘探中极为罕见。

2. 蔺家坝

蔺家坝村位于徐州市铜山区柳新镇,是一个古老的自然村。蔺家坝村因蔺氏、蔺山而成名。因大运河穿村而过,为节制大运河水,修筑大坝,以蔺氏为名,故称蔺家坝。蔺家坝在大运河上举足轻重,是苏北运河与山东运河的重要节点。苏北运河全长404千米,从徐州蔺家坝开始,纵跨徐州、邳州、宿迁、淮阴、扬州等11个县市,沟通了微山湖、骆马湖、洪泽湖、高邮湖等水系,是京杭运河上运输最繁忙的河段。

蔺家坝,距离市区大约10公里,运河徐州段到鲁运河的结合部,上接微山湖湖西航道,下连不老河航道。蔺家坝旧址始筑于清康熙五十八年(1719年)。由蔺家坝节制闸、蔺家坝船闸和长700米的土坝组成。功能是泄洪、引水灌溉和调节不老河航运水位,为京杭运河湖西航道一处重要的船闸。

京杭大运河有三个分支,蔺家坝是京杭大运河的主干线,运河上来往船只大都要经过这个船闸,在这里进行调度,这是蔺家坝其中一个作用。另一个重要作用,京杭大运河从山东进入江苏以后,运河水位逐渐降低,因此可以调节运河水位。如果没有船闸,运河的水会奔腾南下,有了船闸,运河中的水流就会相对缓和。

1957年,微山湖大水,冲毁微山湖数十万亩良田。1958年6月至1959年5月,国家投入大量人力、物力、财力在蔺家坝村修建节制闸;又于1988年1月动工兴建蔺家坝船闸,1989年4月竣工通航,彻底贯通了这条南北重要水道。蔺家坝节制闸,闸总宽57.7米,净宽41.4米,共13孔,其中引水9孔,每孔净宽3米,发电3孔,每孔净宽3.7米,排涝1孔,净宽3米。闸底高程28.3米,消力池底高程26.8米。蔺家坝节制闸设计闸上水位35.5米、闸下水位33.9米时,设计泄洪流量500立方米/秒。蔺家坝船闸为二级通航建筑物,设计通航能力2 000吨级。

2000年4月,蔺家坝船闸进行了第一次大修,投资340万元。主要内容包括:闸阀门运转件维修更换及门体防腐处理、液压站更换、启闭机维修、电控系统更换为PLC控制系统、助航设施维修等。

3. 徐州漕运粮仓

大运河徐州段曾是漕运黄金水道,因此徐州建有漕运粮仓。贞观十三年(639年),徐州就修建了国家粮库。到了明永乐十九年(1422年),京城北迁,东南地区的粮食要源源不断地输入京师,徐州、淮安、德州、临清水路畅达,是大运河上的黄金水道,漕粮都要集中到这四个地方再运往北京,所以淮安、徐州、德州、临清也成为明代四大漕运粮仓,徐州的漕运粮仓叫广运仓。据明成化年间户部主事所著《徐州广运仓记》记载,徐州广运仓俨然是一个小城市,面积很大,占地约540亩,带壕沟围起,东西约270米,南北约330米,袁桥东西线为北端,南北820米,东西480米,地理形状为曲尺形状,所在地大致是南面靠奎山位置较高,北面靠袁桥一带位置较低。按照现在地理位置,北至和平路一线,东至黄河故道,西边到解放南路,南至奎山以北。它离奎河和运河都非常近,便于运输,它的功能主要是体现在经济、政治和军事方面。

明廷定在北京后,北方成为政治经济文化的中心,为了满足巨大的粮食耗费,每年转运的漕粮大约在四百万石,都要通过淮安、徐州、临清、德州这些粮仓来转运,尤其是明永乐十三年(1415年),罢海运之后,徐州广运仓尤为重要。到了正德年间,徐州广运仓有仓储百余座,仓房上千间,可储量百万石,成为南北运粮的咽喉,所以在徐州设有漕运府,后来毁于战火。天启四年(1624年),黄河在奎山决口,广运仓首当其冲受到灾害,徐州的漕运粮仓荡涤已尽,掩埋在黄土之下。广运仓作为明代沿运河四大转运仓之一,见证了徐州漕运的繁荣。

4. 千年古镇话窑湾

除了粮仓,沿运河而兴起的还有一个千年古镇窑湾。窑湾古镇位于徐州新沂市西南边缘,与骆马湖相邻,是宿迁、睢宁、邳州三市县的交汇处。

窑湾古镇的历史可以追溯到春秋战国时期。典籍曾经记载,东周时期它属于钟吾国辖地,秦汉时期作为军需品烧窑处,所以叫窑湾,有1 300多年历史。公元618年唐朝在窑湾建镇,开始它叫隅头镇。到了1668年,郯庐大地震,隅头镇被毁,于是迁往运河的一个拐弯处继续烧窑烧砖,并重建新镇。由于很多过往船只在那个地方停泊所以改称窑湾。窑湾鼎盛于明清和民国时期,它过去是京杭大运河的重要码头,也是苏北、鲁南重要的商品集散地。古镇西依大运河,东临骆马湖,三面环水,是一个大半岛的形状,水运的昌盛带动了窑湾工商业的迅速发展。在清到民国的鼎盛时期,古镇有八处省会馆,十个国家商业代办处,美、英、法、意大利等国商人来此经商,还有传教士到窑湾传教。

镇上有钱庄、布庄、当铺、商铺等各种店铺作坊三百六十余家,其中钱庄就有十三家。东三省有一些货物要经过窑湾,通过运河远销南洋、新加坡、日本等地。英国、法国、荷兰等国商人也在这个地方进行经商,当年镇上专有美孚石油公司、亚细亚石油公司、五洋百货等外国公司,外国汽艇和国内的小货轮都曾在窑湾码头来往穿梭。宗教设施也比较齐全,天主教、基督教、佛教、道教、伊斯兰教等并立,在这里,它们拥有商铺、宅院、教堂、庙宇8 000多间。到民国初,镇上常住人口达三万人,流动人口达1.5万,一度有"小上海"之称,店铺主要分布在西大街和中宁街两条古街道上。2010年10月,窑湾古镇被江苏省政府定为历史文化名镇,目前正在申报国家历史文化名镇,现在是国家四A级旅游景点。

八、河漕交汇的信仰

在大运河徐州段,水患给这里的先民带来了毁灭性的灾难。为了祛祸避灾,寻求精神慰藉,水神信仰在徐州大运河沿岸古代民间信仰中占有重要位置。

1. 金龙四大王庙

河漕信仰中,比较有代表性的是金龙四大王。金龙四大王的原神姓谢,叫谢绪,是南宋人,他曾在金龙山读书,又因为他在家排行第四,所以称他为金龙四大王。传说南宋灭亡的时候他赴水来晋中,明太祖征战吕梁洪的时候,谢绪的英灵又骑着白马来助阵,因此世人把他封为水神。同时他也是黄河河神,还是漕运的保护神,可见世人对他的敬重。明清漕运的时候,很多河工和漕运工人都要拜金龙四大王,认为金龙四大王具有护漕、捍患的能力,会显灵于漕运工人和河工危难之际,后来朝廷也给他加封。到了光绪五年的时候,谢绪的封号已经多达44个。

明清时期,在黄河和运河交汇的徐州,金龙四大王的信仰传播很广泛,在徐州铜山境内就有三处金龙四大王庙,其一是在徐州城北门外大堤上,也就是在庆云桥偏西一点的徐州古城墙上,此外,在河东岸和房村也各有一处。在邳州、宿迁(古时宿迁归属于徐州)也有众多金龙四大王庙。除了金龙四大王庙之外,徐州地区还有很多大王庙,除了祭祀金龙四大王外,也有很多祭祀天王等水神,如铜山就有十余处。如今这些大王庙大多坍塌,已无祭祀。但是,至今徐州云龙区、邳州、丰县等地都有保留大王庙村的地名。

2. 龙王庙

龙王庙是徐州地区另一种信仰的庙宇。云龙山北麓乾隆行宫的前身就是龙王庙,庙前有一条小河,河往东通奎河,河上有小石桥,名"御桥"(龙王庙改行宫后乾隆走过,20世纪70年代初修路,河填,桥拆)。徐州汉王镇也有龙王庙。据明正统《彭城志》记载:"龙王庙在城西二十里,庙前即高帝拔剑泉,旧有庙已废,洪武三十二年,知州杨节仲回旧基再建。"云龙、邳州、沛县、睢宁、铜山、新沂等区县都有龙王庙,并且在龙王庙旁边都设有龙潭来进行祭拜。至今徐州新沂市邵店镇运河畔还有龙王庙地名。

3. 天妃宫

徐州地区还有一种信仰庙宇,即天妃宫庙,也叫妈祖庙。天妃,也就是妈祖,本名叫林默,是个女性神灵,福建人。东南沿海尤其福建包括台湾地区都比较信奉妈祖,人们去妈祖庙祈福,认为她可以庇护航海和水运,拥有转危为安的神力。同治年间《徐州府志》记载,沛县等地的天妃行宫有十处之多。

4. 水利人格神祠庙

水利人格神祠庙,是水神信仰的一种。神祠庙代指两个方面,一是祠堂,一是庙,活人建祠,死人建庙。如上古治水名人大禹,在徐州就有禹王庙(如云龙山乾隆行宫的前身是龙王庙,龙王庙的前身是禹王庙)。《铜山县志》曾经记载,明代永乐年间治漕名臣陈瑄,其谥号为"恭襄",因而徐州建陈恭襄公祠。费瑄以工部主事督水利于徐州,利用6年的时间,基本上使吕梁洪能让往来漕船安然而渡。吕梁百姓感念费瑄治理吕梁洪之功德,遂在下洪建费公祠。清道光《铜山县志》载:"费公祠,在吕梁下洪。成化间,工部主事费瑄督理洪事,有惠政,洪人立生祠。"

另外,丰县、睢宁还有祭祀柳毅的柳公祠。这实际上就是把治水名人神灵化了,大家认为他们生前治水有功,死后就能化为神灵继续保护人们以避水患。总的来看祭祀的无论是神灵化的活人还是虚构的神灵,人们的目的非常清楚,那就是希望他们庇佑老百姓安居乐业,远离水患,是一种精神寄托,也是一种信仰。

综上所述,大运河徐州段发生过很多传奇的故事、民间传说,留下了丰富的人文景观和民间信仰,这些流传至今的物质和非物质文化遗产极具研究价值,应为后人所传承。

(主讲人 郭海林)

第二篇
江苏运河史话宿迁段

春秋时期,吴王夫差开凿邗沟,舟师溯宿迁境内泗水北上。邗沟之前,泗水仅通淮北地区。邗沟开通后,形成了江南、淮南与北方的水路交通线,沟通了江南与中原。宿迁、泗阳是这条水路的必经之地。隋朝开凿从洛阳到淮河的通济渠(汴河),流经宿迁泗洪入淮。大业元年(605年)首开的通济渠,过泗县后至今宿迁泗洪县城青阳镇进入溧河注入淮。至今,宿迁市泗洪县境内还有保存完好的34.32公里河段,当地人谓之"老汴河"。元朝对隋代运河作"弃弓走弦"的改道,先后开凿了济州河、会通河、通惠河,京杭大运河取直贯通,京杭之间航路缩短了900公里,沟通钱塘江、长江、淮河、黄河与海河五大水系。这条运河借河为漕,通过黄河(泗水)流经宿迁、泗阳。明时"借黄行运""避黄行运",潘季驯采取"束水攻沙"治水策略,在宿迁河岸筑建遥堤、月堤、缕堤等工程,其中在宿迁筑归仁堤全长49公里,用以防御黄河西溃之水直接南下入湖。清康熙二十七年(1688年),河道总督靳辅在宿迁开凿中河,实现了黄运分离。从此,京杭大运河畅通无阻。中河流经宿迁121公里,占中河全长179公里的68%。2014年6月,中国大运河项目成功入选世界文化遗产名录,宿迁皂河龙王庙行宫和41千米中运河河道名列其中。

考察研究宿迁大运河文化,发现宿迁段运河有很多方面与"三"有关系,比如有三个名镇、三味佳肴、三种地方戏、三个大型抽水站,等等。本文就此专门谈谈宿迁段运河的"三"现象。

一、三星落地成名镇

京杭大运河流经宿迁地区的全长是112公里。运河从北到南流过宿迁,依次经过皂河、宿城、众兴这三个名镇。

  皂河镇历史悠久。皂河是发源于山东郯城的墨河的一条支流,南入京杭大运河。因为水底黑色,所以人们称它为皂河。根据《宿迁县志》记载:清康熙十九年,总督靳辅开旧皂河口。皂河地域因此成为大运河南北漕运的要道,商贾行船不绝,也因此逐渐发展成为宿迁西北部经济贸易的中心和水陆交通的枢纽。曾任河南道直隶州判的卢盛芝归里后在皂河筑圩兴济,从此就有了皂河镇之说。皂河镇位于宿迁市湖滨新区,离市区20公里。皂河镇面积266平方公里,其中水域面积达190平方公里,城镇人口有六万二千多人。

  皂河镇是江苏省重点镇,素有文化古镇、水乡古镇、运河古镇之称。境内有乾隆行宫、陈家大院、合善堂、财神庙、安澜桥等景点。陈家大院建于清朝嘉庆年间,是目前宿迁市最大的清代民居。2004年,宿迁市人民政府将它列为市级文物保护单位。陈家大院占地六亩,它是回廊式的建筑,共有房间66间,总面积有1500多平方米。陈家大院原来是一户姓马的人家的私宅,后来转卖给山东商人陈永茂。陈永茂使用这个大院一直到解放前期,所以人们都把它称为陈家大院。在抗战时期,陈家大院沦为皂河日军的总部。新中国成立以后,陈家大院改为地方粮仓,后来又建了皂河轮船站、杂品站、针织厂、福利厂,许多企业项目都在陈家大院里面开办。20世纪80年代的时候陈家大院里的部分房产被卖给了个人。2011年,陈家大院被列入江苏省大运河沿线重要文物,政府专门拨款恢复修缮,现已基本恢复了陈家大院原来的历史风貌。2013年,湖滨新区管委会又对陈家大院进行了进一步的修缮和恢复,现已形成了许多不同的院落、景观,比如姥爷房、少爷房、炮楼等,成为老百姓经常参观游览的一个地方。财神庙建于清朝康熙年间,该建筑为廊院式,砖木结构,占地1500多平方米,是宿迁老百姓求神、求财、祈福的地方。2004年被列为宿迁市文物保护单位。合善堂也属于宿迁市市级文物保护单位,房屋建构完好,有前后两进院落,正堂中敬奉普度众生观世音菩萨,后堂供奉释迦牟尼。安澜桥于2012年12月开工建设,历时两年建成通车。安澜桥的建成缩短了湖滨新区与皂河镇之间的距离,使湖滨新区的旅游景观形成一体两翼的格局。

  皂河镇的小吃也非常有名,代表性的有皂河老汤、乾隆贡酥和鱼头饺子等。皂河老汤是皂河镇独有的一道小吃,它和药膳同源,用料十分讲究,据说是用牛羊的骨头熬汤然后再配作料煎制而成。吃的时候要先在碗里打一个生鸡蛋,然后再把熬好的汤汁淋上去就可以了。乾隆贡酥是叶家烧饼的别称。叶家烧饼早在唐朝时就很有名。乾隆下江南的时候经常去吃叶家的烧饼,久而久之人们就把它称为乾隆贡酥。传说叶家烧饼的制作人曾被皇宫召去做御厨。鱼头饺子原是渔民的一道家常菜。渔民居住在船上,因船上空间有限,容不得更多的炉灶,他们就将捕获的大青鱼取头熬汤,用鱼肉做馅包饺子,汤煮好之后把鱼肉饺子放进锅里一锅煮,便成了一道很鲜美的菜肴。

顺着运河南行不到20公里就到了宿城镇。当然,"宿城镇"这个名字已是20多年前的事,现在它已经变成地级宿迁市的行政中心,也就是宿城区的所在地。宿城镇也就是现在的宿城区位于马陵山南麓,北边与宿豫区接壤,南边与泗阳县、泗洪县毗邻,西与徐州市的睢宁县相连,是苏鲁豫皖四省之通衢。

宿城镇历史悠久,据文字记载已有3 000多年的历史。起初是远古东夷族首领少昊活动的区域。春秋时期,宿城为厹犹国和钟吾国的一部分,后又相继为吴、蜀等国的属地。秦代时,曾在此设下相县,属泗水郡。公元405年,于下相县的东南置宿预县。公元550年,废下相县,其辖地归宿预县。公元726年,为避唐代宗李豫名讳,改宿预县为宿迁县。唐宋元明清以来,宿迁域内常有变动,隶属关系也多次变化,先后属泗洲郡、下邳郡、淮安府和徐州府。辛亥革命时,废州府制,宿迁直属江苏省公署。抗战时期,中国共产党在此地周边建立了宿迁县、宿北县、泗宿县、睢宿县和运河特区等五个县级民主政权。1945年8月,中共泗宿县委和县总队接管宿城,又在此设立宿迁市。1949年5月,泗宿县部分地区和宿迁市合并归宿迁县,隶属淮阴地区。1983年,江苏省实行市管县体制,宿迁县又属于淮阴市。1987年12月,国务院批准宿迁县改为县级宿迁市,仍然属淮阴市所辖。1996年9月,地级宿迁市成立,市政府驻宿城镇。

宿城大地人杰地灵、英雄辈出,哺育出无数英雄豪杰,有西楚霸王项羽、南宋抗金名将魏胜、明代抗击侵略东南沿海倭寇并被追赐为侯的刘荣、清代率部在台湾抗日的民族英雄杨泗洪、乾隆的老师徐用锡、著名女诗人倪瑞璇、社会活动家黄以霖、近代抗日英雄孙明瑾、人民炮兵奠基人朱瑞、蜚声中外的蛇医季德胜、水利专家吴康宁、航天专家潜成运、书画家窦燕客,还有社会教育家陈经删、国画家苏葆祯和范子登、藏书家王其毅、作家朱西宁、京剧表演家黄孝慈、导演蔡淑兰,等等。

宿城古迹遗存也比较多。境内有从春秋至明清留下的四座古城遗址,多处秦汉以来的古墓葬群。历史上宿城地面古建筑星罗棋布,虽然由于历经战乱水患遭受严重破坏,但是现在仍留存有皇帝敕建敕封的极乐律院、显佑伯行宫、孔庙、灶君庙、道生碱店、耶稣堂、关坝台、通汇桥、通运桥、古下相遗址、三皇庙碑刻、大王庙、凤凰墩墓群、前大庵、清末抗日英雄杨泗洪墓、刘江墓,等等。

顺着运河再往南走,也就是大运河宿迁段的最南端,有着另一个重要的名镇众兴镇。众兴镇是江苏省泗阳县的政治、经济、文化中心。众兴镇是典型的农村城市复合型乡镇,人口有30万,面积有260多平方公里。众兴镇这几年发展得特别快,2018、2019年连续两年被评为全国综合实力千强镇。

众兴,取众姓兴集之意。众兴镇的城厢街道是原泗阳县的老县城。泗阳县过去叫桃源县,因为和湖南省的桃源县重名,后来改为泗阳县。城厢镇建于明正德六年,周长3里,高1丈5里,有四个城门,东曰观海、西曰延辉、南曰朝阳、北曰拱极。城厢古城经历代政府多次修建,规模越建越大,后来在城里建了三台阁,三台锁雾成为城厢的一个重要景观。可惜在抗日战争期间,这座有着600多年历史的古县城毁于战火,变成一片焦土。古城虽毁,历史犹存。现在的城厢仍有很多文物古迹,如抗金英雄岳飞部将刘世勋墓。

二、三英豪气贯长虹

提到宿迁,定会说起项羽、杨泗洪、朱瑞这三个家喻户晓的英雄人物。项羽是推翻秦王暴政的西楚霸王,杨泗洪是镇守台湾的民族英雄,而朱瑞则是中国人民解放军炮兵的创始人。

公元前203年,项羽攻下荥阳,处死荥阳守将,进入成皋。刘邦逃亡巩县,派重兵阻挡,使得项羽无法前进。此时,彭越渡河攻击东阿,楚江薛公兵败身死。项羽于是亲自率军攻打彭越。彭越败走,但成皋却被刘邦趁机夺走。项羽回军与刘邦对峙于广武,相持了几个月。项羽要与刘邦单挑,但刘邦避而不战。韩信于河北攻破齐、赵等国,并准备进攻楚国。项羽派大将龙且前往进攻韩信,但被韩信斩杀。这时彭越又于上谷城复出,项羽大怒,亲自前往救援,留大司马曹咎原地待守,并告诫他不要出兵,只需守住十五日即可。项羽走后刘邦前来挑战,曹咎大怒,引兵渡泗水迎战。刘邦趁机发兵进攻,大破曹咎军。项羽听闻曹咎兵败,立即引兵而回。这时刘邦正于荥阳东围攻钟离昧,听到项羽回来非常害怕,便率军退走。后来项羽腹背受敌又粮草不济,于是送还刘邦家眷,与刘邦签订盟约,以鸿沟为界,中分天下。

鸿沟和议后,项羽引兵东归,但是刘邦却在这个时候突然撕毁了盟约,追击项羽,想要把项羽一举消灭。但和刘邦约定一起出兵的韩信和彭越却没有出战。项羽引兵反击刘邦,大破汉军。刘邦于是坚守不出,又以加封土地为条件说动韩信从齐地南下占领楚都彭城和今天的苏北、皖北等广大地区,兵锋直指楚军侧背,自东向西夹击项羽。梁王彭越率军数万从梁地出发,先南下而后西进,与刘邦本部同逼楚军后退。汉将刘贾率军数万同九江王英布的十万兵马自淮北出发,从西南方发动对楚地的进攻,攻克寿春。而镇守南线的楚将大司马周殷却在此时叛楚,项羽因此腹背受敌,四面楚歌之势也就形成了。垓下时,项羽大军粮草不济,又被刘邦几十万大军包围,只好率领八百人趁夜突围。天亮后汉军发觉项羽离去,派灌婴领五千精兵去追。到淮河边时,项羽迷路了,遇到一个老农,老农给他指了相反的方向,这样项羽又重新陷入了汉军的包围。项羽自忖不能脱身,就对他的手下人说:我起兵到现在已经八年了,历经七十余战,抵挡我的人全部被我攻破。不是我不会打仗,是天要灭我。于是和汉军做最后的较量,拼杀完以后又继续南逃,逃到了乌江边。在这里,项羽遇到了乌江亭长。亭长劝项羽回去江东以图东山再起。可是项羽以无颜再见江东父老为由拒绝了,并把自己的战马送给了亭长,自己挥刀自刎了。楚汉相争到此画上了句号。

项羽的故乡人非常怀念项羽,康熙年间,人们在项羽的出生地梧桐巷立碑纪念,后来又逐步建了英风阁、槐安亭等建筑。2012年,宿迁市投资40亿元对项王故里进行改造。如今,项王景区已经成为江苏省重点文物保护单位,也是国家4A级景区。

宿迁的另外一个英雄叫杨泗洪。杨泗洪生于1847年,字锡九,号茂龄,生于宿迁彤华街。1884年,台湾首任巡抚刘铭传聘请杨泗洪为营官,于是杨泗洪告别老母、夫人和女儿,带门徒随刘铭传去了台湾教练新军并参与开发台湾。1895年4月,清政府签订了丧权辱国的《马关条约》,将台湾全岛、澎湖列岛割让给日本,并令台湾大小官员陆续内渡。然而日寇非但没有满足,反倒变本加厉,强占了基隆、台北,并向台湾南部长驱直入,大肆奸淫烧杀。台湾人民对清政府的卖国行为痛心疾首,对日寇烧杀抢掠义愤填膺。此时,杨泗洪看到祖国宝岛毁于一纸契约怒不可遏,他甘愿当所谓的叛臣逆将也不愿内渡,不要官、不要家、不要命,坚决同台湾人民站在一起誓守疆土。在台湾省巡抚唐景崧内渡之后,台湾爱国绅士派代表请台湾帮办刘永福做"台湾民主国"总统,杨泗洪做副总统。刘、杨二人坚决不受,表示愿以中国守将的身份抗击日寇。杨说:我乃大清国的总兵,要以旧职保护台湾,必尽职尽责。于是,各路义军、民军和爱国绅士公推刘永福为军统,杨泗洪为副统。从此身为副帅的杨泗洪全力协助刘永福一面加强海防,督造炮台,指挥陆路部队挥戈北上;一面团结不同派系不同地方的武装共同抗日;同时千方百计筹集粮饷、军械确保战事需用。在战争中,杨泗洪作战勇敢,每战必身先士卒冲杀在前。因他率领的作战部队以黑旗为帜,故有"黑虎将军"之称。

1895年8月,日寇侵占了台北、彰化,又接连攻占云林、大莆林,进逼嘉义。杨泗洪面对危险的形势挺身而出担当前线指挥。他劝慰刘永福说:"大将军传谕各营,晓以大义,将士无不奋勇。泗洪不才受此重任,但有忠义二字而已。不败倭奴,誓不生还。"他统领黑旗军会同军民义军北上抗日,在前敌各线推行联庄法,发动各地绅民组织武装。由于当时正值炎夏,加之粮饷军械不足,抗战十分不利。他激励将士们说:谁无父母、谁无妻女、谁无家园?我虽不是台湾人,但是,同是同一中华民族,书同文、行同伦,国已破、家安在?诛台父犹如我父,戮台母犹如我母,辱台女犹如我女,我怎能贪图荣华富贵内渡归乡?这些话大大激发将士们的斗志,他们个个以一当十,勇敢莫挡。杨泗洪率军相继夺云林、克北斗,用大刀、梭镖和少量的土炮、土枪给入侵的日寇以重创,先后擒斩日寇军官戈藤文录、武式却等多人。

日寇安溪大败后困守新竹,杨泗洪率兵屡攻不下,便在军中遍布地雷弃营而去,待诱敌深入后,再返兵与敌肉搏。部队三人为伍,化整为零,各个击破。此战使日寇死伤惨重。然而,驻守新竹的日寇调来大批援军乘势全力向南进攻。杨泗洪和将士们在饷械奇缺的恶劣状况下,不屈不挠地与敌奋战。日本侵略军得知杨泗洪内无粮草外无援兵,便由后路抄了杨泗洪的左翼马廷卿部,左翼遂溃。杨泗洪自知敌众我寡,所以整饬军队,避其锋芒,并策划夜袭嘉义北边的大莆林。不料日军有备,杨泗洪奋不顾身冲杀在前,令敌大惊,仓皇奔出,被我军迎头痛击。杨泗洪收复了大莆林,又乘胜追击,途中腿部中弹。他率兵进击数十里,苦战两昼夜,一直把日寇追到落虹桥。此时,日寇溃败,过桥逃窜,纷纷落水。在追击日寇的途中,杨泗洪不幸腹部中弹,在生命垂危之际,杨泗洪对部下嘱咐道:"此次北上抗日,我中华以数万饥疲之士挡日寇数倍虎狼之敌。今陷重围而得出,历苦战而终奋。我今虽死,军中切勿发丧,仍标旧旗如故。棺柩先行,诸军继退。务必退而成军,退而能战,再报刘帅图谋恢复。"当夜子时,也就是1895年农历七月二十日,杨泗洪壮烈殉国,时年四十六岁。

台南人民得知杨泗洪殉国噩耗后,悲痛万分,执万民伞擎万民旗迎送棺柩,哭声震天。后来,杨公之婿陈金华扶柩归里,所经之处,百姓无不拥途祭吊挥泪致哀。灵柩运回家乡后,停放在骆马湖山顶真武殿内,祭吊三日。后安葬在宿迁城南东关口的运河西堤下。

朱瑞是中国人民解放军炮兵的奠基人。1945年日本投降后,蒋介石在美国的支持下调兵遣将大举向东北进攻,同时日本关东军投降后的火炮装备已全部被苏联红军运回国内。面对这一变化,朱瑞提出了"分散干部、搜集武器、发展部队、建立家业"的十六字方针,除派遣少部分干部到主力部队训练外,其他师生全部分散到东起绥芬河,西至满洲里,南从长春,北到穆棱的广大地区收集武器。在朱瑞和炮校党委的组织领导下,经过全体师生的共同努力,至1946年5月,共收集各种火炮七千余门、炮弹五十多万发、坦克12辆、汽车23辆,以及大量的零配件和各种器材,为建立东北炮兵奠定了物质基础。

1945年夏,朱瑞主动向中央提出从事建设炮兵的工作,被任命为延安炮兵学校代理校长。1946年夏季后,东北军将延安炮校改名为东北军区炮校,朱瑞任东北军政大学副校长兼东北炮校校长。东北军区炮校在辽沈战役前共培养了两千多名炮兵干部。10月,朱瑞任东北民主联军炮兵司令员。12月起,朱瑞对炮兵部队进行整顿。他先后代表军区起草了4号命令,对炮兵的组织、训练、准备、作战等方面作出了一系列明确的规定。1948年10月1日上午,中国人民解放军发起总攻令,朱瑞部队各种口径的火炮齐开,不到6个小时就摧毁了国民党政府经营多年的工事,胜利拉开了辽沈战役的序幕。

在攻取义县的战斗中,为了了解榴弹炮的性能,战斗还没有结束,朱瑞就从指挥所出来,途中不幸触雷壮烈牺牲,时年43岁。

家乡人民为了纪念朱瑞,在宿迁古黄河风光带修建了朱瑞将军纪念馆,馆内有高达5米的朱瑞塑像,纯铜铸造。整个展览分为救国寻路、红军将领、抗日烽火、战地炮魂、民族长城五个板块,收录了大量的图片、文献、实物等,全面客观地展现了朱瑞将军波澜壮阔的一生以及对炮兵缔造作出的卓越贡献,是宿城新区印象黄河整体景观带中一个重要的人文景点,也是江苏省爱国主义教育基地之一。

三、三杯美酒醉天下

宿迁是中国白酒之都。全国十大名酒,宿迁就占其二,即洋河大曲和双沟大曲。其实宿迁除了这两大名酒之外,还有凝结着宿迁人对楚霸王项羽怀念之情的霸王大曲。

洋河大曲以优质高粱为原料,以用小麦、大麦、豌豆培养出的高温大曲为糖化发酵剂,以美人泉水酿造而成。洋河大曲属浓香型大曲白酒,酒液澄清透明,酒香浓郁清雅,入口鲜爽甘甜,口味细腻悠长。洋河大曲曾多次荣获国际国内大奖,入选中国八大名酒行列。2003年2月,原国家质检总局批准对洋河大曲实施原产地产品保护。洋河大曲具有绵、软、甜、净、香的独特风味,口感绵柔、绵甜、绵爽,低而不淡、柔而不寡、绵长尾净、丰满协调。洋河大曲后来以蓝色经典系列产品为标志,开创了中国绵柔酒的先河。

双沟大曲产于宿迁市泗洪县双沟镇。据当地方志记载,清朝乾隆初年,双沟镇上酿酒的作坊已达十数家,所产美酒靠依湖傍淮的水旱码头运往全国各地。当时有这样一句话叫"看景看扬州,饮酒饮双沟",可见双沟酒在饮酒者心中的位置。在清末南洋劝业会上,双沟大曲被评为名酒第一,荣获金质奖。在抗战期间,老一辈革命家刘少奇、陈毅、邓子恢、彭雪峰都经常到双沟全德酒坊品尝美酒,同时也在那里运筹帷幄指挥抗战。

除了洋河大曲、双沟大曲之外,宿迁还有一个地方名酒叫霸王大曲。霸王大曲凝结着宿迁人对项羽的怀念之情。1986年的时候,宿迁酒厂把注册商标为宿迁大曲、宿迁白酒这样的酒改为霸王大曲、霸王白酒,同时开发研制了38度优质霸王大曲、霸王特液以及陈香酒等新品种。1989年,在全国白酒大赛中,霸王大曲获得了紫薇奖。1996年,霸王白酒获得"江苏省优质产品"奖励。霸王系列白酒不仅在本地市场上销售兴旺,在周边地区也占有一席之地。现在江苏霸王生物酒业有限公司已经取代了原来的宿迁酒厂继续生产霸王系列白酒。霸王生物酒业公司现在生产原酒的能力已达5 000多吨,生产浓香、清香、芝麻香三种香型和霸王特曲、霸王头曲、霸王典藏三大系列的白酒产品。这些产品的口感醇厚、质地优良,深受当地消费者的好评。

四、三戏同源唱悲欢

宿迁地区主要流行三种地方戏,分别是柳琴戏、淮海戏和泗州戏。这三个剧种同根同源,都起源于清代的拉魂腔。宿迁当地有俗话称"不听拉魂腔,吃饭也不香""一听柳叶琴声响,绣楼小姐要跳墙",这些表达的都是当地人对地方戏的喜爱。

柳琴戏在宿迁已经有200多年的历史。宿迁柳琴戏以皂河为中心,经过历代民间艺人的口传心授现已被广泛传播,成为流行于宿迁地区的代表性地方戏之一。柳琴戏的主奏乐器为柳叶琴,念白吸取了京剧的发声办法,在充分表现地方方言的基础上,语言表达更加形象生动,表演形式更加朴实粗犷、通俗易懂,乡土气息浓郁,很受老百姓的喜爱。随着社会的发展和民间艺人对表演形式的不断改进与完善,宿迁柳琴戏积累了许多优秀剧目,以"三"字为头的剧目就有几十个,比如《三上轿》《三滴血》《三不愿意》《三女抢板》《三上龙山》《三娘教子》《三打祝家庄》《三审刘玉娘》等剧。剧名三个字的有《秦香莲》《打金枝》《挑女婿》《十五里》《孟姜女》《天仙配》《白兔记》《恩仇记》《墙头记》《白蛇传》《望江亭》《窦娥冤》《桃花庵》《莲华庵》。还有三个字的折子戏有《拾棉花》《喝面叶》《回娘家》《打干棒》《书馆会》《审土地》等。

淮海戏也源于拉魂腔,最初出现在沭阳县的吴集镇。因以三弦伴奏又称三刮调。早期淮海戏是沿门说唱民间故事的门头词。清道光十年左右,也就是1830年前后,艺人开始自由结班,发展成为打地摊演出的小戏。后来在此基础上又演对子戏、三小戏。淮海戏主要是以沭阳方言为标准音,同时兼顾附近泗阳、海州地区的乡音。2008年,淮海戏入选第二批国家级非物质文化遗产名录。淮海戏的传统剧目数量也非常可观,号称有三十二大本、六十四单出,主要有《催租》《骂鸡》《站花墙》《皮秀英四告》《鲜花记》《大书馆》《孝灯记》《三拜堂》《小隔帘》《小玉环》《访友》《樊梨花点兵》《野战北平关》《井泉记》,还有一些新编剧,比如《生死怨》《女儿情》《果园风情》《陈毅三会韩德勤》《小镇有口甜水井》《代代乡长》《临时爸爸》等。无论是传统戏还是新编戏,淮海戏的剧目总体上都既贴近生活又贴近时代,具备乡情野趣。

泗州戏在宿迁主要流行于泗洪县和宿城区的部分地区,距今也有200多年的历史了。乾隆年间唱泗州戏的人也就是唱拉魂调的人多为古泗州人,又因为唱腔中有泗州调这样的唱法,所以在1952年的时候,把在泗洪地区流行的拉魂腔定名为泗州戏。乾隆年间,也就是1840年左右,泗洪一带就有了专业性的戏曲艺人,他们有简单的班子,有乐器伴奏,并开始利用庙会广场进行演出。起初演的都是三小戏,有小生、小旦、小丑,但是旦角都是由男子扮演的。泗州戏的传统剧目也非常多,现在留下来的有60多出大戏,如《鲜花记》《空棺记》《大书观》《钓金龟》《樊梨花点兵》《打面缸》《挡马》《双下山》等,另有小戏40多出,同时还有很多折子戏。

宿迁的地方戏三戏同源,都源于拉魂腔。目前宿迁市这三类地方剧种的传承人也很多,国家级、省级非遗传承人的数量都很可观。

五、三味佳肴声名远

宿迁地处苏鲁交界,南北汇通,因此菜肴的风味也受鲁菜、淮扬菜影响,其菜品取料广泛、讲究时鲜、追求纯正。地级宿迁市成立以后,川菜、粤菜、湘菜甚至东北菜都一一进入宿迁。餐饮市场呈现出精彩纷呈的局面。但宿迁老百姓最喜欢的还是宿迁地区传统的和根据传统新创作的菜肴,如车轮饼、王官集瓦块鱼和泗阳膘鸡。

车轮饼的主要原料为面粉、白糖、青红丝、生猪板油、冰糖等,盛产于洋河镇。车轮饼为油炸食品,需热食。它的外观色泽金黄,口感细腻爽口。关于车轮饼还有一个有趣的传说。话说在清朝乾隆年间,洋河古镇有一家小酒店,店主叫张善巧,大家都称他为巧叔,称他的老伴为巧大妈,他的闺女被人称为巧姑娘。巧叔一家厨艺高超因而生意兴隆,地方乡亲就给他家送了一面"三巧酒店"的招牌和一副对联,这副对联的上联是"善做淮北面点",下联是"巧作江南佳肴"。

有一年乾隆皇帝下江南,瞧见了三巧酒店的那副对联,乾隆皇帝不高兴了,说,乡村小店能有多大能耐,竟敢夸如此海口,所以与纪晓岚二人乔装打扮来到酒店。乾隆皇帝对张善巧说:看你酒店不大,可是门口贴的那副对联口气倒是不小。巧叔满脸堆笑说:门口对联是乡亲送的,您老不必介意。小店如有不到之处,还请客官多加指教。乾隆皇帝冷笑几声,说:今天不吃饭,你就照我的车轮形状做成个饼。这饼要求金黄酥甜咯吱响,好看好吃又好听。纪晓岚接过话头说:店家你听好了,你们既然称为三巧,就要运用巧手精心制作,如能做好此饼,我家老爷肯定重重有赏。巧师傅躬身施礼,轻声说:不知客官何时食用。乾隆皇帝说:现在刚交巳时一刻,限你在一个时辰内做好此饼,等我们出去观赏街景回来之后就来用膳。说罢两人离店而去。

要讲巧师傅手艺,真算是"九州第一,四海无双"。几十年来,珍馐名馔做了何止千万,可是按照车轮的形状做饼,还要达到好看好吃又好听,还真的没听说过。巧师傅不敢怠慢,立即和老伴、女儿商量怎么做这个饼。巧大妈提出,以生猪大油为主料,拌上白糖做馅心,包出来的饼鼓鼓的,像个车轮。巧姑娘认为单用猪大油做馅未免太腻了,还要掺些核桃仁、瓜子仁、金桔饼、桂花糖这些东西才能达到颜色多样、爽利可口。巧师傅提议:使用水和油掺合来做,下油锅才能酥而不板。巧大妈又做补充说:还必须使用纯油和成另外一种面与你那水面糅合起来,再擀成面皮包饼,这样经油一炸,既能沾唇即碎,又能在外面的饼皮上现出美丽的花纹。好看的饼皮有了,好吃的馅料也有了,可是那咯吱咯吱响的好听从哪来?活泼天真的巧姑娘见二位老人低头无语,就到屋里拿了两块冰糖,分别放到父母的嘴中,叫老人边化边想。可老两口哪有闲心思慢慢去化糖,于是三嚼两嚼,就把冰糖咽下去了。巧姑娘听到父母咀嚼冰糖发出的响声,禁不住一跃而起,拍手大笑道:哈哈,难题解决了!你们不用再愁了。要是在车轮饼饼馅里再加上几块冰糖,吃起来不就能听到咯吱咯吱的响声了吗?真是"三个臭皮匠,凑成了一个诸葛亮"。难题解决了,三人马上分头行动。不多一会儿的功夫,好看、好吃又好听的车轮饼就做出来了。

店里的车轮饼刚刚做好,乾隆皇帝和纪晓岚也正好回来了。没等客人开口,巧姑娘就把热气腾腾的车轮饼端到桌上。乾隆皇帝板着脸拿起筷子将这车轮饼左观右看,真是金黄溜圆,花纹绚丽好看。他轻轻咬了一口,只觉得甜酥松脆,满嘴留香。细细咀嚼,咯吱咯吱的,清脆又好听,真是找不出半点漏洞。乾隆皇帝从心里佩服三巧酒店，"人巧心巧手也巧"果真名不虚传。于是乎，诗兴大发，忙叫巧姑娘取来文房四宝，挥动御笔，龙飞凤舞地题诗一首："洋河有饼若车轮，香脆酥甜妙化神。莫道京华糕点好，品来不及此奇珍。"一经御笔品题，车轮饼身价倍增。从此，好看好吃又好听的洋河车轮饼便代代相传、远近闻名了。

宿迁的另一道名菜是王官集瓦块鱼。王官集隶属于宿迁市宿城区，坐落于宿迁市西北部骆马湖西南岸，距市区17公里，镇上有5万多人。王官集镇的厨师吴恩甫为了烧出鲜美的鱼来，一边潜心研究中国古代食谱，一边结合自己的体会不断改进创新，经过多年实验，完善了瓦块鱼的制作。2005年，吴恩甫收到国家商标局寄来的通知，说他创造的地方名菜瓦块鱼获得了王官集注册商标使用权。吴恩甫从此成为宿迁市首位获得注册商标的地方名菜创始人。

瓦块鱼的制作工艺其实并不复杂。先将青鱼宰杀洗净，取中段鱼肉，切成斜纹，约十刀，两面抹上精盐少许，黄酒腌渍，准备葱姜黑木耳等备料，然后将炒锅置于旺火上，倒入熟猪油热至七成，然后放入鱼块炸三分钟，待其成金黄色时捞出来沥去油。原锅里留下的余油调至中火后下姜末，加入肉汤、黑木耳、酱油、葱蒜等调料再烧五分钟，再用湿淀粉勾芡，最后撒上葱段装盘即可。

膘鸡是宿迁泗阳地区著名的特色菜肴之一，红白相间、质地柔嫩、肉香扑鼻，夹而食之，不肥不腻、口味鲜嫩。农家婚丧喜庆，多以膘鸡作为头道菜上桌。客人评论厨师手艺如何也都是以膘鸡的制作好坏为标准的。所以这个膘鸡在当地不仅受欢迎，也是非常受重视的。厨师的做菜水平就通过膘鸡做得如何来衡量。

相传明朝末年，清兵南下的时候，时任明朝兵部尚书的史可法挥师北上，在桃源、宿迁、淮阴这一带以黄河为屏障筑起百里防线。史可法的指挥部就设在桃源县的崔镇，也就是今天泗阳县的崔镇。在数九寒冬的一个早晨，厨师忙着杀鸡宰鹅，史可法感到很奇怪，一问才知道他们是在为自己的生日而做准备。史可法不禁火起，说：大敌当前，还过什么生日？于是就让士卒将这些鸡鹅猪蹄送到前线劳军，并且吩咐厨师中午只许做一道菜。可厨师不忍史可法史过生日就吃一道菜，就在这一道菜里多加了些东西，他在一块巴掌大的肥肉里加了两个鸡蛋,这样,第一个膘鸡就做出来了。后来,经历代厨师的不断改进,膘鸡的口味更加丰富,成为风味独特的泗阳名菜。

膘鸡制作比较讲究,它将瘦猪肉和鸡蛋黄、馒头屑、淀粉,用盐、姜、葱、胡椒粉、味精等均匀调拌后摊在百叶上,约一寸厚,再用肥猪肉糊与去皮的山药糊、鸡蛋清、葱白、淀粉等搅拌后摊在上面,约半寸厚,做好后将其放入蒸笼蒸熟。蒸熟后,上层肥肉洁白如玉,下层瘦肉红如玛瑙。膘鸡的吃法一般有两种,一种是扣碗,一种是散烧。扣碗就是把切好的膘鸡片组成碗口大的龟背形,外加汤汁放在笼里蒸。而散烧就是把这些膘鸡块放在锅里和菠菜、青菜这些一起炒。

六、三庙祈福保平安

运河宿迁城区段有三处著名的庙宇,分别是皂河龙王庙、金龙四大王庙和孔庙。

皂河龙王庙俗称乾隆行宫,乾隆皇帝六次下江南,五次宿顿在那里。乾隆行宫在全国有多处,但是宿迁的这座行宫是规格最高、规模最大的。1983年,江苏省人民政府为保护这一珍贵的文化遗产,公布其为省级文物保护单位。2001年6月,其又被国务院公布为全国重点文物保护单位。乾隆行宫是京杭大运河全线保存最完好的一处皇家宫殿,具有极高的艺术造诣与文化价值。2014年6月,在卡塔尔世界遗产委员会会议上,乾隆行宫作为中国申遗的一处重要遗址点成功入选世界遗产名录。

宿迁素有"洪水走廊"之称。据有关史料记载,大运河宿迁段自1688年开通至解放初的250多年时间里,仅决口、漫溢就有十多次。其中1844年,大运河在张家窑决口后,宿迁县城东门外的东大街南段全被淹没在水中,被冲毁的民房和沉积的船只不计其数。1898年时,春水大发,宿迁境内河湖漫溢,全县发生大饥荒,有的地方竟出现平民相食的凄惨景象。1947年夏,由于运河漫溢,运东地区一片汪洋,造成32万亩农田受灾无收,27万亩土地受灾抛荒。面对洪涝灾害,宿迁民众一边在地方官府的领导下开展艰难的治理,一边向河神祈求,期盼风调雨顺、年年有收,因此祭祀水神的场所——金龙四大王庙便应运而生。

宿迁孔庙又名黉学、学宫,为庙学合一的场所。据考,宿迁孔庙自元代开始创立。《宿迁县志》记载：原孔庙在治所南一里，也就是今天的项王故里以南的地方，规模比较小。明成化五年，也就是1469年，督学御史谢迁改建了孔庙。明万历五年，因宿迁旧城经常受水患威胁，知县喻文伟将县城北迁至马陵山麓。崇祯八年，知县王芳年将孔庙迁建于城南灵杰山，也就是今天这个地方。2016年，宿迁中学启动老校区改建工程。按照设计方案，宿迁孔庙逐步恢复到明清格局。宿迁孔庙现在位于宿迁中学院内，占地10余亩，仿曲阜孔庙而建，周围红墙环抱，建筑精美宏大、布局严谨。

宿迁孔庙与全国各地的孔庙一样，作用大致有三个。一是祭祀孔子。明清之际，由知县率众儒生在大成殿举行祭孔仪式，具祭品，奏乐，向孔子木主致祭。新知县到任时也要到孔庙祭祀孔子。二是作为县学教育场所。在明清科举制度下，县设县学，乡有乡学。县学就设在学宫内。三是作为县试场所。学宫为进行科举考试县试的场所。明清时期，县学及乡学在学宫大成殿内考试，县试取得名次后方能参加府试。

七、三站发力济北水

京杭运河宿迁段在南水北调东线工程及国家战略东线工程中具有重大意义。东线工程是指从江苏扬州江都水利枢纽提水，途径江苏、山东、河北三省，向华北地区输送生产生活用水的国家级跨省越区工程。在这个国家工程中，宿迁有泗阳、刘老涧、皂河三个抽水站承担着南水北调的历史重任。

中国水资源总量约是28 000亿立方米，居世界第六位。总量上还可以，但是人均占有仅为世界平均数的四分之一，在世界排在第88位，属于缺水国家，且全国的水土资源分布很不均衡。长江流域及以南河流的径流量占全国的百分之八十以上，而耕地面积不到全国的百分之四十，是富水区。黄河、淮河、海河三大流域和西北内陆的面积占全国百分之五十，耕地占百分之四十五，人口占百分之三十六，水资源却只有全国的百分之十二，属于缺水区。西北和华北的土地矿产资源丰富，是我国能源和粮棉油的生产基地，在国民经济中占有重要的战略地位，尤其是黄淮海平原和胶东半岛，是我国人口密集、耕地率高、经济发达的地区。目前水资源的缺乏已成为经济发展的制约因素，急待调水解决。20世纪50年代国家提出南水北调设想后，经过几十年的研究，南水北调的总体布局基本形成，就是分别从长江上中下游调水以适应西北、华北各地发展的需要,即南水北调西线、中线和东线工程。

中国大陆地势形成三个阶梯,西线工程在最高一级的青藏高原上,地形上可以控制整个西北和华北,因长江上游水量有限,只能为黄河中上游的西北地区和华北部分地区供水。中线工程从第三阶梯西侧通过,从长江中游及其支流汉江引水,可自流供水给黄淮海平原的大部分地区。东线工程位于第三阶梯东部,因其地势低,需抽水北送。我国北方地区尤其是黄淮海地区长期受到干旱缺水的困扰,水资源短缺与经济社会发展以及生态环境保护之间的矛盾越来越突出。京津冀鲁地区和淮河流域日益恶化的生态环境和连年发生的严重干旱使南水北调东线工程的建设显得尤为紧迫。

1972年华北大旱后,水利部组织有关部门研究东线调水方案。1976年,南水北调近期工程规划报告上报国务院。1990年,开始对南水北调东线工程规划报告进行修订,于2001年修订完成。这个规划就是通过江苏省扬州市江都水利枢纽从长江下游干流提水,沿京杭大运河逐级翻水北送向黄淮海平原东部、胶东地区和京津冀地区。供水区域内分布有淮河、海河和黄河流域的二十五个地级以上城市。据1998年统计,这个区内人口达到1.18亿,耕地面积八百八十万公顷。东线工程从扬州附近的长江干流引水,利用京杭大运河以及与其平行的河道输水,连通洪泽湖、骆马湖、南四湖、东平湖,并将其作为调蓄水库,经泵站逐级提水进入东平湖后分水两路,一路向北穿黄河后自流到天津,从长江到天津北,大港水库输水主干线长约1 156千米;另一路向东经新辟的胶东地区输水干线接引黄济青渠道向胶东地区供水,从长江至东平湖设13个梯级抽水站。

运河宿迁段从南到北有3个抽水站。首先是泗阳抽水站,位于泗阳县城东4公里的泗阳船闸南侧,是南水北调的第四级抽水站。泗阳抽水站由新老两座抽水站组成,抽水流量是150立方米每秒。泗阳地区在中运河两岸,耕地占全县耕地面积的百分之四十,原来是用沂水灌溉,后改用淮水。1970年6月,在泗阳闸下游南岸建临时抽水站,这也是泗阳老站的前身和基础,安装了56台混流泵,每台泵配55匹马力,共3 080匹马力。抽水流量是16立方米每秒。1972年就改为半永久性工程,安装80台套机泵,抽水流量达到40立方米每秒。到1973年12月,又再次增加了同型号机组23台,抽水流量达到50立方米每秒。泗阳抽水站新站位于泗阳节制闸与船闸之间,古运河河床内，1977年5月开工建设，1980年完成了基础工程。1981年因压缩基建投资，工程暂停。是年春夏，淮北地区少雨，徐州地区水稻栽插和旱作物受到严重影响，同时中运河也被迫停航。为此，该工程于1982年4月又重新复工，拆除80台小机泵，安装20台立式全调节可逆式轴流泵配立式变极可逆同步电机，总容量10 000千瓦，抽水流量100立方米每秒。

刘老涧抽水站位于宿迁市仰化乡刘老涧节制闸下游，引河的南北两岸，是江水北调第五级抽水站。老站是1974年建的，新站是1982年建的，共安装柴油机116台，15 420匹马力，抽水流量116立方米每秒。刘老涧新站建于1983年6月，在刘老涧闸下游引河北岸，抽水流量100立方米每秒。

皂河抽水站位于宿迁市皂河镇以北5公里，中运河与邳洪河之间的夹滩上，是江水北调第六级抽水站。该站于1976年12月开工，1981年秋天站身基本完成，但是因压缩基本建设规模，当时工程暂停。1983年被列入京杭运河续建工程中的补水项目，由水利部、交通部和徐州电厂联合投资而复工，同年3月建成。土建工程完成的同时开始机电安装。1985年7月第一次试车失败。1986年4月进行第二次试车成功并交付使用。皂河抽水站安装了两台直径为6米的混流泵，各配单机功率7 000千瓦同步电机，总功率14 000千瓦，抽水量195立方米每秒，是亚洲单机流量最大的混流泵。那么怎样才能更直观地理解抽水量195立方米每秒呢？一户普通家庭一个月的用水量在10吨左右，皂河抽水站一秒钟的抽水量就相当于一户家庭一年的用水量。

南水北调工程建成并进入常态化运行管理阶段以后，皂河抽水站对宿迁、徐州地区发挥的作用也愈加明显。抽水站向骆马湖补水，实现了对骆马湖水位的调节。宿迁中心城市形成了本地水与客水双保险的城市供水格局，在平水年和一般干旱年，客水作为宿迁当地水的补充水源，可以满足经济社会和居民生活生产用水的需求；在特枯年和连续干旱年，皂河抽水站抽引的客水将发挥主导作用，通过与当地水的联合调度，使城市居民和企业用水都能得到可靠保障，从根本上解除了在枯水年和连续干旱年发生城市供水危机的尖锐矛盾，为宿迁市经济社会的可持续发展提供了强有力的支撑。

皂河抽水站自投入使用以来，总调水量在169亿立方米，这是什么概念？骆马湖的有效库容量为9亿立方米，形象一点来讲就是皂河抽水站已经从长江南水北调了17个骆马湖的水量。

八、三园游客如云织

宿迁自古便有"北望齐鲁南接江淮"之称,也有"河清湖秀生态乐园"的美誉。近几年,宿迁市委按照省委省政府提出的把宿迁建设成为江苏生态大公园的目标要求,在生态文明建设上取得积极进展。宿迁著名的生态旅游景观主要有三处,分别是三台山森林公园、洪泽湖湿地公园和泗阳妈祖文化园。

三台山森林公园位于宿迁市北郊,是1997年5月由江苏省农林厅命名成立的。同年6月8日,中央军委副主席张震为公园题写了园名。三台山森林公园是一个自然与人文景观相结合的大型景区,距市中心7公里,总面积10 450亩。此处属重峦叠翠的丘陵地区,最高处海拔73.4米,境内沟壑纵横、碧水小湖、森林幽古,形成了独特的风光带,被称为"江苏的西双版纳"。景区向西4公里就是烟波浩渺的骆马湖,山水相映、分外妖娆。园内有森林6千亩、树木70余种,天然草坪遍布其间,野生动物100多种。

三台山森林公园的树木古朴葱茏,山水沟壑地貌独特奇异,两者相结合透出一派原始苍莽的气氛。有的地方树木苍翠、层层密布;有的地方树木耸拔、蓬勃参天,宛如绿海上掀起的巨浪。在一座座山梁和山坡上长满了苍松翠柏,这些松柏已有多少年,谁也不知道。由于年代悠久,树体遒劲怪异,宛如一条条龙盘绕其间,令人叹为观止。在6 000亩辽阔的森林中,另有一片桑、杨、榆、柳、水杉、毛竹、梨、苹果、山楂、桃树、葡萄等材木和果树,一年四季景色各异,春华秋实、满园飘香,身临其境,不禁产生回归原始大自然的感受。

洪泽湖湿地公园是国家4A级旅游景区,也是中国十大生态休闲基地之一,位于泗洪县洪泽湖湿地国家级自然保护区内。洪泽湖湿地国家级自然保护区是江苏省最大的淡水湿地自然保护区,在全国内陆淡水湿地中排名第十一位,在华东地区是第二位,在江苏省是第一位。

洪泽湖湿地公园有两处别致的景点,一处是荷花大观园,另一处是洪泽湖鱼族馆。"接天莲叶无穷碧,映日荷花别样红。"荷花大观园建有荷塘、凉亭、游船码头、景观台等,游客在园中可以安坐小亭休息,轻抚三尺瑶琴,细品一壶香茗;也可闲庭信步,看遍红花绿柳,感受云淡风轻。洪泽湖鱼族馆是鱼儿们的家园,更是孩子们的乐园。洪泽湖鱼族馆不仅汇集了洪泽湖的鱼族,还汇集了世界淡水鱼家族中较为名贵的其他鱼种。孩子们在这寓教于乐,不仅能够让身心愉快，更能提高对新鲜事物的认知，学到一些东西。洪泽湖湿地公园2001年被批准为省级自然生态保护区，同时被省环保厅正式命名为"江苏省首批环保教育基地"。2006年4月，泗洪县洪泽湖湿地经国务院批准为国家级自然保护区。2009年11月，通过国家4A级景区验收。

泗阳妈祖文化园位于泗阳船闸西南侧的一个三面环水的岛上，所处之地位于大运河中流，整个景观结构为"一轴一环，两心一片区"。一尊高达32.3米的三面妈祖雕像坐落在岛的最西端，这也是世界上唯一的一尊三面妈祖雕像。妈祖文化园整体规划用地41 500多平方米，主体建筑有妈祖广场、妈祖圣像、山门、钟鼓楼、妈祖殿、观音殿、福禄寿三星殿。现在的泗阳妈祖文化园是全球五千多座妈祖庙中罕见的集水利、生态、风光及佛道文化于一体的多元文化旅游景点，称得上是千里运河上独特的文化地标，千里运河上的一颗璀璨明珠，也是运河上唯一的妈祖文化遗存，形成了"南有昆山慧聚寺，北有泗阳妈祖文化园"的格局。这座妈祖文化园于2012年9月开工建设，2014年5月正式开园，现也已成为国家4A级景区。

九、三品载誉实业兴

宿迁资源丰富，现代工业也发展得比较早。如今的宿迁已经形成了食品、饮料、纺织、服装、机电装备、家具制造等产业体系。2018年，全市规模以上工业主营收入已达2 180亿，比上年增长百分之四十三，利润270多亿，比上年增长百分之四左右。

中国第一家用现代技术生产玻璃的企业在宿迁诞生。我国古代玻璃工艺起源比较早，在春秋战国时期就能够生产玻璃。清代时期，玻璃制造非常繁荣，南方以广州为中心，北方以山东省博山县为中心。但是当时的主要技艺是套料，就是在玻璃的胎上粘贴各种彩色玻璃的图案胚料，然后碾磨而成。而后发展到直接以彩色玻璃为胎。这样生产出来的玻璃虽然色泽艳丽，但轻薄质脆，非常容易损坏。可以说，直到20世纪初，我国的现代玻璃工业尚是一片空白，唯有香港这些地方能够制造一些玻璃器皿。广州和博山也只是用土法制造一些玻璃零件，而门窗屏镜所用的平板玻璃也就是平片玻璃全靠进口，国内不能生产。

1903年，张謇与徐鼎霖等人在宿迁筹办了近代中国第一家玻璃厂——宿迁耀徐玻璃有限公司。张謇等人为什么选择在宿迁创办玻璃企业？这里面还有一个力争国权、张扬民族志气的故事。宿迁城北马陵山一带蕴藏着大量的硅砂，这是制作玻璃的主要原料。硅砂又称石英砂，在今天的宿迁井头、嶂山一带储量非常丰富，经勘探可采面积有2 000多亩，储藏量有几亿吨。清光绪年间，老百姓就开始开采使用，但不是用于造玻璃，而是用于盖房。1902年，英国卜内门洋碱公司经理李德立发现宿迁的硅砂能生产玻璃，便抢先在白马涧一带盗购沙地200亩，其圈地行为逐渐引起了当地老百姓的警觉。1903年，时任安徽盐运使的江苏赣榆人徐鼎霖到宿迁来考察。当地老百姓就把当地产的硅砂样品送给他看，并告诉他说有个叫李德立的洋人正在大量收购砂砾，这引起了徐鼎霖的警觉，他随即就把硅砂的样品寄给了清政府驻比利时的大使馆，请专家化验。化验结果一出，方知宿迁的硅砂为上等的玻璃原料，其含硅量为百分之九十三至九十五，还含有镁、铝、钾、钠等氧化物，适宜制作平板玻璃、器皿以及搪瓷釉之用。徐鼎霖随即就有了开办玻璃厂的意愿。

　　徐鼎霖与好友张謇商议，张謇对徐的想法颇为赞同。随后他们就一起到宿迁考察，发现宿迁地处京杭大运河畔，水陆交通非常便利，当地劳动力众多，工价也比较便宜，便计划购买沙地建玻璃厂，并将厂址选在宿迁县城北六塘河畔的井头。张謇、徐鼎霖赶到上海，一面与英国驻上海的领事馆交涉；一面与李伯行，也就是李鸿章的儿子，还有丁衡甫等人商量如何投资兴办玻璃公司，并草拟了《订宿迁玻璃公司集股章程》，由张謇牵头报商部审核立案，徐鼎霖担任经理主办，计划先集股本50万两，选购沙地3 000亩，请政府准予专利20年。经多次与英国方面交涉，最终达成以耀徐玻璃公司只能向英国购买机器等为条件，将李德立起先盗购的200亩砂矿开采权转让给耀徐公司。张謇等人随后在宿迁白马涧购买沙地6 200亩，成立了久安沙地公司，露天开采硅砂，为耀徐玻璃公司提供生产原料。1903年，宿迁人黄以霖加入张謇创办的耀徐玻璃公司，对耀徐玻璃公司开工建设提供了很大的支持。

　　黄以霖是宿迁人，出生在宿迁市宿城区，后迁居上海，致力于慈善事业，曾联系上海社会名流发起赈灾动员会，成立华阳义赈会，后改名为江苏义赈会。遇有荒灾，不论何省，华阳义赈会均会派人前往调查赈灾。仅宿迁，1914年、1917年、1926年这三年，就收到华阳义赈会捐赠的银子20万两。1921年，黄以霖在上海创办了职业中学，培养中等技术人才，为兴办实业准备条件。他除参与创建宿迁耀徐玻璃公司外,还兴办了宿迁永丰面粉厂。他是宿迁民族工业的开拓者。

1903年,张謇、徐鼎霖、黄以霖以及李伯行、陈润甫、袁海观、丁衡甫、余寿平等人共同发起创办了耀徐玻璃有限公司,公司创办期间遇到的艰难险阻很多很多,如果张謇等人没有实业救国的雄心、振兴中华的志气、力争国权的勇气和当仁不让的豪气,中国首家玻璃制造企业就不会屹立在宿迁这片大地上。宿迁耀徐玻璃有限公司和秦皇岛耀华玻璃有限公司是中国最早用现代生产工艺生产日用玻璃的两大基地。而作为我国首家玻璃制造厂的耀徐玻璃公司投资金额之大、规模之宏盛、设备之先进、员工之多、涉及面之广,在当时可以称得上是一家先进的大型企业。

耀徐玻璃公司筹建时,为解决机器设备问题,托在英国留学的金拱北、金仲廉兄弟就近调查欧美各国制造玻璃的方法。当时,英国人福斯德发明了一种玻璃制造机器,经多方洽谈后,耀徐玻璃公司采购了这家公司的产品,并聘请福斯德为宿迁耀徐玻璃厂的技术把关。但在1908年1月开工试制平板玻璃成功后,福斯德就变得异常骄傲,他故意改小炉灶面积来减少产量,对一些技术加以保密,还经常打骂艺徒,引起全厂职工的义愤。后来,公司解雇了福斯德,聘请奥地利的专家来做公司的技术顾问。

1909年,耀徐玻璃公司开始进行大规模生产,日产玻璃7 000多块,有51个品种,年产平板玻璃18万箱,每箱是100平方尺。耀徐玻璃公司生产基地当时的规模大到什么程度?有一组数据我们可以看一下:建有钢架混凝土结构主厂房一幢,副厂房198间,其他厂房257间,有大锅炉2座、煤气炉8个、大小烟囱9个,有生产平片、滚片、器皿的熔炉、烤炉等多座,另有英国专利平片机4部,打花机、滚花机、碾压机及车床等10多台。全厂有1 200多名工人,其中外籍技师10人,广东及宁波等地技师30余人,技工300多人,小工200多人、杂工300多人、巡丁40人、船工300余人。公司专门在宿城东大街设宝徐钱庄,钱庄内附设玻璃器皿门市部,经销自制的各种产品,还在上海设立了办事处。耀徐玻璃公司制作的窗片玻璃、帘板玻璃、板型玻璃等产品都很精良。1910年,在南洋劝业会、江苏物品展览会等展览中,耀徐玻璃公司生产的玻璃都获得了奖项。

(主讲人　陈法玉)

第三篇
江苏运河史话淮安段

一、邗沟末口——大运河文化之发端

1. 淮安运河世界文化遗产介绍

2014年6月22日,第38届世界遗产大会上,中国运河申遗获得圆满成功,大会一致通过运河沿线已规划保护的58处遗产被纳入世界文化遗产名录。淮安作为大运河申遗的重要节点,共有遗产区两处(清口枢纽、漕运总督遗址)、河道一段(淮安运河长46公里,包含里运河、里运河故道、古黄河、中运河、张福河)、遗产点5处(清口枢纽、双金闸、清江大闸、洪泽湖大堤、总督漕运公署遗址)荣列其中。淮安世界文化遗产实现了零的突破,这是淮安历史上的重大事件,具有重大的现实意义和深远的历史意义。

2. 中国运河与淮安关系极为密切,邗沟末口是中国大运河文化之发端

淮安运河又称里运河,《明史河渠志》记载:清江浦、邗沟两段总称里运河。里运河得名于"里河",里河是相对于"外河"而言的,外河是指淮河和黄河。清江浦即淮安城西至淮阴新庄口陈瑄所凿河道。

淮安运河由邗沟发展演变而成,已有两千五百多年的历史。邗沟是有文献记载的京杭大运河最早开通的河段,也是持续使用时间最长的关键河段。它沟通了淮河与长江两大水系,规划设计的线路方向使用两千多年至今基本没变。

中国古代历史典籍《左传》中记载:鲁哀公九年(也就是公元前486年),"吴城邗,沟通江淮",在吴王夫差修治的邗城下开挖邗沟,直向北连接到淮河。吴王夫差开挖邗沟时,为减少工程量,尽量利用天然河道和湖泊,与人工渠道相沟通。邗沟自邗城引江水经茱萸湾北上,经武广湖(今天的邵伯湖)、陆阳湖(今天的绿洋湖),还有樊良湖(又称樊梁湖,今天的高邮湖)折而东北进入博芝、射阳两个湖,出湖向西北至末口(这末口就是今天的淮安)进入淮河,沟通了长江、淮河两大水系。

东汉末年伏波将军、广陵太守陈登于建安五年(也就是公元200年),因射阳湖风大浪急,航船损失严重,遂将河线向西移动,也就是将邗沟的河道向西面移动,不再经过博芝湖,而是由樊梁湖北口穿过白马湖,再转向射阳湖进入淮河。因为以前的河道在新道之东,故改称邗沟东道,新河道被称为邗沟西道。东晋末期,淮扬运河形成了相对固定的运输线路。

到隋朝开皇七年(也就是587年),为了平陈,统一江南,开了山阳渎,以通漕运。这是对邗沟又一次大的整治,同时进行"裁弯取直",取消不必要的堰埭。此次整治大体遵循了三国时陈登首开邗沟西路,即由樊梁湖向北到津湖,再经白马湖到末口进入淮河的路线。大业元年(605年),隋炀帝发动淮南民工十万人,对山阳渎进行大规模的整修和拓宽,自山阳县末口到扬子江三百余里,宽四十步(约60米),并且在两岸修建御道、种植柳树。至此,山阳渎由扬子入江。

到了唐朝,山阳渎又称扬楚运河,基本沿袭了隋代的路线与规模。宋朝,为了避开泗州至淮安段淮河运道的艰险,先后开沙河、洪泽新河和龟山运河;为避开淮安以南段湖中行运的风浪之险,开始实施河湖分离(也就是说在这之前,运河有相当一部分的河段是借用了当年的湖面,现在开始河湖分离);为调节水位并且便于船只航行,开始沿运河修建了堰闸;为解决西来之水的去路问题,开始沿运河东堤修建泄水设施。经过长期经营,淮扬运河成为兼具航运、灌溉、排洪等综合效益的相对独立完备的工程体系。

由于黄河夺淮,明清时期里运河与黄河、淮河交汇于淮安清口一带,使得清口形势异常复杂,治理甚为困难。明清清口治理多用"束水攻沙,以河治河"的方略,在黄淮运交汇地建设清口枢纽,这就是潘季驯"蓄清、刷黄、济运"方略的一个重要组成部分。

到了清朝,康熙、乾隆皇帝都曾经六下江南,也都亲自到清口督导,由地方官员会查调研,共商黄淮运综合治理的方法。

乾隆之后,尤其是嘉庆、道光以后,清朝朝政混乱,官吏腐败,疏于河工,淮扬运河的情况一天不如一天,无奈又采用了"灌塘济运"的方法。咸丰三年开始,部分漕粮由海运到天津,不见漕运。同治年间漕粮改以海运为主。

新中国成立以后,治淮过程中对运河实施了梯级开发:1958年江苏省开始整治苏北运河,但因国家遇到重大建设停工,直至1982年续建,苏北运河全线达到二级航道标准;1964年江苏省实行江淮北调,江都抽水站、苏北运河沿线先后架设临时抽水站以运河为输水干渠;1978年大旱,长江水通过运河输送到微山湖地区,运河通航能力大大提高,后来向西建设了多个抽水站;1985年建成淮阴抽水站,国家南水北调东线工程就是在江苏调水工程基础上扩容建成的,运河成为国家南水北调的主干区渠。

淮扬运河淮安河段河道,是清口枢纽遗产区的重要遗产要素之一,淮安人惯常称其里运河(在沙河未开以前,淮安人即惯常称其为里运河)。在沙河未开以前,大运河淮安段一直是以淮河作为运道,因为这段淮河水流凶险,运船常在此沉没。北宋时淮南转运使乔维岳为了避免漕运风险而开沙河。明代陈瑄循沙河故道开了清江浦,自淮安城西管家湖到码头镇的新庄运口。

从陈瑄开清江浦以来,淮安的历史发生了重大的变化。清江浦开通以后,由于漕运的畅通与水陆交通的便利,两岸市镇迅速崛起,淮安逐步成为长江以北的交通枢纽和商贸中心,确立了其在明清时期国家漕运管理中心、河道治理中心、漕船制造中心、漕粮转运中心、淮北盐集散中心的地位。

进入近代,随着黄河北移,运河中断,海运和铁路运输代替了漕运,里运河及其两岸失去了往日的繁荣喧嚣,逐渐走向衰落。新中国成立以后又恢复了生机。

1958年里运河在淮安市区南部新开运道以后,特别是改革开放以来,淮安城市里运河主要运输功能因被新运道替代逐渐衰落,但其文化功能、旅游功能日益凸显。淮安西门至淮阴码头镇之间的里运河一线风光旖旎,历史文化遗迹、遗产众多,成为名闻遐迩的旅游观光胜地。

而今,集中展现淮安自清江浦开埠以来人文景观的里运河文化长廊,已于2013年初开工建设,其目标就是创建国家5A级旅游风景区。2014年里运河文化长廊通过国家4A级景区认证,这里厚重的历史文化底蕴与现代文明交相辉映。里运河文化长廊主要的景点有:淮安运河博物馆群、慈云寺、国师塔、清江文庙、越河老街、御码头、福音堂、潘陈二公祠、文庙新天地等。淮安区还有河下古镇、吴承恩故居等。相信随着里运河文化长廊建设的升级拓展，淮安必定会新增一处历史文化与现代文明交相辉映的、名闻遐迩的新景区。

二、码头清口——运河会淮穿黄枢纽工程

清口枢纽位于中国运河之都江苏省淮安市境内，是一个水利工程遗产区。在其49平方公里的范围内，分布着53处各种类型的文化遗产。

清口枢纽历史上是黄河、淮河、中国大运河三条河流的交汇之处，也是中国大运河上最具科技含量的枢纽工程之一。明清两代中央政府投入了巨大的财力、物力和人力，对其不断地维护治理，不断地进行各项工程，在极其复杂的水系格局下，保证了大运河工程的运输功能和漕运的持续畅通。

2014年，中国大运河成为世界文化遗产，清口枢纽作为一项重要的遗产区被纳入世界文化遗产名录。

1. 历史追溯

明朝名臣潘季驯治湖，清口是重中之重。明朝以前，清口一带已有一些水利工程，如高家堰、南运口等，但没有形成体系。清口水利枢纽的基本格局，是由明代著名的治水专家潘季驯一手奠定的。

明万历年间，清口水利枢纽格局基本形成。当时京杭运河与黄河、淮河在清口一带交汇，运河张秋至徐州段常常受黄河泛滥的影响，徐州至淮安原来的泗水河道则需"借黄行运"。与此同时，明祖陵保护等问题也掺杂其间，这使得明代的治黄、治运与治淮工作更为复杂和困难。在这样的情况下，潘季驯于万历六年（1578年）第三次出任河道总督，对黄、淮、运进行了总体规划。

潘季驯的规划思想是"通漕于河，则治河即以治漕；会河于淮，则治淮即以治河；合河、淮而同入于海，则治河、淮即以治海"，强调将黄、淮、运作为一个整体对待，既要看到三者之间的区别和矛盾，更要重视三者间的联系；标志着16世纪中国在跨流域规划方面，已具有较高的水平。潘季驯规划思想的核心是"束水攻沙"和"蓄清刷黄"，根本目标则是确保漕运的畅通，即"保漕"。潘季驯规划的根本出发点在于"蓄清、刷黄、济运"。

潘季驯认为，实现"束水攻沙"的关键是筑堤。为此，他设计了一套由遥

堤、缕堤、月堤和格堤组成的方案,于遥堤上修建减水坝的堤防体系,并于1579年在黄河两岸完成了徐州至淮安长达600里的遥堤,自此黄河被固定于徐州至淮安一线。

在黄河和淮河交汇的清口一带,潘季驯则创建了"蓄清刷黄"的方略。为此他加固了高家堰(高家堰今天又称洪泽湖大堤),使它增加到60余里,此举堵住了淮河向东的出路。他还创筑王简、张福堤,此举切断了淮水北泄的通道。自此,淮水专出清口,蓄清刷黄。与此同时,潘季驯创筑归仁堤40余里,堵住黄河、濉河进入洪泽湖的通路,以保护明祖陵和泗州城,又对里运河入淮口进行了整治。

2. 靳辅治河

到了清朝,河承旧辅有很多方面延续了潘季驯治河的思路。康熙十六年(1677年),"淮溃于东,黄决于北,运涸于中",清口水患已十分严重,靳辅受命于河道敝坏已极之际,也就是说黄、淮、运形势很严峻的情况下,靳辅受命。

他在幕僚陈潢的协助下,承袭潘季驯之遗意,提出了"治河之道,必当审其全局"的综合规划思想,坚持"束水攻沙""蓄清刷黄"的治理措施。

根据上述规划思想,靳辅将高家堰延长100余里,并在高家堰上修建减水坝6座。六坝平时不泄水,待至汛期洪泽湖水涨,清口宣泄不及时,才次第开启分洪,以防高家堰崩塌,危及里运河及里下河地区。其又于洪泽湖出口处开挖了五道引河,以引淮外出,增强对黄河泥沙的冲刷。并于归仁堤上建减水闸,使黄河南岸减下之水和濉水注入洪泽湖,以减黄助清刷黄,同时对南运口也进行了整治。

3. 康乾亲巡

清朝康熙、乾隆都曾六下江南巡视运河,也都亲临清口,对清口水利枢纽的演变产生了极为深远的影响。康熙、乾隆亲临治河第一线调查研究、现场指挥,这是此前历代帝王都不曾有过的举动。

康熙亲政不久,就将三藩、河务和漕运作为必须解决的三件大事。三藩平定以后,河务、漕运成为其重点关注的大事。为尽快熟悉治河事宜,康熙常常"将河图置于座右",仔细研究,即便"小处地名"也不放过。

乾隆对其祖父康熙非常景仰,乾隆一生也六次南巡,而且每次都亲临清口一带。乾隆四十九年(也就是1784年)的南巡是其第六次,也是最后一次南巡。乾隆在"六度之典幸成"后回顾了自己的一生:"予临御五十年,凡举二大事,一曰西师,二曰南巡。"其中,"南巡之事,莫大于河工"。这里的河工就是黄淮运综合治理的工程。康熙、乾隆六下江南,巡视河工,是黄淮运综合治理历史上的重大事件,影响深远,意义重大。

4. 代表遗产

(1) 惠济祠

历史上惠济祠几经易名。康熙南巡时,封惠济祠祭祀的泰山碧霞元君为天妃,这座建于明朝正德三年的惠济祠后来就改为天妃庙。根据推测,老百姓将泰山碧霞元君封为泰山娘娘、泰山奶奶,天妃庙被老百姓称为奶奶庙,也就是从那个时候开始。

如今,遗址上仍残存着砖石和瓦砾以及在遗址上保留的《御制重修惠济祠碑》。惠济祠碑有碑亭保护,碑的顶部和底座都有龙纹浮雕,碑上乾隆皇帝的题字已经变得模糊。

(2) 天妃坝

2012年考古发现天妃坝石工堤,其为明清时代清口治水的最重要实物见证。天妃坝的发现对于研究明清时期古运河变迁、运口位置、黄淮运交汇形势都有重要价值。

目前,主坝体才露出两层半,约有2米多高,坝体总长度40多米。据称,地底下还埋有十五层半,总共十八层。据史料记载,天妃坝石工堤是康熙年间为抵挡越来越大的黄淮合流而重新建筑的。惠济祠改名为天妃庙后,重建后的石工坝被称为天妃坝。

天妃坝坝体顶层为条石,下有多层砖工,再向下为两层条石,每块条石高约40公分。天妃坝的横截面为直角梯形,上端宽度为1.5米,底部宽度为4米,挖掘出坝体为垂直面。

(3) 顺黄坝

顺黄坝位于码头镇御坝村境内,紧贴黄河故道,历史上是黄河南侧缕堤的关键工程。据史料记载,由于黄河经常泛滥,此处经常决口。为抵挡黄河的洪水,顺黄坝经常不断地堆筑,逐年延长和加高。顺黄坝土堤底部宽约72米,另有8到10米的碎石护坡。

顺黄坝遗址发掘所揭示出的遗迹,体量大,保存完整,对于研究清代土堤坝的堆筑过程、各类水工技术的面貌、黄河侵蚀范围和淤积深度以及与古运河、淮河、洪泽湖等水系的关系都有重要的史料价值。

（4）码头三闸

码头三闸，即惠济闸、通济闸、福兴闸，老百姓称为头闸、二闸、三闸，是明清时期古运河上著名的古闸，也是清口枢纽一带漕运锁钥。三闸包括正闸、越闸，结构形式基本相同，均为单孔，宽7米有余，闸高10米以上。历经五百多年的码头三闸，曾为国家漕运和老百姓的生命安全作出过巨大的贡献，它是一个险冲要地，也是天险奇观。它既发挥过重大的作用，也有无数的船工在过闸过程中献出了宝贵的生命。民间有民谣：头闸撞墙，二闸收尸，三闸捞板。船工命运，何其悲惨！然而济运河之畅通，扬漕运之风帆，保国脉之畅流，功垂青史，历历在目。三闸圮矣，纤夫之痛苦，船工之血泪，民生之艰辛，亦当永记，切切莫忘。

（5）高家堰

高家堰，即洪泽湖大堤，全长67公里，全部用石料人工砌成。石堤全长一百余里，始建于东汉建安年间。明万历年间，总理河漕潘季驯将大堤延筑至蒋坝。大堤至清朝乾隆年间方全部建成。洪泽湖大堤的筑堤成库规划和直立条式防浪墙坝工程技术，代表了当时世界的最高水平，被誉为"水上长城"。

5. 价值评价

在中国大运河申报世界文化遗产的过程中，以清口枢纽为代表的遗产片区，有着特殊的意义。

在《中国大运河》申报文本中，对清口枢纽是这样评述的："针对黄河夺淮，改变了淮河水系的状况，清口枢纽集成了与水动力学、水静力学、土力学、水文学、机械学等相关的经验型成果，建筑了水流制导、调节、分水、平水、水文观测、防洪排涝等大型工程，成为枢纽工程组群，完整体现了明代著名水利工程专家潘季驯筑堤、束水，以水攻沙、蓄清刷黄、济运保漕的工程意图，是人类伟大创造精神的成果。淮安清口枢纽体现了人类农业文明时期东方水利工程技术的最高水平，其整体性尤为突出，河道闸坝、堤防、疏浚、维护、水文观测等工程共同组成运河大型水利工程，堪称人类水运水利技术整体的杰出范例。"

6. 保护意义

加强清口枢纽的保护具有重要意义，它被中国文化遗产研究院院长张延皓誉为"中国水利工程历史博物馆"。

它的主要特点一是密集,文化遗产密集。在这里有洪泽湖大堤等全国重点文物保护单位5处,漂母墓等江苏省级文物保护单位25处,淮阴故城、甘罗城等市级文物保护单位80处,以及尚未列入文物保护单位的遗迹、遗存50多处。二是多样化,种类丰富,形态多样。该地区的运河文化遗产几乎涵盖了大运河本体遗产的全部类型,有河道、堤坝,也有祭祀河神、风神的祠庙。三是复杂。清口的运河文化遗产积淀丰厚,各种遗迹纵横交错,名目繁多。四是系统。这些遗迹环环相扣,内在联系极其紧密。

三、洪泽湖大堤——四百年前的三峡工程

我们中国有五大淡水湖,洪泽湖是其中的第四大。洪泽湖的蓄容正常在13米水位的时候,体积达到31亿立方米,其面积为2 069平方公里。

洪泽湖的历史非常悠久,其命名也由来已久。根据《盱眙县志》记载,早在东汉时期,有伏波将军陈登,当时任广陵太守,洪泽湖里面有一座桥叫洪泽桥,即为陈登所造,而且特地注明此伏波将军非东汉马援。当年由陈登造洪泽桥,是目前已经发现的与洪泽、洪泽湖相关的最早的地理印记。

后来隋炀帝下江南,到扬州、洪泽湖一带游巡,天遇大旱,一路龙舟行进十分艰难。当时的洪泽湖地区有一处叫作破釜涧,由于大旱,涧里基本没有水了,龙舟难以前行。就在隋炀帝到来的时候突然天降大雨,破釜涧里面一片汪洋,于是隋炀帝龙颜大悦,脱口而出说:破釜涧改为洪泽湖。洪泽有广大的恩泽之意,也就是皇恩浩荡、泽被广大民生的意思。这样洪泽湖的名字就跟隋炀帝又连到了一起。后来洪泽湖多次发生各样的变化,湖区很多小湖泊,比如富陵湖、成子湖等,这些湖泊在清朝康熙十九年以前还没有连成一个整体;到了水漫泗洲以后,洪泽湖的面积大大增加,此前很多的小湖泊已经连成了一片。

到宋朝,洪泽湖成为运河的一个重要地区,故洪泽镇是运河的枢纽。在今天的盱眙城附近还有个泗州城,泗州城也是运河沿线的重要都市,其存在了九百多年,康熙十九年沉没于洪泽湖底。那个时候的运河一直到宋朝,都是从泗州向上到开封,向下进洪泽,然后到淮安,再南下到扬州、镇江,向杭州一路。

隋炀帝开凿大运河以后,直到唐朝运河才充分发挥作用,对唐朝的经济发展、社会繁荣起了重要的作用。

宋朝继续发挥运河的作用。北宋时期,淮河流域因为战乱和水利失修,淮河作为运道发挥作用不够通畅,就有了乔维岳开通从淮阴磨盘口至沙河这样的一段运河。然后许元开凿了从淮阴到洪泽镇这段洪泽新河。蒋之奇开凿了从龟山到洪泽镇的龟山新河。这三条河道加起来约180里,这是当时一条非常重要的河段。

到了南宋,由于黄河夺淮,特别是南宋以水代兵开挖了黄河,淮河、黄河相交汇又影响了运河的发展,结果让运河不能畅通运行。

到了元朝,又大规模地疏浚运河。

明朝,首都在北京,大运河成了南北交通大动脉,原来的运河已难以保证航运的畅通,这就有了潘季驯"蓄清、刷黄、济运"方略的出台。所谓"蓄清"就是大规模地加固、加高洪泽湖大堤,让淮河的水位抬高。"清"是指淮河,淮河又称清河。"刷黄"就是清刷黄河的水,因为黄河是"一石水,八斗泥",黄河的水如果进入运河,泥沙淤积,就不能保证运河的畅通。为了解决这个问题,潘季驯提出了"蓄清",把淮河的水位抬高,淮河的水位抬高以后,就可以冲刷黄河的泥沙,使黄河的水不能进入运河,保证运河畅通。潘季驯的这个方略,将洪泽湖大堤加固并延长到66公里,并且在洪泽湖大堤上先后建了武墩闸、高良涧闸、周桥闸三个闸用于泄洪。这时,洪泽湖的面积已经超过1000平方公里,库容超过了11亿立方米,拥有了四个世界第一:面积第一,库容第一,堤坝长度第一,技术难度第一。

洪泽湖作为世界平原地区的特大型水库,有四项世界第一,2009年12月14日,人民日报海外版发表了一篇文章,其中讲道:"洪泽湖大堤是四百年前的三峡工程。"

到了清朝,康熙、乾隆六下江南,继续对黄淮运进行综合治理。康熙时期的河臣靳辅,继承了潘季驯"蓄清、刷黄、济运"的方略,继续加固洪泽湖大堤,从越城向南到蒋坝,全部都用玄武岩条石进行加固。康熙十九年,洪泽湖大堤曾经决口,水漫泗州,江都一带四千多条漕运船帮停在那里,大量物资由于运河被洪水冲断,不能向北运送到北京。清朝政府十分重视治理水患问题,又派张鹏翮来加固洪泽湖大堤,接替靳辅进行黄淮运的治理。张鹏翮先后在洪泽湖大堤上又修建了很多的堤坝,并且筑造了"九牛二虎一只鸡",安排在洪泽湖大堤和其他不同的地段,用于祈求淮河的水神保佑淮安、保佑扬州、保佑洪泽湖地区人民平安。

清朝大规模加固洪泽湖大堤,与前面所讲的清口枢纽水利建设相辅相成,洪泽湖大堤作为清口枢纽,是其中一个非常重要的组成部分,同时又有它非常独特的个性,在黄淮运治理中发挥重要的作用。乾隆皇帝曾经说:"经国之要务,惟治河与漕运尔。"他还说高家堰(洪泽湖大堤历史上称捍淮堰,又称高家堰、高加堰)在黄淮运治理中尤为关键。

洪泽湖是一个特大型的人工水库,历史上作为运河的枢纽,发挥了极为重要的作用,它在新中国成立以后继续发挥着重要的作用。作为运河的枢纽,同时又是御洪的屏障,洪泽湖大堤保卫着里下河地区两千多万人口、三千多万亩农田、十多座城市的安全,被称为"御洪的屏障"。同时,全长67公里的洪泽湖大堤,全部是用玄武岩条石作为沿水面护坡,又被称为"水上长城"。作为一个大湖,它到现在还发挥着极为重要的作用,被称为"江淮之绿肺",生态效应不同凡响。

洪泽湖地区历史文化非常悠久,老子的《道德经》、罗贯中的《三国演义》、施耐庵的《水浒传》、曹雪芹的《红楼梦》、吴承恩的《西游记》等历史文化名著和经典小说与洪泽湖都有着极为密切的关系,因此洪泽湖又被称为"文化的宝库"。

由于洪泽湖面积辽阔、生态良好,所以这里又盛产鱼米,被称为"鱼米之乡"。洪泽湖中,鱼的品种就有一百多种。这里生产的大米畅销海内外,曾经荣获中国十大名牌之一,在江苏省旅游博览会上荣获金奖。

"江南财赋重东南",洪泽湖地区作为天下粮仓,吸引着四面八方的客商、五湖四海的游人,人杰地灵。洪泽湖地区出过许多像韩信、龚开这样的历史文化名人,还有韩世忠等都曾经在洪泽湖地区留下辉煌业绩,他们是古往今来洪泽湖光芒闪耀的明星。

"湖因运河而生,运河因湖而畅。"所谓湖因运河而生,就是指明朝大规模地加固洪泽湖大堤,使洪泽湖不断地扩大扩容,从而保证运河能够不断地畅通。由于历史上洪泽湖受淮河、黄河,特别是黄河水域的影响极为严重,所以洪泽湖的面积也在不断地扩大。所谓运河因湖而畅,就是明朝加固洪泽湖大堤,更主要的是为了保证运河能够畅通。由于洪泽湖大堤的加固,洪泽湖的水不断地进入运河,使得黄河的水不能进入运河而保证了运河畅通,连续四百多年。因此,世界遗产专家在考察了洪泽湖大堤重要的节点周桥大塘以后,感慨万千:"洪泽湖大堤完全可以单独申报世界文化遗产。"

水利专家,包括运河研究的专家曾经这样评价洪泽湖:"世界水利看中国,中国水利数江苏,江苏水利誉淮安,淮安水利赞洪泽。"就是说全世界的平原水利要看我们中国,我们中国在这方面成就非常突出。而中国的水利,江苏的运河沿线在全国运河中占有十分重要的地位。江苏的水利,特别是运河的水利要看淮安,淮安作为运河的枢纽,作为运河沿线的四大名都之一,这里的运河文化底蕴极为深厚。而淮安的水利又必须看洪泽湖,洪泽湖大堤、洪泽湖文化底蕴之深厚,在运河发展过程中所起的作用不可替代。

所以我们认为,洪泽湖大堤作为四百年前的三峡工程,作为运河文化的杰出代表,是当之无愧的。著名的历史学家郑云波先生说:"洪泽湖地区浓缩着中华民族半部文化史。"

四、洪泽湖石刻遗存——江苏运河文化的明珠

淮安作为中国运河文化的发端之一,这里的文化极为丰富,石刻文化遗存是其重要的组成部分,洪泽湖大堤可为一例。这里石刻遗存极为丰富,通过普查,我们发现有四百多处石刻文化遗存,论其分类,有5个方面:

1. 工程碑记

比如说《新筑草子河碑记》。《新筑草子河碑记》是目前已经在洪泽湖大堤上发现的最早的石刻碑存。它的时代是明代万历三十二年(1604年),筑堤人是督抚李戴,要求"令砻碑刻草子河碑",工程建设情况、财务状况一一公开。工程管理也十分到位,讲得很清楚,"分界看守,画地巡视,遇坍旋修""栽柳三层,以拥水浪",可以说是今天洪泽湖大堤管理的鼻祖。"栽柳三层",在洪泽湖大堤引水坡栽下很多的柳树,一共分三层,目的就是在洪泽湖水位抬高的时候用以防浪,保证洪泽湖大堤的安全,这早在明朝时期就已经开始了。新筑草子河碑原来在洪泽区高良涧的越城,现在在三河镇工程管理处"运河文化和淮河文化碑林"里面。它被排在第一块。

又如苏茂相的《清口灵运碑记》,里面写的是明朝期间在淮安这里组织运河工作的苏茂相,看到长期天旱无雨,影响了运河的畅通,很多船只停在这里

无法运行。他一边组织抗旱措施疏导,让船只能够出走,一边又苦于久旱无雨船只无法运行,就亲自组织地方官员求雨,乞求老天的保佑。居然也发生了奇迹,天降大雨,最后运河一举畅通。这块碑记记录下这些,可见当时大臣对朝廷的忠心,对百姓的关爱。

还有《林家西坝碑》,是清朝河臣张鹏翮亲自规划在林家西坝(今天的周桥以南)建设滚水坝,李楠、韩文煜两位共同组织建造。林家西坝气势宏伟,坚固完美,建成以后有人赞:"高堰益坚,淮扬永奠。"高堰意义重大,财务公开,古今罕见,被认为是洪泽湖大堤古代工程建设的典型。碑文里银两的耗费,精确到几两几分,用工各用多少工,工资是多少,都讲得清清楚楚,在今天它也有重要的借鉴意义。

2. 御刻题碑

御题石刻,最多的当属乾隆所题。从码头、清口向南,一直到洪泽区的蒋坝镇,这一百多里范围内,乾隆的碑刻有十通有余。

《乾隆辛未春阅高堰工有作》碑,内容是:"皇考重河防,神谟定庙堂。帑金颁太府,高堰卫维扬。济运南输北,安流清汇黄。申咨惟善守,千载固苞桑。"这里"皇考"是指雍正皇帝,乾隆对雍正十分尊敬。"神谟定庙堂"指雍正皇帝管理黄淮运治理的大计。"帑金颁太府"是指国库的财政支出,用于加固洪泽湖大堤,保卫淮安、扬州一带的安全。"济运南输北"就是保证运河从南到北运输畅通。"安流清汇黄"指黄河的水被淮河清水所冲刷,没有进入运河。"申咨惟善守,千载固苞桑",就是向各方面征求意见,反复强调"惟善守",只有恪尽职守,确保大堤安全,保证运河的安全,保证民生,才能保证政权的安全。碑上还有另外两首诗。一块御碑上,有三次乾隆皇帝的题词,这在石刻当中极为罕见。

其他的御题,也都与洪泽湖大体相关,可以说很多都涉及"建堤以为民,民安赖堤利",叹"洪湖实巨浸,高堰为障蔽",慨叹洪泽湖面积巨大,高堰是运河的屏障。

3. 吉祥图案

洪泽湖大堤石刻吉祥图案有"普颂安澜""狮子盘球""鲤鱼化龙""马上封侯""如日中天""如意长升""丹凤朝阳""福禄晋爵",图案精美,内容丰富。

"马上封侯"就是指治湖的官员在这里建功立业,就能得到重用;"普颂安澜"是指黄淮运治理取得巨大的成就;"天下太平"是因为湖水安南,天下太平;"如日中天"是指对事业、对人生的美好祝愿;"如意长升"也是指治湖官员对自己前途美好的祝愿;"丹凤朝阳"是表达了地方官员、百姓对美好事业的向往。

4. 吉言祥语

吉言祥语比如"一统万里""湖工平稳"。"一统万里"是指对国家太平盛世的美好期盼;"湖平工稳"就期盼洪泽湖里不要起风浪,让大堤平安、稳固。还有"风平浪静""国泰民安"等。清朝乾隆时期的"金堤永固"多达八处。

这样的石刻既表达了乾隆皇帝对洪泽湖大堤加固工程的热切期望,也表达了河臣、加固洪泽湖大堤的民工对工程目标的追求,寓意深刻,现在我们淮安市洪泽区进行廉政教育,就以"金堤永固"为名。"金堤永固"就是我们要筑牢思想上的防线,我们思想的大堤、廉政的大堤就会长期坚固。洪泽建了一个教育基地,名字就叫"金堤永固",前来参观的人络绎不绝,运河文化在廉政建设中又发挥了重要的作用。

5. 残存碑刻

这些石刻都有丰富的文化内涵,但洪泽湖大堤石刻的命运也不是一帆风顺,也很坎坷。"文革"期间,有很多的石刻文化遗存受到了破坏。三河闸的老工程师朱兴华是一位有心人,他想方设法把很多石刻文化遗存运到三河闸工程管理处保护起来。现在洪泽湖工程管理处(即原三河闸工程管理处)建了运河、淮河文化长廊,一共有三十多块前面所说的几种类型石碑在这处文化长廊里面,为研究运河文化保留了大量的珍贵的第一手资料。近几年淮安贯彻落实习近平总书记关于加强运河文化保护传承、弘扬的指示精神做了大量的工作,洪泽区编撰出版了《洪泽湖大堤石刻文化遗存》,这本书里收录了二百多处石刻文化遗存,有拓片,有照片。

我们还发现了"仁坝"改建工程等一百余处石刻文化遗存;还有1945年抗日战争时期,淮安县政府组织抗日军民加固洪泽湖大堤留下的石刻文化遗存,如"永葆群众利益""保民生安全""人民屏障"这三座石刻都体现了在烽火连天的战争年代,共产党人民军队对洪泽湖大堤的重视,对运河文化的重视。这些石刻文化遗存是运河文化研究的重要资料,不可多得。

石,稳定恒久,承史载物。刻,记录古今,书写时代。石刻或深或浅,或大或小,或完整,或残缺,如时光的掌纹,似历史的脉络,历经岁月年轮碾过,沧桑间依旧闪烁着往昔文明的光辉,块块记录着历史的变迁,片片镌刻下时代的记忆。

　　洪泽湖历史悠久,文化精深博大。洪泽湖大堤是大运河的枢纽,作为中国运河的重要节点,被纳入世界文化遗产。石刻作为传承文明的重要载体,集洪泽湖文化的精髓,蕴含着丰富历史信息和文化底蕴。到目前为止,我们所发现的这四百多处石刻遗存中,有《新筑草子河碑记》,至今有四百多年历史,有乾隆御碑,有"金堤永固""凤凰牡丹"等这样图案精美、寓意深长、内涵丰富的石刻,让人叹为观止。纵观大堤石刻,镌刻的诗词书画、长歌短句、吉言隽语等门类诸多,或大气磅礴,行云流水,或委婉优雅,一丝不苟,隶、篆、楷、行、草诸体竞秀镌刻着,随着刻文的盘曲起伏,"上善包容、务实苦干、和谐共生"的淮安人文精神丝丝浸润其中,让人心潮澎湃,胸怀激荡。

　　文化引领未来的发展,洪泽湖大堤石刻遗存是一篇源远流长、亘古不变的凝固诗卷,承载着激励我们弘扬运河文化、传承运河文明的豪情壮志。文明伴随幸福的脚步,争抢先机的淮安人正厚积薄发、笔墨激扬地绘就一幅全面小康的写实画卷。值此贯彻习近平总书记指示精神,加强运河文化带建设的重要时刻,让社会各界更好地了解洪泽湖宝贵的石刻文化瑰宝,让更多的人了解洪泽湖石刻文化遗存的丰富内涵,这是我们重要的责任,也是淮安地区运河文化研究、洪泽湖文化研究靓丽的风景。

　　拓下石印,流峥嵘岁月;刻在当代,铸大湖之魂。

五、仁义礼智信五坝——大运河水利技术代表

　　洪泽湖堤坝历史非常悠久,根据考证,洪泽湖大堤一千八百多年的历史上,有三十八个老减水坝大遗址。洪泽湖大堤减水坝又称滚水坝,用仁、义、礼、智、信五坝来统称。

　　仁、义、礼、智、信被称为"五常",它是封建社会指导人们行为举止的常理,不可违背。对人宽厚爱心,是仁;为人正派,爱憎分明,是义;待人彬彬有礼,行为庄端,是礼;处事果断周密,是智;做人诚实、稳重、讲信誉,是信。按照这五常去做,就可以成为正人君子,反之则可能成为遭人唾弃的坏人。由此看来,五常是传统文化中人们的行为规范、总体要求。

仁、义、礼、智、信五坝主要是从清朝康熙年间开始修筑,康熙用仁、义、礼、智、信命名五坝,体现了他的治国理论思想,注重运用中华传统文化。仁、义、礼、智、信五坝在明清两个朝代得到大规模的修造。

明朝在三个时期修建了减水坝闸,主要目的是保护祖陵。

首先是明朝嘉靖年间,设立了高良涧、周桥、古沟等闸,准备汛期泄洪。那个时候,不断暴涨的洪水大有吞没泗州城陵墓的势头。情急之下,明朝的官员在高家堰大堤东南的高良涧、周家桥、古沟等处设立了闸以备宣泄。看来,当时泗州明陵之所以能安卧于泗州城的东北,这些闸起了重要的作用。

第二个时期是明朝万历年间,潘季驯设立了越城、周家桥天然减水坝。根据《河防一览》图所说:"高堰之南,有越城、周家桥一带地势高亢。淮水大涨,从此溢入白马湖,水消成为陆地,盖藉此以杀淮涨,即黄河之减水坝也。"如此,既可保障高堰的堤工,又能保凤阳、泗州和明祖陵。

第三个时期是明朝万历二十四年(1596年),为了保证明祖陵安全,保证漕运不断,保证运河畅通,继任河道总督杨一魁等人在洪泽湖大堤上设立了武家墩、高良涧、周家桥三座分水闸,另外又设了古沟闸备用。武家墩闸泄淮水由永济河达泾河,高良涧闸泄淮水由岔河达泾河,均下射阳湖入海;周家桥闸由草泽河、宝应湖经子婴沟,下广洋湖入海。

明代对于减水闸的设计建造、施工程序已经有规范要求,《河防一览》中规定施工顺序为:第一,基础处理,打基桩;第二,铺地平板;第三,砌闸室壁墙(就是常说的金门);第四,铺海漫、翼墙。

减水闸的尺寸及用料都有明确的规范,减水的闸门是木质闸门,系叠梁式闸门,用绞盘启闭,闸门跨度约9米。这样的设备启闭,显然相对比较困难。根据研究,明代洪泽湖大堤上的老减水坝坝址先后有九个。

到了清朝,有高堰六坝和山盱五坝。康熙时期有高堰六坝。前面我们就介绍过洪泽湖大堤历史上曾经叫高家(嘉)堰,一个是家庭的家,一个是嘉奖的嘉,又称高堰,最早在东汉时期叫捍淮堰。清朝康熙十九年(1680年),河道总督靳辅在堵塞了高堰决口以后,改明代分水石闸,创建武家墩、高良涧、周家桥、古沟东、古沟西及唐埂减水坝六座,高堰六坝之名由此而来,同时也是减闸为坝的开始。根据《重修扬州府志》的记载,高堰六减水坝的尺寸也都有明确尺寸记载。

高堰六坝建坝之料并非石工，或者用三合土，或于凹口堤塞后即名为坝，一遇到洪水，则冲刷严重，极易损坏。因此，六坝常变更。清朝康熙三十一年（1692年），周桥南减水坝增至6座，合计坝宽200丈。康熙三十五年（1696年），六座坝分别损坏，建塘埂中、南、北坝，茆家圩南、北坝等新六坝。对此，武同举先生曾进行过考证，但只得出一个大概的结论，即"（1680年）十多年里面，减水坝之数颇有变易，故六坝之名不同，坝址次序亦不尽可考。大抵嗣后减水趋重在周桥以南减水者六处，故亦称六坝"。诸坝之中的武家墩、高良涧、周桥皆是备而未用之坝。

靳辅在《治河奏绩书》中明确说明了创建这些减水坝的原因，"仍旧留减水者六处，计二百丈，坝之而弗堤，何也？湖水之高于黄水者常五六尺，若一任其建瓴而出，则所蓄无几，逢干旱，上源微细，既不足以济运，更恐黄水之乘其弱而入。故烂泥浅一带湖滩者，昔人称之为'门限'，今不使尽辟，欲清水而留其有余。然设使遇大水连旬，洪波骤溢，清口一道之所出不胜数百里全湖之涨，不由以减之，势必寻隙而四溃。故趋下之势，必堤以防之；不虞之溢，复坝以减之。然后节宣有度，旱不至于阻运，而涝不至于伤堤也。"

综上所述，高堰六坝自1680年修建至1700年封堵，前后20年，坝址变更较多，至少有14个。

乾隆时期还有山盱五坝。康熙三十九年（1700年）以后，上任不久的总河张鹏翮向皇帝陈奏了十九条有关河工的事宜，其中涉及高家堰减水坝者有两处：一个是高堰减水六坝宜闭，二是高堰滚水坝宜修。康熙四十年春，张鹏翮建三座滚水石坝。三座滚水石坝中，唐埂北坝以北为滚水第一坝（中坝，后来称老义坝），宽60丈；周桥以南为第二坝（北坝，后来称老仁坝），宽70丈；林家西以南为第三坝（南坝，后来称老礼坝），宽70丈。三坝共200丈。这是高家堰有滚水石坝的开始。此外，张鹏翮又将翟家坝原有之天然滚水坝用埽裹住两头，仍然留为天然滚水坝，两坝各宽60丈，共120丈。

三坝启用原则为：北、中二坝的启放以高堰关帝庙前新建石工出水三尺七寸为准；南坝的地势稍高，以三尺二寸为准；天然二土坝在三石坝之南，外筑拦湖越坝，不轻启放。此工建成后，"平漕之水蓄以济运，溢漕之水听其滚出塘漕河入白马湖"。

乾隆十六年（1751年），乾隆于南巡期间亲自沿高家堰大堤南行，并越过三滚坝来至蒋家闸,对高堰一带的形势进行了一番全面考察后,将石滚坝高堰由三石滚坝增加到五石滚坝,称仁、义、礼、智、信山盱五坝。与此同时,天然坝永禁开放,并制订了五坝启放原则为:"仁、义、礼三坝,照康熙年间的旧制,高堰志桩长水至八尺五寸及九尺以上,听其由石脊过水。惟智、信二坝,则于石上加封土。嗣后仁、义、礼三坝,亦一并封土,高不过四尺,宽一二丈,仍照向定章程,长水至九尺以上,以次相机启放。节宣定制,至今永垂守法。"

嘉庆时期五坝多次变更,如嘉庆十年(1805年)三月,洪泽湖大水猛涨,义字坝(老义坝)被风浪鼓开,坝底全行掀揭,跌塘之深至三丈,修复已不可能,仅恃柴坝又势难保固,于是将此处改建,亦即减去一坝。至此山盱五坝仅存其四。

嘉庆十一年(1806年)五月底,风浪掣通信坝,也就是摧毁了信坝(老信坝),河臣又马上抢险。

嘉庆十八年(1813年)三月,两江总督百龄、南河总督黎世序等请求将仁、义、礼三坝移建于蒋家坝以南的山岗处,坝下另挑引河三道。三坝的过水标准分别为:仁坝石底以湖水涨至一丈二尺外过水,义坝石底以湖水涨至一丈三尺外过水。坝身各宽60丈,三坝合计过水180丈。三引河中,仁河在北,义河在中,礼河在南,又名一、二、三河,三河之名从此开始,现在有三河闸,洪泽区还有三河镇。

道光二年(1822年)十一月,黎世序等请求将义、礼两河亦照仁字河赶筑石坝以免刷深跌塘。次年,义字河滚水石坝建成,金门宽60丈。道光九年河臣于智坝、信坝两坝之间又修筑了60丈的林家西坝一座,以补三河两坝之不足。此后坝决口于光绪十一年(1855年)。道光十二年(1832年),由于信坝跌塘过深,总河张井将之移建于仁、义两坝(老仁坝和义坝)之间。道光十八年(1838年)建礼字河坝石底,"自是三河皆有坝"。道光二十二年(1842年),总河庆麟请将仁字河改建滚水石坝,较旧制长30丈。

至此,洪泽湖大堤滚水坝遗址先后有10个,加上2个天然减水坝,共12个坝址。目前保留较好的有道光信坝、乾隆智坝,其中信坝仍保留翼墙,智坝保留翼墙条石基础。

与山盱五坝同期运用的还有蒋家坝石闸。根据考证,其位于今石工尾,就是洪泽湖大堤石工尾,现堤身有卧虎坝险工段,可能为当时的蒋家坝石闸。

这是康熙四十六年造,金门宽1.2丈。乾隆十二年又移下50余丈,建闸,金门宽2.2丈,外面筑了拦湖草坝。

根据有关部门考证,洪泽湖大堤从明代开始至清代,有明确修建年份的减水坝坝址至少有36个。另外还有徐坝(清朝修建的,但没有具体的年份),还有萧家闸(在今天周桥大塘附近,周桥大塘在大运河申遗过程中作为世界文化遗产专家验收的现场发挥了重要作用)。因此,洪泽湖大堤一千八百多年历史上,至少有38个老减水坝坝址。

洪泽湖大堤上的仁、义、礼、智、信五坝,称为上五坝,与高邮以南运河东堤上的归海五坝相区别。归海五坝又称下五坝,与上五坝是相互呼应的,二者结构尺寸大致相同。如今,洪泽湖大堤上五坝中的康熙礼坝、乾隆智坝、道光信坝保存比较好,而下五坝现在不知所踪。扬州、江都一带还有归江十坝。

高家堰(也就是洪泽湖大堤)反映了作为东方农业文明古国,在淮河、黄河、长江三大水系的演变下,形成的一个大湖泊——洪泽湖,而这个湖泊在中国几个大的湖泊中是唯一的一个自然和人工互动的产物,是一个特大型人工水库,体现了很高的历史价值、科学价值、文化价值。

从历史价值而言,洪泽湖大堤高8米到9米,底宽50至150米,顶宽10至30米,长和宽都超过了长城,因此有"水上长城"之称。雄伟的三河闸就如长城的关口,那蜿蜒的大堤就如长城墙身,那古水志条石和河营堡亭以及85米高的微波铁塔就像长城的烽火台。万里长城作为军事防御工程纳入世界文化遗产名录,今天已是静态的文物;而洪泽湖大堤作为运河文化遗存,纳入世界文化遗产名录,至今仍然发挥着重大的作用,并且随着南水北调东线工程的进展,洪泽湖大堤的拦洪蓄水等工程效益、经济效益、环境效益还将进一步增强。

从科学价值而言,中国的古代堤坝技术演进记载史不绝书,洪泽湖大堤作为明清两代"蓄清刷黄、治河保运"的产物,它的建筑与古代防洪、供水、船运及军事、经济、社会的发展都有着密切的联系。清朝洪泽湖西面迎水护面一律改为石工墙,第一层是玄武岩条石,第二层是砖工,第三层是三合土,后面才是普通土(注意这里是黏土而不是沙土)。增筑直立条石石墙护面,石堤采用桩基技术,条石联结,铁锔咬衔的抗浪方法,按照波浪自然流向的破浪防浪原理,筑成一百跺弯道蜿蜒曲折的长堤,同时建仁、义、礼、智、信5个减水坝以泄洪水,历经明清两个朝代204年,使用了千斤条石6万多块,60万立方米以上,且规格统一,筑工精细。消浪技术也不同一般,堤前设置坦坡技术消浪,与石工墙组合,保持长期稳定。以上技术同期在浙江海塘使用。与此同时,西方国家未见使用类似技术的文献。因此洪泽湖大堤石工墙技术代表了当时世界先进的工程技术,它展示了我国古代水利建设的高超技艺,是运河文化、运河水利基础的杰出代表。回顾这些,更有助于我们坚定文化自信。

六、总督漕运公署遗址——现存最高级别的国家漕运管理机构

漕运在我们中国历史悠久,起于先秦,止于清末,隋朝开凿大运河到清末一共一千多年,历朝历代都高度重视漕运。

隋炀帝开凿大运河,到处建设漕运仓库,对漕运的发展起了重要的推动作用,也保证了漕运的正常运转。唐朝真正发挥大运河作用,像我们洪泽境内的浔河、草泽河都开挖于唐代。到了宋朝,关于漕运的分工就更加明确,也逐步完善。而元代是海运与漕运并举。明朝开始设立漕运总督,与总兵共同管理全国的漕务。明朝的平江伯陈瑄在这方面贡献巨大,他的贡献有:

1. 治理漕河　督理漕运

永乐年间明成祖因会通河全面通航,决定停止海运,改走内河漕运,由陈瑄负责。陈瑄建造船只两千多艘,起初运输两百万石,后来增加到五百万石,使得国用得以富足。

当时江南漕运沿运河抵达淮安后,须转陆运翻过河坝,再经淮河抵达清河,其过程消耗巨大。陈瑄就采纳别人的建议,自淮安城西侧的管家湖起,开凿二十里河渠,命名为清江浦,将湖水导入淮河,并修筑四座闸门,以适时泄洪。他还沿湖修筑十里长堤,以提高船只运输能力,使得漕船可以直达黄河,节省的费用不可计数。

陈瑄督理漕运三十年,对漕运事务实施了很多的整改措施,精密而有远见,可谓"举无遗策"。陈瑄是中国历史上第一任漕运总兵官,督理海上漕运、内河漕运共计三十年,为明代漕运事业的发展和漕运管理制度的完善作出了贡献。

2. 水利成就

陈瑄在理漕(管理漕河)的同时,还针对南北两段京杭运河的治理与改造

提出了大量的建议,做了大量的工作:他疏浚了徐州至济宁的运河河道;在沛县刁阳湖、济宁南旺湖修筑长堤,凿开泰州白塔河连通长江;在高邮修建湖堤,并于堤内凿渠四十里,以免风浪造成的凶险;在淮河至临清的运河上,依照水势修筑了四十七座闸门;在淮安建造了四十个区的常盈仓,又在徐州、临清、通州设置仓库,以便转运;在淮安到通州沿途设置了五百六十多个观察点,派官军驻扎,以引导漕船避免搁浅;沿运河河堤开凿水井,种植树木,方便行人。陈瑄实施的治河措施,解决了许多工程技术上的难题,为后代治理京杭运河打下了良好的基础。

漕运深刻地影响了运河沿线的经济发展和城市建设。因为漕运总督一般兼兵部侍郎和都察院右都御史或佥都御史衔,故漕运总督公署又称为漕运总督部院,是明清两朝中央朝廷派出统管全国漕运事务的最高管理机构。漕运总督在明清两代位高权重,不受部院节制,直接对皇帝负责,可以专折奏事。漕运总督是由皇帝直接任命的封疆大吏,品级一般为从一品或正二品,其明代前期的职官全称为"总督漕运兼提督军务巡抚凤阳等处兼管河道",清代一般称为"总督淮扬等地方提督漕运海防军务兼理粮饷"。总督漕运公署不仅管辖山东、河南、江苏、安徽、江西、浙江、湖北、湖南八省漕政,具体负责佥选运弁、漕船修造、派拨全单、兑运开帮、过淮盘掣、催趱重运、核勘漂流、查验回空、督催漕欠等事务,还要管理地方行政事务和相关军务。在清初,理凤阳府、淮安府、扬州府、庐州府和徐州、和州、滁州3州,自清咸丰十年(1860年)起,还节制江苏长江以北诸镇、诸道,可见权力非常之大,管辖范围非常之广。清代对运河的管理进一步加强,漕运管理系统和河道治理系统职责上更加分明,制度上更加规范。顺治初年,清廷设河道总督和漕运总督各一名,作为负责漕粮运输和河道治理的最高行政长官,漕运总督和河道总督官秩均为正二品,兼兵部尚书或都察院右都御史衔为从一品,与其他总督地位相同。

明清两朝,国家在淮安设立漕运总督公署,管理天下漕运事务450余年,为朝廷的南粮北运,为国家的政治统一及经济发展和文化交流,可谓贡献至伟。1860年,清朝裁南河总督而将总督漕运公署办公地址迁往15公里以外的清江浦原南河总督署,而以公署开办江北陆军学堂。光绪三十年(1904年)十二月二十二日朝廷下旨裁撤,总督漕运公署正式成为历史。

总督漕运公署在淮安办公,也极大地推动了淮安的发展。而今以漕运总督部院遗址遗产区为中心,其缓冲区及四周还有许多重要的历史文化遗存,它们共同构成了淮安历史文化名城的主体。正南面有镇淮楼,东南面有关天培祠堂,正北面有明清淮安府署,东北有周恩来纪念馆,西北有勺湖公园和文通塔、吴承恩故居,东面还有东岳庙,西南面还有周恩来故居,另外还有河下古镇、中国漕运博物馆。漕运深刻影响着运河沿线经济发展和城市建设,漕运总督公署遗址是淮安运河文化历史深厚的重要见证,也是今天淮安旅游的重要目的地。

七、淮安运河文化新篇——运河广场等文化建筑群

淮安由于地处大运河和淮河交汇处,向来为漕运的咽喉、南北的要道,历史上形成了集河、漕、盐、榷、驿为一体的独有的运河文化特色,具有丰厚的积淀。

大运河文化广场即为体现这一历史文化景观而兴建。广场北端中心位置高高耸立一座抽象性的主题雕塑,两侧辅以8幅石质浮雕,内容为夫差末口陈兵图、磨盘舣舟待潮图、清江浦(漕)仓(船)厂盛况图、漕督躬亲盘验图、康熙码头巡河图、舟船过闸艰险图、通衢古驿晨旅图、水上立交壮观图。浮雕前有音乐喷泉,广场东西侧还竖立16根台柱,每根台柱雕塑一位历史名人。右9根塑淮籍历史名人韩信、枚乘、鲍照、梁红玉、龚开、吴承恩、阎若璩、吴鞠通、关天培,左7根塑治河治运历史名人陈登、乔维岳、陈瑄、潘季驯、靳辅、郭大昌、黎世序。有四根柱子每根柱子画了四大名著之一。广场植以绿树,间以草坪,气势恢宏,可以容万人集会。2002年9月,"中国淮安·淮扬菜美食文化节"暨中国烹调协会授予淮安市"中国淮扬菜之乡"荣誉称号的仪式便在这里举行。中央电视台《同一首歌》剧组以大型歌舞晚会为文化节活动揭幕。大运河文化广场展示了淮安文化的博大精深,也拉开了新时代淮安运河文化建设的序幕,谱写了新的篇章。

淮安不仅建设了大运河文化广场,还建设了一个淮安博物馆群。淮安运河博物馆是国家3A级风景区,该馆是一座具有浓厚运河文化特征、浓烈地方文化气息、浓郁生态园林特点的综合类博物馆,总占地面积3万平方米,建筑面积8 000多平方米。博物馆主体坐落在清江浦大闸口历史文化风貌区里运河中洲岛上,博物馆群下辖淮安戏曲博物馆、淮安名人馆、淮安运河楹联馆、

大运河名人馆、陈(瑄)潘(季驯)二公祠及周信芳故居陈列馆,运用图板、书画、人物蜡像、幻影成像、场景再现、实物展示、多维全息数码互动游戏、声光电技术等复合布展方式,展现了运河历史、地方戏曲、地方名人、漕粮运输、河道治理、漕粮仓储对"运河之都"淮安的影响,展示了淮安发展的历史。

全国历史文化名城淮安,位于大运河与古淮河交汇之处,地处我国南北地理气候分界线秦岭、淮河一线,向有"居天下之中""扼漕运之冲"的美誉。唐代大诗人白居易曾盛赞淮安为"淮水东南第一州"。

淮安历史悠久,淮安运河文化博大精深,淮安美食享誉八方,淮安诗文千古传唱,淮安旅游名扬四海。淮安生态优良,宜人宜居。淮安人民勤劳智慧,勇于创新。弘扬运河文化,艰苦奋斗,锐意进取,淮安人民正在谱写高质量发展的华美篇章。长风破浪会有时,直挂云帆济沧海。淮安的运河文化一定会更加发扬光大,淮安的明天一定会更加美好!

(主讲人　夏宝国)

第四篇
江苏运河史话扬州段

一、扬州运河系列

扬州和其他地方不一样的地方,就是它不仅仅只有一条河穿城而过,或者是绕城而过。在近三千年的历史长河当中,我们的先民为了生产、生活,先后开凿了一批运河。扬州的运河最终形成了一个系列,或者说是一个水系。

1. 邗沟

中国最早的运河之一,而且是唯一有着明确历史纪年的运河,叫邗沟。说起邗沟来,就不能不说这个"邗"字。

"邗"是干国的都邑,"干"是西周时期江淮之间的一个小国,这个小国被崛起的吴国灭掉以后,就成为吴国疆土的一部分。吴国是西周东南地区的一个诸侯国,很长时间以来,在中国历史舞台上是没有什么太大影响的。但是后来有一代吴君叫寿梦,寿梦继位以后开始称王,他是一个雄心勃勃的诸侯。吴王和周天子都是姬姓,属于同宗的诸侯,因为寿梦的祖先来到了江南,长期以来跟北方的一些诸侯国没有什么交往。

寿梦称王后,觉得作为姬姓诸侯,他应该去朝拜周天子。在朝拜周天子同时,他借机游历了北方的一些诸侯大国。他发现江南的诸侯国,在军事上、经济上与强大的北方诸侯有比较大的差距。所以他虚心地向齐国学习当时比较先进的车战,还请了齐国的教官来帮他训练军队。吴国崛起以后,他开始进行领土的扩张,对周边一些小国通过军事手段进行侵略。吴国的核心地区在宁镇地区,所以它很快跨过长江,灭掉了弱小的干国,势力一度达到了淮河以南地区。在寿梦的领导下,吴国逐渐强盛起来,开始在中国历史舞台上有了一定的影响,能够和它周围的越国,甚至与南方强大的楚国对峙,双方之间发生战争时互有胜负。

吴国的最后一任国君叫夫差,夫差应该说也是有作为的一位君主、一方诸侯。在他执政期间吴国击败了越国,大家都知道越王勾践卧薪尝胆的故事。夫差和他的祖先寿梦,拥有一样的抱负。他征服了越国以后,觉得作为姬姓诸侯,应该与北方的诸侯争雄。所以,他雄心勃勃地解决了越国这个后顾之忧以后,计划在江北营建一个新都,就是邗城。这个地方原来是干国的都邑,他利用干国的都邑加以修建、扩建,变成吴国的新都。但是很可惜,夫差在营建新的都邑之后,并没有马上迁都,而是迫不及待就到了北方与晋国会盟。夫差带着他的主力部队来到河南境内的黄池,与晋国等诸侯国会盟。在他来跟诸侯会盟之前,除了修筑干城之外,他还开了一条运河,也就是邗沟。邗沟的南面通长江,北面通淮河,这样就可以用水运的方式来运兵、运战略物资。邗沟在当时不仅解决了吴国北上争霸的短期需求,更重要的是在历史上产生了非常深远的影响。吴晋会盟,吴国占了上风,但是就在同时,越国趁机偷袭了吴国在苏州地区的都城。当夫差仓促回师以后,一战失利,不到两年,吴国就被越国打败,夫差身死国灭。

邗沟的开凿有几个意义:首先,它是中国最早的运河之一,而且它是唯一一条开通时有明确历史纪年(公元前486年)的运河。第二,我们的先民利用江淮之间的一些自然的湖泊、河流,用人工的方式把它们连缀起来,沟通了长江和淮河两大水系,这是非常了不起的。第三,邗沟的开凿,为春秋以后历代不同地区、不同地域的其他运河的开凿做了示范,特别是对隋朝开凿的联络了东中部、联系五大水系的大运河,起了重要的示范作用。第四,对扬州来说,邗沟的开凿开创了扬州作为运河城市的历史新纪元。

2. 运盐河

接着我们说一下汉代的运盐河。汉初,刘邦打败项羽之后,建立了统一的大汉王朝。他在政治制度上延续了或者说是继承了秦国的政治制度,就是郡县制,同时他又结合了以血亲为纽带的分封制。他的文化体系则是以楚文化为基础的,这是汉代的一个基本特征。汉初分封了很多的王侯,刘邦把他的侄儿刘濞分封为吴王,这个诸侯国的国都就设在了扬州。当时吴国管理的范围非常大,有三郡、五十三城,是一个非常大的诸侯国。吴国因为地域广大、资源丰富，于是利用自身境内的铜、铁、盐等资源来发展经济，所以吴国的经济非常强盛。

刘濞为了开发利用黄海的食盐，在扬州市区东面的湾头，向东开了一条专门运盐的运河，一直通到海边，与盐场连接。通过这条河，源源不断地把黄海边生产的食盐运销到不同的地域，获得了很大的经济利益。这条运河古代叫"茱萸沟"，也叫"邗沟支道"，今天叫通扬运河，就是扬州联系南通的一条运河。这条运河的开凿不仅对扬州，对泰州、对南通的经济社会发展都起了很重要的作用。由于吴国很好地利用境内的自然资源来发展经济，成就了扬州首度的繁荣，所以我们称扬州是兴盛于汉。

3. 欧阳埭

在汉初开了运盐河之后，魏晋南北朝时期又开了一条运河，这条河叫欧阳埭。欧阳埭大约在东晋永和年间开凿，由扬州往西在仪征境内入江，它是扬州比较早的通江运河。《水经注》记载了这件事说，永和年间长江主泓道南移，江都水断，向西开渠六十里，设置欧阳埭，引江水到广陵城下，与中渎水相连，这一渠道就是今天真扬运河的前身。欧阳埭就在古运河的南运口，处于运河与长江的交汇处，它除了是一个拦截江水的水工设施，还兼有船只通航的功能。唐代开通瓜洲港之前，到扬州来的船只，都是从仪征境内通过欧阳埭到达扬州的。宋代把漕运的机构设置在仪征，作为漕运、盐运枢纽，欧阳埭便更加繁忙和重要了。

4. 山阳渎

在东晋永和年间开凿欧阳埭之后，隋代统一全国之前（就是隋统一了北方以后），它的战略目标转移到了南方，要将南朝的最后一个王朝——陈王朝灭掉，进而统一中国。当时隋的力量已经控制了江北地区，因为隔着长江天堑，所以要做一些前期工作，为渡江灭陈作战做准备。在准备期间，就利用邗沟的部分线路新开了一条河，叫山阳渎。山阳渎实际上是春秋邗沟的一次再利用，这与一个重要的历史事件相关：隋军一方面在原来的邗沟一带安置了不少破旧的战船和一些老弱残兵以麻痹陈军，同时集中力量开凿山阳渎，把精锐部队隐蔽在这里，有点像韩信当年"明修栈道，暗度陈仓"。陈朝军队被麻痹了，他们以为隋军还在做准备。想不到第二年，也就是开皇八年，公元588年，隋军在晋王杨广的率领之下突然发动进攻，50万大军分好几个地方一起渡江,最后把陈朝灭掉,结束了中国长达270年南北分裂的格局。所以在古代,运河不仅是在经济方面起作用,在军事方面,其作用也是显而易见的。

5. 隋邗沟

在隋文帝执政期间,率先开通了广通渠,也就是从长安往东开了一条河,跟黄河连接,利用一段黄河后,再开河到潼关形成了广通渠。同时,他又开了我们之前已经介绍的山阳渎。在隋文帝的手上,其实已经开始了大运河工程建设。到了杨广也就是隋炀帝即位以后,他从公元605年到610年,前后用了六年时间,分四段完成了从洛阳到余杭的大运河,全长2700多公里。不仅是洛阳到余杭,还有洛阳到涿郡,就是到今天北京的西南。形成了这样的一条贯通我国中东部的运河。公元605年,先开了黄河和淮河之间的运河,叫通济渠,同年又开了淮河到长江的这一段,也就是隋邗沟。这个邗沟跟春秋时期的邗沟不在一条线路上。公元608年又开了黄河连接海河的这一段运河,这条运河叫永济渠。到了公元610年,又开了联系长江和钱塘江的运河,叫江南河。前后花六年时间完成了大运河的建设,跟我们扬州有关的就是隋代的邗沟。

公元605年,隋炀帝动用了10多万劳力,对古代的运河进行了改筑和提升,开凿了隋代邗沟。隋邗沟开凿以后,在江淮之间形成了运河的复线,也就是说江淮之间有了两条通道:一条是邗沟的东道,一条是邗沟的西道。隋炀帝不仅开了运河,而且在洛阳到江都的1000公里左右的线路上建了40多处行宫,这些行宫规模应该都不是太大的。另外,他还在运河边上开通了快速道路。整个运河开凿工程是有设计规范的,大约宽有40步,边上配套的是快速道路,河边上有绿化,栽种了杨柳。

隋代运河的开凿,包括整个大运河的开凿,留给了后代一笔很重要的财富,为后代造了福。但是当时的人们为这条河的开凿建设,承受了巨大的牺牲,不堪重负。我们小时候,大人吓唬小孩经常会提到一个名字,叫麻胡子。麻胡子名叫麻叔谋,传说是监督开河的官员。麻叔谋非常残暴,为赶工期,用皮鞭抽打民夫,让他们超常规、超负荷地劳动。而且他会吃小孩,我们小时候一听到麻胡子来了就吓坏了。不仅在扬州,在运河沿岸的城市都有麻胡子的传说。隋炀帝挖运河,造成民夫死亡百万,民不聊生。老百姓不敢骂隋炀帝,只能痛骂这个黑心的、残暴的、吃人的开河总监麻胡子。

6. 伊娄河

接着我们要说的是唐代的一条运河,也是一条非常重要的河,这条河的名字叫伊娄河。

很长时间以来,瓜洲只是长江当中偏北岸的一个小小的沙洲,因为形状似瓜而得名。由于长江江水每年不断搬运泥沙,沙洲不断地淤积、扩大,最终跟江北岸完全连了起来。瓜洲与对面的镇江(古代叫京口、润州)是一江之隔。到了唐代,当时的江南道采访使兼润州刺史名叫齐浣,他不仅是一个城市的行政首长,同时也是一个行政区的最高长官,所以他的权力相对比较大。当时润州和瓜洲虽然仅有一江之隔,但是两地不能直航,从润州到扬州的船只必须溯江而上,绕道仪征境内,然后通过欧阳埭到达扬州。这样绕路费时费力,尤其在夏秋季节遇到灾害性天气,极易造成翻船事故,损失非常大。史籍就有记载,唐代一次刮大风就损失了几千艘船。为了解决这个问题,保证航行安全,节约时间,最好的办法就是实现润州和瓜洲之间的直航。于是,齐浣就在瓜洲和扬州之间开了一条运河,这条运河叫伊娄河。伊娄河的开凿,对瓜洲的千年繁荣产生了巨大的影响。运河的开通实现了润州与瓜洲之间的直航,瓜洲又成了淮扬运河系统当中一个新的运口和交通枢纽。齐浣不仅开了河、建了码头,同时还在伊娄河上建了斗门——伊娄埭,就是保水蓄水的工程。而且来往的船只要向官府缴纳费用,在不长的时间里,这项收入就达到了上百亿。伊娄河的开通既有经济效益,也有社会效益,航行安全也得到了保障。当时,诗人李白曾经写了一首诗来称赞齐浣开凿这条河的贡献,其中说道:"齐公凿新河,万古流不绝。"这条河促进了经济社会发展,造福了国家,也造福了一方百姓。

7. 七里河

七里河是晚唐时期开凿的一条河,因距离扬州城南不远有一个七里港,所以这条河也叫七里港河。起先是由诸道盐铁转运使王播提议开凿的。王播是唐代一个著名的高官,他担任的盐铁转运使,是盐运和漕运机构的最高长官。他在这个职位上,当然要考虑漕运的便捷,考虑漕运的效率。所以他在任的时候建议要在扬州的城南开一条运河,环绕城东再向东与古代的运河连接起来。他为什么要开这条河?一方面是因为原来的运河线路是从扬州城南直接进入城内与城内的官河连接,而城市内不断有生活垃圾倾倒入河;而更多的是由于天气干旱以后,官河处在低水位,大量南方来的漕船到了扬州就被滞留,不能保障京师粮食供应,这个问题非常严重。作为盐铁转运使,王播看到这个问题的严重性,所以建议开这么一条河。时隔不久,王播从盐铁转运使转任淮南节度使,还在扬州工作,漕船滞留的问题还是需要解决,于是他又奏请开河,而且对项目作了规划和经费安排。但是时隔不久,他就被调离扬州了。

王播调离以后,接任盐铁转运使的叫王涯,也是唐代的一位著名的官员。开河这件事,光靠地方财政出钱是不行的,需要得到国家盐铁转运部门的牵头主持。王涯担任盐铁转运使期间,继王播两次奏请开城南运河之后,又向朝廷上了奏折,报上了比较详细的预算:"用工十五余万(缗),从之。"一缗是一千文钱,十五万缗测算下来大概有一亿五千万文钱。虽然一亿五千万文钱是一笔巨资,但这条河的开凿取得了很明显的效益。首先解决了漕船滞留的问题,保障了漕运畅通,提高了效率。因为这条运河的开凿不经过城内,所以船只的航行更加便捷了。同时,它也兼顾了城防的需求,因为这条河是环绕扬州罗城的南面和东面开挖的,除了运输功能之外,它实际上也是一条很宽阔的城壕,这对于城防来说是非常重要的。另外,这条河的开凿对城市的发展格局也是有重要影响的。这条河开了以后,扬州城东界和南界就被固定了。

8. 白塔河

白塔河开凿于宋代,是汉代运盐河的一条支流,是往南通向长江的一条支流。这条支流最初叫白獭河,因为传说这条河上经常会有长着白毛的水獭作怪。人们为了镇住这个水怪,就在河边建了一个寺庙,在寺庙里面建了一个白塔,所以这个寺庙俗称白塔寺,这条河也改称白塔河了。

我们前面讲过,以往江南的漕船如果要到扬州必须要绕道仪征,因为在长江里面航行,特别是遇到灾害性天气是很危险的。白塔河在我们扬州的东南面,在今天的江都区境内,它的对面是常州武进,武进有一条运河也是比较古老的,叫孟渎河。孟渎河也是通长江的,它在长江的南边,白塔河在长江的北边。过去在没有白塔河的时候两岸是不能对航、不能直接通航的。

朱元璋定都在南京,原因之一是便于江南地区的财富和粮食对都城的供应,对政权的支撑,那时的经济中心在江南。后来朱棣把都城迁到北京,远离江南富庶之地,在这样的情况之下,要保障京师粮食和物资供应,漕运就极其重要了。

为了提高运输效率,以及漕运的安全系数,当时的漕运总督叫陈瑄,他力主要开白塔河,以实现江南江北运河的直航。公元1407年,也就是永乐七年,开凿了白塔河,与对岸常州武进孟渎河实现对航。从孟渎河到白塔河对航只要半天时间,否则溯江而上要绕行300多里,显然效率和效益是不一样的。从此以后,苏、淞地区的舟楫,乃至长江下游地区的漕船、商船都利用这条捷径。同时,从白塔河进入长江还配套建了四个闸,逐步完善了工程系统。

陈瑄是历史上著名的干臣,在中国运河建设史上,他是一位难得的人才,一位可圈可点的人物。他在任上,管理漕运水利有30年之久,做了大量的工作,尤其是河道的管理、河道的建设、水工设施的建设。他不仅注重工程建设,而且也重视制度建设。工程建设相对来讲是短期的,但是要长久地保持工程的效益、航运的高效率、航运的安全,制度建设和制度下的日常工程管理格外重要。

9. 康济河

康济河是明朝开凿的一条河。

早先,江淮之间的漕运线路不全在运河里面,其中有一部分是利用的自然湖泊。

利用自然湖泊的历史是很长的,在湖泊里面航行也被称为"湖漕"。江淮之间有不少的小型湖泊,从江都的邵伯、武安、甓社、石臼,到高邮的氾光、白马,这些湖分布在扬州到高邮境内。利用湖道行船还是占有着较高的比例。但问题是高邮这一带是水网密布的平原地区,处在江淮平原东部,在夏秋季节,时常出现灾害性的天气,如暴风雨,有时候还会有龙卷风,船只在湖道里面航行存在风险,历史上湖漕损失是很大的。

明武宗弘治二年,就是1489年,当时户部(户部管民政)侍郎白昂(白昂在大运河扬州段治水的官员当中,是比较有影响的)召集相关官员商议,怎么来解决漕运安全问题。有人主张要开高邮的运河,就是在湖东岸的里面开一条运河,不完全依赖湖漕,这样来确保安全。他的这个建议得到了高邮知州毛寔的力挺。毛寔也是一位非常干练的官员,他在高邮做地方官,对当地的情况非常了解,他认为开高邮运河势在必行,是有效解决问题的最好办法。这个意见得到了大多数人的支持以后,也得到了朝廷的批准,于是就在高邮湖的东侧开了一条新河。

这条河大概有十丈(差不多三十几米)宽,有一丈多(四五米)深。这条河挖出来以后,漕运的安全有了保障,得到了皇帝的赞许,皇帝赐名叫"康济"。

这条河开了以后,原来的高邮的湖堤,就是高邮湖的东堤成了这条河的西堤,形成了三道堤坝,湖的东堤与新河的西堤之间,差不多有近两万亩的土地。这两万亩土地平时可以种庄稼,但是遇到了雨季,淮水下泄,大水会漫过高邮湖的堤坝,把这一片田地全部淹没,"湖田"变成了一片汪洋。这种情况隔一两年就出现一次,不仅当年的庄稼受到影响,而且土地的利用也是个问题,老百姓连种子都收不回来,造成的损失很大。万历三年,就是1575年,黄河、淮河同时涨水,洪水下泄后一片汪洋。出现了这样的问题,大家都开始认为,河道应该西迁。于是将康济河的河道向西迁移,以高邮湖的东堤为河道的西堤,原来的中堤变成河道的东堤。康济河西移以后,"湖田"的问题就得到了解决。

10. 弘济河

下面我们要介绍的,是明代的一条河,叫弘济河。

高邮段的康济河改"湖漕"为"河漕",提升了航行的安全系数,效益是明显的。宝应段同样有"湖漕"的问题,运河到了宝应段又成了一个险段,同样会遇到夏秋季节灾害性天气,航行的安全得不到保障的问题。明代漕运的量是很大的,年运输量要达到400万石。这么大的年运输量,中途如果出现航行安全问题,造成重大损失,对京师粮食供应、物资供应会产生很大影响。

正德十六年,就是公元1521年,工部(负责工程建设的部门)主事提议,是否可以按照高邮段康济河的模式来处理宝应段。但是这个提议,没有马上得到实施,拖延了大概60多年。拖延的原因主要有:一是因为河道和漕运是两个部门,两个部门的意见不统一,相互扯皮,这事就办不成了。第二个原因是漕运大臣经常更换。这个部门是一个很重要的经济部门,油水也比较多,所以主事官员的更换也比较频繁,前任定的事情后任又推翻掉了。第三就是这个工程有相当的难度,难点在于宝应一带都是平原,要搞工程,除了挖土以外,还要建河堤,需要大量的土,这些土从什么地方来?就这样反复议论来议论去,过了60年都没能解决问题。

到了万历十年,就是1582年,发生了一次毁灭性的灾害,千舟渡湖,一风而尽。上千条漕船在湖里面航行,估计出现了龙卷风,一下子把上千条船都吹翻了,死了上千人。

重大的灾害促使按高邮康济河模式来解决宝应段问题的方案又被提到议事日程上来。总漕都御史叫李世达,把这个问题非常严肃地提出来:要开河!而且工程上马要从紧从快。

隔了两年,到了万历十二年,就是1584年,这一久拖不决的工程终于开工了,开河36里。河开了以后万历皇帝很高兴,赐名叫弘济河。

这样,在江淮之间,在扬州段就出现了明代两条重要的河道,一条是康济河,一条就是弘济河。弘济河工程效益很明显,航行安全得到保障,又很便利,吸引了很多商人前来投资、开店,宝应出现了一片兴旺的景象。

11. 京杭大运河

扬州地区最晚的一条运河是新中国成立以后开凿的新的京杭大运河扬州段。新中国成立以后,扬州运河由于使用的时间久远,以及水灾频发的影响,出现了淤塞、变窄的问题。运河的状况,已经不能适应新中国建设的需要。在这样的情况下,从1956年开始,用五年时间,分三期开凿了新的大运河。不仅开河,同时配套建新的闸站、筑堤防、扩宽整治老河道,所以这是一个系列工程。

当时生产力水平还是比较低下的,工程量非常大。有记载,工程量是1.2亿立方米,出动了80万人次,扬州周边的乡镇(那个时候叫公社)都派出了劳力,采取的是人海战术,用"蚂蚁搬家"这种形式来挖这么一条宽阔的河道。两面的河堤又高又宽,工程量非常大。旧的河底宽度本来只有6至15米,现在扩宽到70米,水深又加深到两三米,过水能力翻了一倍。新增自流灌溉的农田,达到了150万亩,通航的能力由原来只能通30至50吨的木船,变为能够通过2 000吨级的机动的驳船。

12. 引淮入江

大家都知道,黄河是我们中华文明的摇篮,也是我们的母亲河。但是黄河在历史上,在给我们的先民带来巨大利益的同时,也造成了很大的麻烦。黄河多次改道,加上一些人为因素的影响,存在着很大的隐患。对我们扬州段来讲,出现的天大的问题就是黄河夺淮。明代后期弘治七年,就是1494年,黄河全面夺淮,也就是黄河入海通道改变了,它不走自己的入海口,跑到了淮河,抢夺了淮河的入海口。你想,两河相并,水量够大？对江淮东部地区产生了非常大的影响,造成的危害非常严重。

到了隆庆四年(1570年),在黄河全面夺淮以后差不多隔了六七十年,当时主要是承接淮水的洪泽湖大堤首次决堤。万历年间,淮扬地区的水患频发,不断出现问题,特别是在雨季。淮河的特点是上游地势比较陡峭,水流非常快,中游地势最低,是个谷底,下游相对平缓,出水比较缓慢,由于排水不畅,所以水患影响非常大,就连泗州明祖陵,就是朱元璋的祖父母的陵区都被淹了。皇帝的祖陵都淹了,皇帝非常着急,不仅是着急,而且是震怒,所以治水方案就提上了日程。

怎么治理黄河夺淮的问题？当时朝廷就将之作为一个重大议题提出来,进行廷议,就是在朝廷上让大臣们各抒己见。有人就提出,应该导淮水入长江。这种方案提出来后,当时担任漕运侍郎(就是漕运部门的副职)的吴桂芳坚决反对。吴桂芳曾经做过扬州的知府,对扬州是有情感的,对江淮之间的水情他也是比较了解的,特别是对里下河锅底洼的地形,他有很深刻的印象。水往低处流这是自然规律,若导淮入江,里下河地区肯定会连年受灾,必然是一片汪洋。他深知如果按这个方案行动,扬州地区势必要长期遭灾,蒙受巨大的经济损失,所以他坚决反对。

到了万历十九年、二十年,1592年前后,泗州连续发大水,明祖陵又一次被淹。水情越来越严峻,治水越来越迫切。负责河道的总河尚书杨一魁提出"分黄导淮",他的这个提议占了上风,很快得到了皇帝批准。万历二十四年,就是1596年,在杨一魁的主持下,开始实行"分黄导淮"工程。

"分黄导淮",就是把绝大部分的淮水通过江淮之间的河道引到长江,还有小部分向东引入黄海。工程主要是在宝应开了一条泾河,在高邮开了一条子婴河,这两条河都是往东,经过射阳湖、广洋湖,然后入海,这是淮水入海通道。另外,将高邮的茆塘港河道挖宽,让淮水迅速地通过高邮湖、邵伯湖进入长江。又在江都境内开了金家湾河,金家湾河向南穿过东西向的汉代的运盐河注入芒稻河进入长江。这是明代淮水入海、入江的基础工程。

明代灭亡,改朝换代,也还是面临治淮导运的问题。因为明代的工程规模比较小,水患不能根除,而且洪泽湖的高家堰又经常溃决,里运河难以及时泄洪,江淮东部地区在汛期经常是一片汪洋。现在我们见到的高家堰的大堤有好几米高,全部是石工,正是因为封建王朝的中央政府在水利建设上面投入了巨资。

康熙三十八年(1699年),康熙在第三次南巡的时候专门视察河工,亲自过问里下河水灾的情况,下决心要疏通入江通道。沿运地区为什么泄水不畅,跟入江的通道不畅有很大的关系。确定淮水从芒稻河、人字河入江这个方案,就要增开运河,建立滚水坝,加宽芒稻西闸,让入江口通过量能够加大。乾隆继位以后继续大力兴修入江工程。

明清两代的导淮入江工程耗资最巨、耗时最长,最能体现我们中华民族治水用水的智慧。我们江淮段,或者说运河扬州段,是我们中华民族治水用水,跟水做斗争的主战场,屡战屡败,屡败屡战,不断地跟自然抗争。在生产力水平比较低下的条件下,依靠智慧,依靠治水经验的积累,进行水利工程的建设,建了非常多的工程设施,工程设施的建造总量在全国也是少有的。

扬州段导淮入江工程这么大的工程量,不是一个朝代完成的。自明代以来不断地在做,其间不断地被水灾损毁,又不断地重新建设,为了保证航运还要不断地进行调整,以提高它的效率。这在运河史上也是可圈可点的篇章。

13. 归江十坝

明清两代实施"分黄导淮""导淮入江"的治水方略,归江十坝就是贯彻这一方略实施的系统工程。其建设始于明代的万历年间,最终形成于清嘉庆十一年,也就是1806年。实际上是明清两代累积的一个工程,其间屡有兴废。它不断地被毁坏,又不断地重建,不断地改建,一直没有停歇,其中骨干工程由十座大坝组成,统称为"十坝"。

十坝的名字分别是:褚山坝、拦江坝、金山坝、东湾坝、西湾坝、凤凰坝、新河坝、壁虎坝、老坝、沙河坝,大致分布在东西十公里的范围内。这一区域出现了这么多的坝,说明这里河道分布非常密集。

"归江十坝"现在仅存一坝,就是老坝。大部分都是新中国成立以后被废弃的。新中国成立以后,由于工程技术的进步,需求的变化,有一些历史上建造的水利设施已经不能适应我们新时代的需求,所以就用新的设施加以替换。有的水利设施因为其位置非常重要,所以老的水利设施只能拆掉并以新的技术重建。

14. 七河八岛

归江十坝逐渐消失了,如今只剩下一坝,但是留下来的河道与河道之间形成的人工岛还在,所以说,扬州境内有七河八岛。实际上这是淮水入江水道的一个片区,它跨越了湾头镇、仙女镇,包括湾头镇、仙女镇、邵伯湖南口片区,大概宽度在10公里范围内。这个范围内河道非常密集,有"7+1"条河道。

这由西向东排列的七条河分别是:京杭大运河、壁虎河、新河、凤凰河、太平河、金湾河、高水河,这七条河道都是南北走向,都是泄洪的通道,或者说都是淮水入江的水道。加一,就是加一条横河,这条河的走向与七条河不一样,横河横穿七条河,是一条东西向的河道。这条河就像一条绳索把七条河穿了起来,看起来非常壮观。

水工设施的遗迹,除了这七条河以外,还有河与河之间形成的人工岛,就是众多河道分割的陆地形成的岛屿。这样的岛有八个,大都是新中国成立以后定名的:山河岛、新河岛、壁虎岛、自在岛、金湾岛、聚凤岛、芒稻岛、凤羽岛。

大家可以想象一下,七条南北向的河道中间,配套有八个岛,非常有特点。我们曾经提议,把七河八岛列入大运河申遗的项目当中,但是"七河八岛"资料的收集、价值的提炼,都需要足够时间准备,但申遗的进程非常快,所以只好忍痛放弃了。尽管如此,"七河八岛"作为大运河扬州段的运河遗产,作为伟大的工程遗迹,它的价值完全可以等同于世界遗产。"七河八岛"的形成,从明代的后期一直到20世纪的50年代,差不多经过了400年时间。

现在我们保留"七河八岛"有这么几个意义:它反映了扬州因水而兴,与水进行不懈斗争的伟大成果;它也是扬州人民为国家大局牺牲地方利益的一个例证;另外它还反映了前人用水、治水的智慧和顽强斗争的精神;它见证了扬州在水利史上的地位,也是中华民族治水的伟大成果。作为城市复合型生态的廊道,作为江淮生态走廊的重要组成部分,如何把它保护好、利用好,而且是可持续地利用好,这是我们扬州人应该承担、不可推卸的重要责任,也是考验我们当代人智慧和能力的一个重要方面。

15. 江都水利枢纽工程

江都水利枢纽工程是远东最大的电力排灌站,1961年兴建,1977年竣工,由四座大型电力抽水机站组成。这个机站一共有立式的轴流泵33台,口径都非常大,抽水能力达到了每秒400立方米。它不仅有四个机站,同时还有配套工程,包括12座大中型水闸、3座船闸、2座涵洞、两条鱼道(就是让鱼在产卵期可以游过的通道),另外还有输电工程。

淮扬地区洪水来势凶猛,来得很快,时间也很集中。洪水来时,人们巴不得立刻将洪水全部泄到长江去。但是洪水过后容易出现干旱,特别是夏秋季节,洪水过后容易缺水。

如何来调节？江都水利枢纽工程代替了历史上做了近400年的"分黄导淮""导淮入江"系列工程,集灌溉、排涝、泄洪、引水、通航、发电、调水诸多功能于一体。如果江淮之间遇旱,可以调长江水灌溉；遇到淮水下泄,又能比较快地把它排到长江里,调度能力很强。

2002年,中央决定启动南水北调工程,江都水利枢纽被确定为南水北调工程东线的源头,并利用被废弃或者半废弃的历史河道,把它们加宽加深,形成南水北调的东线输水走廊,发挥南水北调的作用。

16. 大运河博物馆落户

2007年开始,扬州承担了大运河联合申遗的牵头任务,经过8年的紧张工作,在国家文物局的指导下,在中央有关部门的支持下,在33座运河城市的共同努力下,在2014年第38届世界遗产大会上,大运河被正式列入世界遗产名录。

2017年,习主席在中办的报告《打造展示中华文明的金名片——关于建设大运河文化带的若干思考》上做了批示。习主席的批示,对于推动大运河文化带建设起了很重要的作用,运河城市纷纷响应,尤其是扬州这样的牵头城市。

2018年,在全面推动大运河文化带的建设后,扬州市政府提议,谋划筹建大运河博物馆。作为大运河文化遗产申报牵头城市,作为大运河的"长子",作为大运河的原点城市,把大运河博物馆放在扬州,应该是非常有意义的。扬州的想法得到了江苏省委、省政府领导的关心和支持,定点、设计、展陈、土建,这个项目已经被正式列入大运河文化带建设的示范工程。经国务院正式批准,大运河博物馆被正式命名为"扬州中国大运河博物馆"。

二、运河项链上的珍珠

1. 谢安和邵伯埭

邵伯是距扬州 60 里的一个古镇,历史上就具有大运河扬州段枢纽的地位。

东晋名臣谢安出生在扬州(当时叫广陵),他指挥了著名的淝水之战后,主动离开政治中心建康来到了邵伯这个地方。当时扬州处于江淮之间南北朝交界的一个区域,承担着拱卫京师的重任。为加强水军建设,谢安在邵伯建了水军基地,实际上是一个小城。因为在邵伯建军事基地,谢安就有机会了解邵伯的一些情况。处在运河交通枢纽上的邵伯,时常受到水灾的困扰。为了造福一方,谢安主持建造了一个"埭",既有保水、保航的功能,也有保障灌溉的功能,因此他也赢得了社会各界的拥戴,老百姓把谢安比作西周时期的名臣召伯。

古代"召""邵"通假,当时"邵"是没有"耳朵"的,加了"耳朵"代表城邑的意思。召伯也叫召公,他曾与周公一起辅助周武王。召公在一个叫"社"的地方,也就是古代祭祀土谷神,接受老百姓诉讼、明断是非的地方办公,由于召伯辅助周武王治理国家有功,深受老百姓的爱戴。老百姓把谢安比作召伯,把他建的埭称为"邵伯埭",又为他建了祠庙,叫"谢太傅祠"。当年召公断案所在社的门前植有甘棠树,后人在邵伯也种植了很多甘棠树,所以邵伯的别称就叫"甘棠"。

2. 邵伯镇与邵伯闸

邵伯因水而兴,除了是运河上的枢纽以外,很久以前就形成了一个古镇。今天,这个古镇已经是国家级的历史文化名镇。这个镇子不算大,目前保存着镇中街道,还有滨河的码头群。特别是镇中街道系统呈鱼骨状布局,一条主干道穿镇而过,东西向分布着若干的巷道,其中西向的巷道都通向河边的码头,船只装卸货物非常便利。晚清咸丰年间的太平天国战争当中,扬州著名画家王素(王小梅)曾经在邵伯避难。他在邵伯生活期间,亲眼见到邵伯在战争年代仍呈现着一派繁忙兴旺的景象。他创作了一幅《邵伯繁盛图》,这幅画现在被扬州博物馆收藏。

邵伯作为运河上的枢纽,所以也是这一带水利工程建设的一个重点。早在唐代就出现了"斗门",也就是一种单门的水闸。在"斗门"出现之前,运河要发挥正常的运输功能就需要保水,即使水位保持在一定高度,就要在河上筑坝,但是这样一来船只航行就受到了影响。货船要过坝的时候,首先要把船上的货物卸下来,之后通过人力或者畜力把船拉到坝那边去,然后再把货物搬运装船,其过程非常麻烦。于是,唐代就出现了斗门,就是单口闸,或者说单门闸。有了单门水闸以后,就方便多了,船只上面的货物无须搬动了。但是还有一个问题,因为斗门两边水位有高差,开闸的时候水势非常凶猛,处于高水位这一端的闸打开以后,非常容易把准备过闸的船冲翻。所以到了北宋时期,江淮发运使乔维岳就在淮扬运河上开始建造套闸。套闸也叫二斗门,就是两个门的闸。这是一个非常了不起的发明,我们今天的船闸依然是根据套闸的原理设计制造的。尽管现在闸的规模、闸的动力、闸的整个设施都变更了,但原理千年以来没有改变。我国复式船闸的出现比西方要早几百年。

明初,在邵伯又重建了上下两闸,专门用来通行官船。另外在闸的东西两侧,设置车盘坝4座,还继续采用盘坝过船的相对比较落后的设施用来通行民船。可见明初有这么一个官民分开的闸,这样的设置和规模反映了邵伯在运河交通方面的地位。

到了20世纪30年代,德国的一个专家到邵伯来考察。考察后他认为,邵伯船闸要整治、要现代化。他认为现在每年运河的运量是相对比较低的,预计整治过后,邵伯闸的年通过量可以达到500万吨,30年以后可以达到2 000万吨。根据德国专家提出的这个考察结论,民国"导淮委员会"决定兴建现代船闸,邵伯船闸被列入国家工程,资金来源则利用英国返还的庚子赔款。船闸设计的规模长100米,宽10米,工程结构完全不用土木结构或者土、石、砖结构,而是采用混凝土结构。另外,工程的主要部件,比如闸门、阀门、启闭机、钢板桩等关键设备全部进口。承建单位是上海的一家私营企业,叫上海陶馥记营造厂。这个船闸在当时是民国第一闸。邵伯闸建成以后,蒋介石题写了"邵伯船闸"四个字,国民政府主席林森亲自参加了开闸典礼,国民党的很多要员都曾经到闸上来视察。

新中国成立以后,1958年又建了新的一号闸。一号闸长度达到了230米,宽度也加宽到20米,年通过量可以达到2 000万吨。1981年,为了分流"北煤南运"的压力,中央又批准建2号闸。2号闸与1号闸规模差不多,通过量也是2 000万吨。到了2008年,又建了3号船闸,2011年竣工。这样,在邵伯形成了一个闸群,立体、生动地展示了邵伯船闸在当代的建闸历史。从民国时期一直到2011年,共有四个闸。因为解放后三个闸的建设,民国的邵伯船闸就废弃了,但是我们今天还能看到部分遗迹。邵伯船闸今天依然繁忙,每年仍有3亿吨以上的通过量。来来往往的船只见证着邵伯船闸千年的历史变迁和独特地位。

3. 邵伯铁犀

提到邵伯,除了船闸以外,跟运河历史相关的还有一些遗迹,比如说邵伯的铁犀,俗称铁牛。

中国用犀牛做镇水之物,差不多可以追溯到汉代。早年一般是用石头雕成犀的形象。后来,唐宋期间能铸造大型的铁质的构件,就改用铁制的犀牛来替代。石犀也好、铁犀也好,一般都放在河道的险要之处。现在保存下来的邵伯铁犀铸于康熙四十年(1701年)。

为什么铁犀能够镇水呢?在中国的神话传说中,水灾是因为蛟龙作怪,犀也好,牛也好,是一种神兽。牛是能耕田的,田地在八卦里属于坤,坤的属性是土,从五行来讲,土是可以克水的,另外蛟龙也怕金。犀也是一种坤兽,有土的属性。《康熙字典》记载:"犀是怪异兽,像水牛,猪头,大腹,脚有三蹄,独角或两角,能通天,常饮浊水,望星入角,可以破水,蛟龙又怕铁。"邵伯铁犀身上铸有铭文:惟金克木蛟龙藏,惟土治水龟蛇降。铁犀作镇奠维扬,永除昏垫报吾皇。

4. 湾头古镇与茱萸湾

湾头古镇在扬州市区东北15里左右,历史上是扬州的东大门。其濒临运河,是交通的咽喉要津,几乎历代的大运河都在它附近经过。湾头古镇附近是运河的一个弯道,被称为茱萸湾。

为什么称为茱萸湾?古代湾头这个地方有一座庙,庙里有个和尚,他有特异功能,曾经预测不久要发大水,于是逢人便劝说他们要躲避水灾。有的人听信了,幸免于难;有些人没有走,结果不仅房屋被冲毁,而且家庭也损失了人口。水灾过后又流行了瘟疫,这个和尚又为大家煮药来治病。人们问和尚用的是什么药,他告诉大家用的是茱萸。大家感念和尚为他们治病的功德,于是在古镇周边种了很多的茱萸,并把他们的村落称为茱萸村,所以,运河这一段也被称为茱萸湾。

现在湾头古镇还保留了一条东西向的老街。前面我们介绍的汉初运盐河,它的西端起点就是茱萸湾,向东通到黄海边。湾头也是七河八岛区域的一个重要组成部分。

5. 盂城驿

从明初开始,依托运河这个交通系统,从北京到南方还配套建立了驿站系统。淮扬段驿站大体是每60里设一个驿站,从南到北计有扬州的广陵驿,邵伯的邵伯驿,高邮的盂城驿,宝应的界首驿、安平驿。在古代,驿站的设置是非常合理的,它既方便舟车的交通,也照顾到人行,行人一天走60里是没有问题的,因此每隔60里就要有地方休息、补充给养。间隔60里是古代设置驿站的特点。

盂城驿是明初设置的,设置于洪武八年(1375年),是明代驿站系统中目前保存最完整的一个驿站。古代盂城驿有厅堂100多间,是比较重要的一个驿站。驿站里有驿马65匹、驿船18条、马夫和水手200多人。明代的驿站有这么几个功能:一是服务于传递官府文书和军事情报的人员,给他们提供食宿、交通便利,比如马跑累了,可以在驿站换马;另外就是为官员的赴任调任,以及外国使节的往来提供便利;第三个功能是为押解囚犯的公务人员提供便利。

1993年到1995年,当时笔者负责文物工作,亲历了驿站的搬迁、维修以及建邮驿博物馆的全过程。当时驿站是被一个搬运公司占用,后来把这个企业迁走,对驿站进行了全面修缮,建了中国邮驿博物馆,并正式对外开放。现在它已经先后被公布为江苏省文物保护单位和全国重点文物保护单位。2014年大运河申遗成功,它也成为世界遗产点。

6. 镇国寺塔、净土寺塔

高邮主要的古迹还有两座塔,一座叫镇国寺塔,一座叫净土寺塔。镇国寺塔位于高邮州城的西面,所以俗称西塔;净土寺塔位于高邮城的东面,所以也称为高邮东塔。

镇国寺塔是楼阁式的砖塔,始建于唐代,多次被毁坏、重建。清初的时候遭遇火灾,雍正时期进行了重修,原来一共是九节,后来剩了六节,因为六这个数字不是阳数,又增修了一节,修成了七节。到了1956年,江淮之间要扩宽大运河,这座塔所在区域在运河扩宽的路线上,开始的方案是把塔拆掉开河。当时扬州专员公署副专员殷炳山,也是运河工程的总指挥,他是一位懂行、务实的好领导,他拍板决定塔不拆,绕塔东侧开一条新河道,这样,老运河留在塔的西边,新运河出现在塔的东面,塔周围的这片陆地成为一个岛,两条河绕岛而行,最终形成了一个高邮城非常有特色的景观。夕阳西下,河上船来船往,远眺高邮湖,塔在夕阳之下,非常美丽。

净土寺塔建得比较晚一点,始建于明代万历年间,中间也经过修缮。抗日战争时期,东塔被炮弹击中损坏了一角,后来进行了修复。1963年,有一个中学生比较顽皮,他爬到塔顶上,居然在塔顶里面找到一批文物,这其中有万历年间刻的华严经、金刚经,一共有400多卷,还有一些法器。这些文物开始由高邮文化馆保存,目前都收藏在南京博物院。

净土寺塔也是楼阁式的砖塔。近年净土寺塔又经过维修,保存得非常好,已经被公布为江苏省文物保护单位。

7. 宝应刘堡减水闸

宝应刘堡减水闸位于宝应县的南面,淮扬运河宝应段的东岸。2011年宝应水利部门为了配合大运河申遗,对沿线堆放砂石、建筑材料的若干小码头进行整治,整治过程中,发现了这座减水闸。当时正处在大运河申遗的关键时期,宝应刘堡闸的发现,为大运河申遗又增添了有价值的内涵。

这个水工设施是明代的,它的功能主要是调节运河的水位,既可以补水,也可以泄水。闸的基础是用圆木打梅花桩,然后在上面铺石板,达到一定的高度以后,再用砖来砌筑。

8. 天宁禅寺

天宁禅寺是清代扬州八大名刹之一,传说最早是谢安的别墅。谢安过世后,地方官员跟谢安的儿子联系,希望他把别墅捐出来建一座寺庙,得到允许以后就建了法云寺。到了唐代武则天时期,因为她有个年号叫证圣,所以就改名证圣寺。宋徽宗政和年间,又改名为天宁禅寺。我们知道,常州有天宁寺,仪征也有天宁寺,好些地方都有天宁寺。诸多城市的寺庙用同一个名称,往往都是皇帝赐名,带有政治色彩。洪武年间这个寺庙又经过多次的修葺。康熙、乾隆年间皇帝都曾到天宁寺瞻礼,并且给寺庙赐了匾对。寺庙在咸丰年间爆发的太平天国运动中被毁掉了。现存的寺庙格局大体能够反映旧时的规模,但是建筑基本上是同治年间复建的。

20世纪80年代中期,国家文物局曾经拨款150万对天宁寺进行了全面的整修,因为天宁寺在抗日战争时期做过日本军队的兵营,解放战争时期也驻过国民党的军队,解放初解放军也在里面驻扎过,解放后因为没有宗教活动,就改成了政府机关的后勤基地。1985年整修完成后,就把扬州博物馆从其他地方搬迁过来,这里就成了扬州博物馆的馆址。

9. 重宁寺

乾隆四十八年(1783年),在天宁寺中轴线的后面,兴建了重宁寺,全名叫万寿重宁寺。因为太后生日,给太后祈福,所以建了重宁寺。前面有天宁寺,后面有重宁寺,两个寺庙建在一条中轴线上,很有特色。

重宁寺属于扬州郡城八景之一的平冈秋望。重宁寺规模非常大,建筑等级很高,是内府提供的设计图样,按照宫廷的规范要求建设。大殿中有八根铁栗木的柱子,每根柱子长有十米左右,这是很少见的,因为铁栗木木质坚致比重大,放在水里是会沉下去的。重宁寺的佛像也非常有特点,当时是专门请了宁波的工匠前来塑造的。大殿的墙上还绘制了壁画,现在已不存在了。天花为平棋的吊顶,每一格中间的每一片上面都有彩绘的莲花,至今色泽还很鲜艳。在佛像上方的顶部,设计了非常精致的八角形藻井,上面还悬挂了乾隆御题的匾额——"妙香花雨"。

重宁寺虽然晚于天宁寺,但是它的等级很高。直到民国时,重宁寺在佛教寺庙中的地位都是很高的。1929年召开的中国佛协的全体理事会,江苏六个城市苏州、常州、扬州、泰州、南京和镇江派出了代表参会,而南京和扬州去的寺庙代表最多,分别有四座寺庙,其中就有重宁寺的代表,可见重宁寺在当时的影响力。

10. 栖灵塔

栖灵塔坐落在扬州北郊的大明寺里。仁寿元年,隋文帝杨坚六十寿诞,他下诏,要求天下三十个州每州各建佛塔一座来瘗藏佛舍利。扬州建的栖灵塔为九节木构,是淮南道最壮观的一座佛塔。它是淮南地区的一处名胜,唐代的李白、孟浩然、刘禹锡、白居易等诗人都前来游览,而且还留下了诗歌。

栖灵塔在晚唐时期被焚毁了。《太平广记》是宋代的一部小说,收集了官家和民间流传的一些故事,其中有一篇就讲道:某人某天在路上忽然看见半空中有一位他熟悉的大明寺和尚带着一座塔正在赶路,他就问和尚到什么地方去,和尚说我借这座塔一用,要把它带到日本去。栖灵塔是公元843年被焚毁的,有学者认为佛塔被毁可能是人为纵火,这一事件很可能是唐武宗灭佛的一个信号。会昌五年武宗下诏,在全国发起了灭佛运动,官府拆掉寺庙,勒令僧尼还俗。栖灵塔宋代也复建过,建了以后又被毁,因为古代建筑材料基本是砖木结构的,常常会发生火灾。我们现在看到的栖灵塔是20世纪90年代后期复建的。

11. 天中塔

天中塔在扬州南郊的高旻寺内。高旻寺在清代也是扬州的八大名刹之一,传说创建于隋代。唐代扬州是一个佛教盛行的地方,据史籍记载当时有名的寺庙有四十多座,很多寺庙都建在运河边上。因为在古代,建在运河边上交通比较便利。高旻寺的地理位置非常优越,在这里仪扬运河和扬瓜运河汇合起来一起通往扬州方向,成为不同方向三条河道的交汇处,俗称三汊河。

天中塔最早是顺治年间由漕运总督吴维华建的,建塔的目的主要是镇水,还可以作为航标,便于往来的船只辨别方向,看到塔就知道快到扬州了。到了乾隆年间,大概在乾隆三十六年(1771年)夏天,由于年久失修,塔体出现了渗漏。寺庙和尚报告后,河道管理部门派人到现场,勘察之后还没有来得及决定怎么处置,突发风暴,结果把塔里的中心柱吹倒了,整座塔就倒下来了。最后靠盐商捐资,才在比较短的时间之内把它修复了。

现在看到的塔是20世纪90年代高旻寺的主持德林和尚募集资金,历时十多年时间复建的。新塔基础打得非常牢固,清式风格,高88米,八面九节,超过了历史上的规模。为了防止火灾,主体结构采用钢铁混凝土,但斗拱是木质的,一些梁架也是木质的。高旻寺为什么非常重要呢?是因为"高旻寺"这个名称是康熙南巡时御赐的,曹寅筹办建造的康熙行宫就在寺的西部,还有它的地理、交通位置的特殊性,在国内佛教界甚至在东南亚的影响都是比较大的。

12. 天宁寺塔(仪征)

仪征天宁寺塔建于唐中宗景龙三年,即公元709年,当时建塔的目的是镇白沙。仪征靠近长江,江岸边有白色的沙石,所以仪征的别称就叫白沙。这座塔毁于五代,宋代重建,宋元战争的时候又被毁了,明代洪武十年(1377年)又重建。塔原来高达70米,现在只有47米左右。在光绪三年(1877年)的一次火灾当中,塔的内部被烧毁,只保存了砖塔的外轮廓。1987年,天宁寺塔被公布为市级文物保护单位,2002年又被公布为江苏省文物保护单位,并于2003年进行了维修。

13. 扬子巡院

唐代扬州下辖三个县,江都县、江阳县两个县在市区,还有一个扬子县在仪征和扬州的结合部。盛唐末期爆发了"安史之乱",这一场动乱对北方地区产生了毁灭性的破坏,安禄山、史思明的军队在北方几乎没有遇到比较强的抵抗,很顺利地到达了潼关,长安告急。传统经济重心,或者说朝廷主要依赖的粮食物资供应在北方,但是北方地区经过"安史之乱"的破坏,已经不能承担这样的职能,所以转而依赖南方的粮食和物资。经济重心的转移,为扬州赢得了非常重要的发展机遇。

为了能够很好地发挥经济中心的职能,朝廷在"安史之乱"之后,建立了由中央垂直领导的一些管理监察机构,其中就有巡院。大体上有这么几个部门建立了巡院,比如户部是管民政的,度支相当于今天的财政部,盐铁转运主要是漕运和物资调运,这几个部门都建立了巡院。巡院实际上是一个系统,是属于中央垂直领导的一个系统。到了唐太宗大历年间,盐铁转运使在扬子县建立了扬子巡院,全国一共有13个巡院,扬州扬子巡院是最重要的。它主要的职能是承担了对江南几个行政区的漕运、盐运的组织领导,另外就是港口管理、收税、造船等。

仪征在唐以后的五代时期改称迎銮镇。唐末,东南地区军阀混战,对非常繁华的经济中心、商业都会形成了毁灭性的破坏,经过四五年的相互攻战,最终淮南节度使杨行密占据了扬州,并且以扬州为行政中心,建立了杨吴,也称南吴政权。中国历史进入五代十国阶段,因为北方经过五次政权的更迭,被称为五代;南方则被大小不等的十个国家占据,称为十国。其中杨吴主要在江淮,包括江南部分地区。杨行密占据了扬州之后,杨吴政权不断地扩张疆土,江西、安徽都成为它的管辖范围。杨行密在世时没有敢称王,到了他的第四代孙子杨溥才开始称王。杨溥在顺义四年(公元924年)到白沙镇去检阅水军,当时镇守金陵的最高军事行政长官徐温,从金陵赶到仪征来朝见皇帝,有大臣就提议把白沙改成"迎銮",从此以后仪征就有了"銮江"或"銮水"的别称。

朝廷对南方的依赖在盛唐末期已经初现端倪。唐开元二十二年(734

年),就是唐玄宗执政的末期,已经开始设置水陆转运使。水陆转运使的职能主要是组织漕运,一开始先设置河南水陆转运使进行试点,然后再扩大到相关的行政区。到开元十八年(730年)设立了江淮转运使,设江淮转运使标志着对南方粮食和物资依赖的比重在增加。在平定"安史之乱"过程当中,所幸漕路没有被破坏,南方的粮食和物资得以源源不断地供应给中央政府,有力支持了平定安史乱军的战争。进入中唐以后,到了唐代宗时期,朝廷为了加强南方粮食物资的转运,先后任命了一些比较能干的大臣担任转运使,对原来分置的盐铁和转运这两个部门进行了合并,正式成立了诸道盐铁转运使,由唐代著名经济学家刘晏总领盐铁和漕运的职能,权利得到了进一步的集中。

到了宋代,行政区由唐代的道改为路,对行政区划也作了一些调整,设立了转运使。转运使的权利很大,掌管一路或者好几路的财政,包括路、州、县的行政开支、财富、仓储、官员的俸禄,甚至负责辖区官员执政能力的督管,考察、评价他们的功过。转运官员的权利到了宋代进一步扩大,官阶高于州、县的官员,是一路或者几路的最高行政长官。宋代盐运、漕运机构设在仪征,奠定了仪征的经济地位,促进了仪征的持久繁荣。

14. 十二圩

十二圩是近代仪征境内一个新开设的转运中心,后来成为清代淮盐汇集的重镇。同治十二年,就是1873年,在真州十二圩专门设了扬子淮盐总站。这个总站原来是设在瓜洲的,同治年间从瓜洲迁移到了十二圩。当时迁移到十二圩的时候,这个地方还只有几个小渔村,江边是大片的芦苇滩地,因为盐业机构的设置,这一带便迅速地发展起来,最后形成了一个有五华里长、市容很整齐、聚集了大约有十五万人口,还有大规模食盐仓储的盐运重镇。十二圩有很多码头,注册的商铺有四百多家,码头工人有五万多人,店员有好几千人,江面上有两三千艘船只,俨然是旧时代的一个"经济特区"。

但是到了民国二三十年代,政府改革了盐法,运输方式也发生了改变。过去都是用木船,后来开始用轮船大规模地装运,而且由于上海、天津这样的港口开埠,吸引了很多商人把经商发展的重点转移到了新开埠的都市里,所以造成了十二圩的衰落,与盐运相关的商业、行业也都衰败了。

(主讲人 顾 风)

第五篇
江苏运河史话镇江段

一、水道、桥梁

1. 江河交汇古镇江

镇江市位于江苏省的西南部,长江下游的南岸,为苏南苏北交通枢纽,是国家历史文化名城。镇江地处长江与大运河的交汇处,不尽长江滚滚来,长江孕育了镇江大运河的南北贯通,又促进了镇江的进步与发展。中央电视台先后举办的《话说长江》和《话说运河》专题节目都说到镇江,正是因为镇江处于长江和京杭大运河的交汇处,是京杭大运河江南段的源头,是连接南北段的枢纽。长江横贯东西,运河竖穿南北,形成了十字黄金水道。天然长江,人工运河,使两者的功能相互扩展,镇江也就成为江河要津。

古代长江下游一段名叫扬子江,是因为长江流经北面的扬子桥和扬子县而得名。流经南岸的一段则称京江,此名当始于六朝,因京口之名而得之。京江的范围西起高资,东到孟河(原常州武进,现新北区),长约250里。京江之名的记载,有唐徐坚《初学记》中说:"长江有别名,则有京江。"唐代诗文中京江之名也屡见不鲜,如许浑《思丁卯村》诗中有:"吁嗟楼下水,几日到京江?"

京杭大运河是全世界最长的一条人工开辟的河,隋代大运河开通后,镇江确立了交通枢纽地位。由于长江南岸气候温暖,土地肥沃,自然环境良好,战争相对要少,所以社会安定,生产力较高,农业发达,物产丰富,经济繁荣。历代统治者为了巩固政权,都要大量调运江南的粮食物资输送给朝廷,称为漕粮,这些漕粮通过大运河北上。唐代后期江南赋贡占全国的十分之九,江南运河仅镇江航运北上。除漕粮贡赋外,还有两广等地的物资也要从镇江中转,所以北宋时在镇江设立转般仓,南宋时又设立大军仓,镇江成为粮食物资储运中心。此外南方的布匹、丝绸、铜铁器、茶叶、青瓷、鱼类等,也在镇江集结,向北运输。到了清代,漕运数额增加,每年仅江苏、浙江、江西、湖广四地,漕运粮食就达四百零八万石。长江上游各省的木材、麻、桐油等顺江而下,北方的物资、山果等也沿大运河南下,取道镇江转运四方,镇江的交通枢纽地位更显突出。

为统治阶级所器重,以及交通枢纽的优势,促进了镇江手工业的发展和商业的繁荣,特别是与运输有关的造船、冶炼,以及与群众生活有关的丝织品等行业非常活跃。唐代镇江生产的丝织品也成为贡品,火麻丝织品居全国第一。宋代镇江也能造战舰、马船、渡船等。明清时造船业又有新的发展,战船、驿船、粮船等都能建造,郑和下西洋所乘的船,其中就有镇江造船业承造的。造船业的发展又推动了缆索、桐油、铁木业等相关行业的发展,冶金、丝绸业等曾兴旺一时,在全国具有一定地位。其他如铜器经营加工、酿酒等行业也多有发展。

镇江运输业与手工业的发展,促进了商业的繁荣。六朝以来,镇江的商业活动就很频繁。唐宋时期,已商户如云,有官商、坐商、行商等各个档次的大小商人,还有专搞运输的商人,包括西域商人、海南蕃人等。他们专运商品供应货源,把东南的茶叶、江西的瓷器,经运河北上运到北方出售,经销十分繁忙。南宋时江西的糟米、淮南的茶盐、两浙的鱼盐、湖广的金铁羽毛,经镇江从江南运河运到临安,供应朝廷。宋代镇江的商业税额居全国第八位,成为当时一个繁荣的商业城市。

镇江交通枢纽的重要地位,使其成为兵家必争的战略要地,历史上有许多重大事件发生于此,如春秋时吴楚朱方大战,东晋蒜山之战,宋、金金山之战,宋、元焦山之战,郑成功北伐镇江之战,太平天国镇江之战,紫石英号事件,等等。商末,太伯、仲雍东奔渡江,首先到镇江一带,带来了中原地区先进文化,并与土著荆蛮文化融合,建立勾吴,开创了吴文化,进入了一个历史文明的新时期。随着春秋战国时期战争的频繁,人员流动加强,吴楚文化、中原文化、吴越文化不断叠加聚会,吴文化得到进一步丰富、发展,出现了延陵季子那样道德规范的先贤。六朝时期,北方人口大量渡江南迁,中原文化大量输入,以吴文化为底蕴的镇江文化,进入了一个繁荣发展的新时期。思想、哲学、文化艺术、科学技术等领域,出现了满园春色、众芳吐艳的局面。

大运河通航以来,唐宋时期,镇江成为南北交通必经之地,加之镇江灵山秀水的魅力,所以人员交往涌动,人口流动增加。值得注意的是,许多历史知名人物也纷纷而来。他们在镇江为官作幕,屯兵作战,游山玩水,寻亲访友,经商牟利,或者长期寄居,留下了许多华章名篇。元代,镇江航运更加发达,知名度进一步提高,许多海外来客通过江海来到镇江。像意大利旅行家马可·波罗、朝鲜诗人李齐贤等在此尽兴游览,留下美好的记忆和诗篇。同时,伊斯兰教、基督教等外来文化相继传入,使镇江地域文化内涵更加丰富多彩。

大运河在镇江境内全长约 42.55 公里,北起谏壁镇,经辛丰到丹阳、武进交界处出境。现在穿越市区的古运河,成为镇江一道秀丽的风景线。市区内的古运河从谏壁经鼎石山至平政桥,穿越镇江市区一段全长 16.69 公里。市区里的古运河,现为市民喜爱的风光带,是人们漫步、休息、划船的好去处。漫步岸边,可观赏"鹤林仙女"雕塑、寄奴居等仿古建筑之神韵。游艇河中,泛舟碧波,可领略两岸之绿色,追寻那"舳舻转粟三千里,灯火临流一万家"之景象。

长江与运河在镇江的交汇处,历史上主要有五个,即大京口、小京口、甘露口、丹徒口和谏壁口。目前使用的有三处,一是位于谏壁镇的谏壁口,这里有抽水站和大型船闸,是江南运河的起点。谏壁船闸素有"江南第一闸"之称,每天运输船只不下一千艘,每年运货总量可达一亿吨,2020 年船舶通过量达到 1.94 亿吨,超过了三峡(1.5 亿吨)。二是位于丹徒镇的丹徒口。三是位于镇江市区北边的京口闸平政桥下的小京口。大运河镇江段和以上三处长江与运河在镇江的交汇处,均为全国重点文物保护单位。

2019 年 6 月 4 日,"寻找大运河江苏记忆活动成果发布会"在镇江谏壁船闸管理所举行,四十个江苏最美运河地标评选结果出炉,镇江有三处榜上有名,即镇江西津渡,苏南运河第一标,含镇江谏壁船闸、谏壁闸,以及丹阳万善塔。发布会在镇江谏壁船闸管理所举行,也是对谏壁口在运河段重要地位的认可。

2011 年 8 月 2 日开始至 12 月底,在位于镇江市中华路的中段考古勘探中发现了京口闸遗址。它是宋代以来镇江运河与长江的交汇之处,被称为大京口。唐代开元年间,齐浣任润州刺史,于唐开元二十六年(739年),在瓜洲上开挖了一条长25里的伊娄河,使公私船只可以从镇江大京口直接渡江,经伊娄河到达扬子津。伊娄河的开通不仅改变了运河通航条件,适应了当时漕运、商运以及中外经济文化交流的要求,保证了通航安全,而且省去水陆转驳环节,节省了开支。伊娄渠的开凿,进一步确立了京口港作为漕运枢纽港、大京口和瓜洲渡作为漕运咽喉的重要地位。古人对开凿了伊娄河后的瓜洲曾这样议论,《名胜志》记载:"自唐开元以后,遂为南北襟喉之地。"《嘉庆瓜洲志》:"瓜洲虽弹丸,然瞰京口,接建康,际沧海,襟大江,实七省咽喉,全扬保障也。且每岁漕舟数百万,浮江而至,百州贸易迁徙之人,往还络绎,必停于是,其为南北之利。"唐代诗人李白曾写诗赞道:"齐公凿新河,万古流不绝。丰功利生人,天地同朽灭。"

　　大京口经过半年的考古发掘,揭示出了厚五点二米至七点五米的唐代至明清时期的文化地层,以及京口闸东闸体、码头、石岸、河道、河岸、碑亭、道路等附属设施遗迹。遗存的京口闸闸体宽九米,深六点七米,通长五十四米,闸体外面是用块石垒砌成的,里面则是夯土。最让人惊叹的是,在闸体的石块与石块之间,古人又凿出蝶形卡口,然后用铸铁块固定,遗址出土时,蝶形铁件仍存。因为有了这些铁件环环相扣,石块与石块之间任凭风浪冲击,仍旧异常牢固。古人之智慧和工艺令人叹服。此外还出土了许多唐代至民国时期的文物标本。大京口自唐代开始,即在江河河道上设置,它是古代江南运河上重要的水运设施之一,堪称江南运河上的第一道闸。

　　京口澳闸系统是运河工程上的一项先进技术,它由5闸2澳组成,京口闸是5闸之一。它在水位明显不同的河道上,用以调节水位,让船只逐渐上行或下行。另外还可利用运河东侧的洼地,但这里的高程一定要高于运河水面,这样可以居高临下往运河自流供水。归水和输水的过程就意味澳的水量一次大幅度的增减过程。堤防也是澳的主要设施,利用它合理地扩大了储水容积,取得了自流供水的势能,随时可以调节水位。这种集复式船闸与储水设施于一体的系统工程,相比用人力畜力牵挽通过单式堰、闸的方式更加省力、省时,还具有蓄水、引水、引潮、避风和提高运输能力等各种功能。以京口闸为代表的复闸和水澳的有机配合运用,实现了船只翻越分水岭的目的。

　　此次考古发现的京口闸遗址,充分说明了我国古代建筑与治水工程技术具有相当高的水平,显示出中华民族的智慧和才能,对于研究大运河的水工设施、运河沿岸的物质文化习俗、南北经济、运输、商贸等诸方面交流与沟通有着重要意义。大京口遗址现为镇江市文物保护单位。

2. 孙权开凿破冈渎

在唐代以前,万里长江奔腾而去,在镇江汇入东海,故镇江的焦山自古以来就有"海门"之称。而在汉代,"海门"江面特别辽阔,宽约五十里,江海交汇,波浪滔天,气势雄伟。西汉枚乘在《七发》中描述曰:"波涌而涛起,其始起也,洪淋淋焉,若白鹭之下翔,其少进也,浩浩澄澄,如素车白马帷盖之张。其波涌而云乱,扰扰焉如三军之腾装。"船舶在京口入江西上建康,需逆水行驶近两百里。这里风高浪急,波涛汹涌,经常发生翻船事件,对漕运极为不利。孙权在建康建都后,为了改变这种状况,加强与东部广大地区政治和经济上的联系,于公元245年"使校尉陈勋作屯田,发屯兵三万凿句容中道,至云阳西城,以通吴、会船舰,号破冈渎"(《建康实录》卷二)。这条人工开凿的运河沿着原来的一条陆路——句容中道挖掘而成,它从句容小其(今江苏句容市区东南约十七里)向东经过高冈地段,到云阳西城(原属江苏丹阳市延陵镇西,现属句容南塘村),全长三十多公里,西与建业的秦淮河水相连,东经云阳东城,经过丹阳市的草香河与江南运河贯通。破冈渎凿山劈岭而成,故名破冈渎。破冈渎经过的茅山山冈,因当中为高冈地段,东西两头地势低下,故在运河上下造了14座埭(破冈渎分水岭以西在江宁境内称下七埭,分水岭以东在延陵境内称上七埭)拦水堰坝,以保持水位的平衡,形成梯级航道,方便船队航行。破冈渎开通后,船舶从南京顺秦淮河经过破冈渎到丹阳,便可避开京口"海门"而与江南运河贯通。破冈渎在萧梁时因淤塞而被废,梁朝又开凿了一条与之平行的上容渎,到陈朝时上容渎也因淤塞而被废,陈朝曾一度修复使用破冈渎。到隋文帝灭陈后,建都洛阳,加之京杭大运河的开通,漕运航线的变更,破冈渎的地位才减弱,但到唐代仍然使用。唐代颜真卿在他的《送刘太冲序》中写道:"江月弦魄,秦淮顶潮。君行句溪,正及春水。"唐代王建在他的《送顾非熊秀才归丹阳》诗中说:"江城柳色海门烟,欲到茅山始下船。知道君家当瀑布,菖蒲潭在草堂前。"以上诗文证明,唐时破冈渎还通航,在唐之后就基本不再使用了。

破冈渎自孙权开通之后,到陈朝的200多年中,一直是建康连接江南的重要航道。"破冈水逆,商旅半引,逼令到下,先过己船"(《南齐书·武十七王·竟陵王子良传》)正是当时商运繁忙景象的写照。破冈渎是孙权开凿的第一条人工运河,也是中国历史上规模较大的水利工程。它不仅对促进六朝经济的繁荣具有重大意义,而且对促进六朝的水利建设具有重要的引领作用,赤山塘就是重要的佐证。

  赤山塘位于句容县城西南16.5公里处,在赤山东南部,因赤山而得名。赤山塘始凿于三国吴赤乌中,立盘石,以为湖水疏闭之节。南朝齐建武年间,复使沈蹋筑赤山塘,上接九源,下通秦淮,有石门以为水启闭之节(《梁书·良吏·沈蹋传》),所费银两数十万两。南朝梁复通之。南朝陈时,在赤山塘周围百二十里立二斗门以节旱涝。六朝时期,赤山塘在灌溉良田、调节旱涝方面发挥了重要作用。唐麟德二年(665年),县令杨延嘉修复赤山塘,并建两斗门,立碑碣,"定取五尺之侧不得盗耕一亩"。唐大历十三年(778年),县令王昕修复赤山塘,灌田万顷。五代时,南唐修筑赤山湖。南唐保大元年(943年),差句容、上元两县官员置造斗门三所,计用17 680个工。宋建隆、乾德、开宝年间,湖禁尤严,执条常加束辖。庆历三年(1043年)二月,叶龙图知建康府,于古来旧湫处置立大石柱,刻水则于其上。明万历二十九年(1601年),知县茅一桂以赤山湖久废,议浚河床培桥直达秦淮,东西建闸,以为低乡之利。清康熙时,江夏人刘著议严禁开垦。光绪八年(1882年)冬,湘潭侯左宗棠督两江,派拨营勇五千人挑赤山湖及河道,并建陈家村闸、桥各一座,支出白银28 462两。民国二十五年(1936年),江苏省江南水利工程处在章老圩和章新圩交界处兴建花兰墩节制闸一座,共装手摇启闭机6台。赤山湖滞洪1米多深,蓄洪量约2 000万立方米。清代以后到民国末年,赤山湖从周长60公里缩为30公里。清《光绪县志》载:三国吴赤乌三年始凿赤山湖,南北朝梁时通之,湖周百十公里,溉民田万顷,赤山湖接受周围60公里水源,向称水柜,内有五荡(白水、青草、田鸡、上荡、下荡)囤水,三坝(道士坝、蟹子坝、王家坝)蓄水。湖之源起于上游诸山,东南承受茅山、方山、丫髻、瓦屋、浮山、虬山之水,北部承受武岐、空青、老兔、大华诸山之水,两源汇合于湖,或囤水滞洪,以减下游危害,或下注秦淮入长江。

  赤山湖历史悠久,沧桑屡易,千百年来数次更名,历经修浚。《茅山志》太玄真人内传曰:"大江之东,金陵地左有小泽。"梁时隐者陶弘景云:"小泽即丹湖也。"丹湖,即赤山湖初名。汉武帝元光四年(前131年),封长沙定王次子刘党为句容侯,改丹山为赭山,湖乃随之更名。东晋建武元年(317年),郡守杨堐因赭山岩土色赤胜赭,改山名为赤山,湖名随改之。唐天宝十三年(754年),郡守樊殉巡视守境登赤山,为同泰寺住持僧景纶书寺门额联时,改赤山为绛岩山,湖名随改。宋朝时,因赤山同泰寺受敕,更名圆寂寺,住持僧了因请书额,复改绛岩山为赤山,湖亦改名赤山湖,沿用至今。赤山湖迄今已有1 700余年的历史。在历史上,赤山湖的自然风光非常美丽,很多名人雅士为之动情,留下了不少诗文华章。王孟瑛曾有《赤山湖玩月》诗一首:"凉风吹菰蒲,月出赤山顶。一水白到天,不见全湖影。上下混相连,清光摇万顷。老渔静不眠,孤雁终宵警。茅屋幽人吟,澄人空明镜。"赤山湖现已成为一处著名的湿地公园,园内存有破冈渎码头遗迹,说明破冈渎与赤山湖是相连的。

3. 练湖水济大运河

练湖位于古代丹阳县城北,又名练塘、曲阿后湖,亦名胜景湖、丹阳湖。《中国大百科全书·水利》选录自春秋至20世纪80年代2 500年间著名水利工程88个,练湖名列其中。中国古代启蒙读物《幼学琼林》对五湖作了如下表述:"饶州之鄱阳,岳州之青草,润州之丹阳,鄂州之洞庭,苏州之太湖,此为天下之五湖。"其中,润州之丹阳就是指镇江丹阳的练湖。练湖是大运河经济带上的重要水利工程,是运河文化带上的历史名湖。20世纪90年代,中央电视台播放的《话说运河》历史纪录片在谈及大运河的历史作用和文化价值中,提到运河文化带最著名的几大历史名湖时,其中就有练湖,并把练湖与太湖、洪泽湖、西湖、玄武湖等相提并论。

练湖湖水以其西、北两个方向的长山84溪之水为源,于西晋永兴年间,陈敏据江东时开凿,起初用于防洪和灌溉。南北朝时周围号称120里。唐代以后分为上下两湖,有中埝相隔。唐代,开始在练湖江南运河入口建京口闸,在常州方向建奔牛闸和吕城闸,中间是江南运河较为高仰的一段,练湖成为这段运河的重要供水水源,有"湖水一寸,益漕河一尺"的作用。南宋以后,环湖围堤有40里。明清时建有石闸,引上湖之水到下湖,又有石闸,引下湖之水入运河,还有石跶一座,涵闸多处,引下湖水灌溉农田。当时仍以济运为主,有"七分济运,三分灌田"之说。

历代政府对练湖管理都很严格。元朝为加强对练湖的管理,增设湖兵,最多时有100多人，专门管理湖水和修筑湖岸，并委任镇江路达鲁花（官名）协管练湖，掌练湖斗门之启闭。明代继承唐宋遗法，借练湖蓄水济运，对练湖济运工程多次进行修缮。明万历年间，郡守吴伪谦在练湖中修埂一座，隔湖为上下，埂上建闸三座，以领上湖之水渐达下湖；于下湖与运河联接处又建闸三座，石跕一座，用以调节运河之水。

但元明以后，因淤积和围垦，练湖逐渐湮塞成田。民国时期，国民政府和江苏省政府也十分重视练湖这一历史上江南最重要的水利工程。民国二十五年由省水利厅主持修建了练湖五孔闸，其对练湖的蓄水灌溉和济漕及丹阳城边水利的维护，都起到了重要作用。

民国三十六年（1947年），由于镇江公路的发展，大运河这一黄金水道在交通运输中的重要性逐渐下降，加上航道疏浚，练湖济漕功能全部退化。又由于湖面日益萎缩，中纺实业总公司束云章申请垦殖练湖，建起了江南最早的农场。

1949年，国营练湖农场曾接待数十个国家代表团和考察团，并多次派出农业技术人员到几内亚、坦桑尼亚等国家支援农业生产。农场多次受到省人民政府的表彰，被评为全国红旗农场，并于1979年受国务院的嘉奖。

由于练湖在水利和调节大运河漕运水位上的重要地位，历代朝廷和地方官员对它都很重视。清朝时，林则徐、陶澍两位名臣，为治理练湖都曾作出过重要贡献，他们还在练湖留下了珍贵的遗迹。

林则徐，福建侯官人（今福建福州），是历史上一位杰出的政治家、思想家和诗人，是中华民族抵御外侮过程中伟大的民族英雄，是中国近代"睁眼看世界的第一人"。林则徐任湖广总督时受命为钦差大臣在广州禁烟的故事广为流传，家喻户晓。在此之前，他做江苏巡抚时，也做过不少好事，对丹阳练湖的疏浚正是其重要政绩之一。

据文献记载清道光十三年（1833年）至十五年，林则徐先后两次主持疏浚镇丹段大运河，并亲自勘察陵口淤浅河段，向朝廷据实禀报"河底之沙，随流随涨"的艰难情况。为改善运河通航能力，道光十五年，他又亲自主持改建练湖北段张官渡和吕城两座双孔拦河闸，闸孔各宽8米。经过调查研究，为提高练湖蓄水能力，他又主持加高练湖湖堤。今日镇丹路西门湖头村一段，就是当年加高的湖堤堤身。为保障练湖长久蓄水灌溉和济漕功能，林则徐鼓励附近乡民爱护练湖水利工程。他还指导丹阳绅民制定《业食佃力章程》，即土地所有人供应伙食，佃农出工的日常兴修小型水利的制度，使练湖周围183村4万亩农田灌溉条件得到改善。

陶澍，湖南安化人，官至官保尚书，太子少保。道光十九年(1839年)六月卒，谥文毅。嘉庆年间任两江总督的陶澍也十分重视练湖的蓄水灌溉和对运河漕运的作用，主持督办过重修黄金闸和改建张官渡闸。

道光五年(1825年)，因洪泽湖决口，漕运阻浅，安徽巡抚陶澍调任江苏巡抚，亲至上海主持漕粮海运，雇沙船一千五百艘，运苏、松、常、镇、太五府州漕粮一百六十余万石至天津，为清代大规模海运漕粮之始。

道光十年(1830年)，陶澍升两江总督兼管两淮盐政。陶澍勇于任事，为朝廷所重用，道光十二年其与江苏巡抚林则徐同治江苏水患，兴修刘河、白茆、练湖、孟渎等水利。陶澍为官期间，在除恶安民、抗灾救灾、兴修水利、整顿财政、治理漕运、倡办海运、革新盐政、整治治安、兴建教育、培养人才上作出了较大贡献。由于在兴修水利等方面政绩突出，道光十五年(1835年)，道光皇帝召见他，赐御书"印心石屋"匾额。

林则徐和陶澍在任期间，来丹阳时都住在练湖湖心亭，该处水榭曾留有他们的墨宝，林则徐题写横匾"集思广益之斋"，陶澍曾题"望乡临水之轩"。林则徐和陶澍这两位朝廷重臣共事多年，交情深厚。陶澍去世后，林则徐曾作过一副挽联，对陶澍作了这样的评价："大度领江淮，宠辱胥忘，美谥终凭公论定；前型重山斗，步趋靡及，遗章惭负替人期。"

丹阳和练湖百姓为了缅怀这两位官员，曾在湖心亭水榭附近为陶澍和林则徐建了生祠，遗憾的是这两处建筑物和湖心亭等许多名胜古迹，在太平天国时代被毁。但林则徐、陶澍情系练湖的业绩，将永远留在丹阳和练湖人民的心中。

清代丹阳才子汤展文为丹阳练湖退田还湖积极奔走，为此，他还编写了《练湖歌叙录》一书。汤展文一生与练湖有着密切的关系，其好打抱不平，为民伸张正义，是位很有正义感的仁人志士。为了练湖，汤展文可谓呕心沥血。

清朝初年，居住在练湖周围的土豪劣绅们，利用练湖淤塞之机，大举侵占湖边良田。汤展文为民打抱不平，写作《复练湖论》数篇。该文触及了土豪劣绅汤国相等人的利益，汤展文因此受到了他们的忌恨与暗算。汤展文后来被捕入狱就与此有关。汤展文出狱后不畏强暴,继续为练湖之事积极奔走,又编写了《练湖歌叙录》一书。康熙四十六年(1707年),康熙皇帝圣驾南巡,听取了练湖重要地位的汇报后,终于促使练湖恢复原貌。"湖既复,数千户滨湖之民,家室盈宁,妇子和乐,官租先众,风俗淳美。"大功告成,汤展文感到由衷的高兴。

《练湖歌叙录》是汤展文出狱后编写的一部文集,主要汇集清朝康熙年间有关湖事的官署案卷,编为十卷。书曰:"九功惟叙,九叙惟歌。"汤展文在引言中首先指出了恢复练湖的重要意义:"练湖之兴废屡矣!至今日之废而复兴也,而遂为万世不刊之典,岂不幸哉?今夫天立君,而君置臣,皆以利民也。利民莫先于足食,足食莫大于务农,务农莫急于水利,此其大较也。"到了嘉庆十八年(1813年),丹阳人邵庚南等辑纂《练湖歌叙录》,并续编嘉庆年间的湖事一卷,连同原作同时付印。同治三年(1804年)太平天国战火刚刚熄灭,滨湖绅士马亮甫四处寻访得到道光十四年、十五年的练湖闸工、坝土案卷,计划于光绪年间编辑成书,未果。民国初年,丹阳宿儒孙国钧相继编成《练湖歌叙录》三续本一卷和四续本六卷。民国六年(1917年),《练湖歌叙录》及其所有续编一并修订再版,由上海振华公司印行(上海图书馆和丹阳档案馆均收藏有此版本)。至此,由汤展文开创的《练湖歌叙录》得到传承发扬。这是关于练湖历史档案的汇编,为丹阳后人留下了宝贵的文化遗产。

4. 运河名渡张官渡

张官渡位于丹阳城北四公里,是大运河丹阳练湖段的一个重要渡口。因历史地位重要,这里不断集聚人气,逐步形成了一座村庄。张官渡居民主要以张、殷两个姓氏为主。据该村张国良保存的《张氏宗谱》记载,张官渡村张氏始祖是北宋抗金名将张叔夜胞弟张叔千的四世孙张千安。元代初年,张千安沿上练湖与下练湖的界埂上的古驿道建村。为了方便过往行人,张家在运河上建了渡口,村庄也以渡口命名,称为张家渡。另据殷敔生家藏的1924年版《殷氏宗谱》记载,南宋建炎三年(1129年),殷秩携眷率兵南渡,助宋高宗建都临安(今杭州),因功封右武大夫。殷秩11世孙殷道良也于元代初年由丹徒黄墟迁居张官渡村,为该村殷氏始祖。

历史上的张官渡是京杭大运河的一个渡口,距练湖东岗村约1.5华里。运河对岸为大泊瓜渚,是乡人来往要道,河边小船长年累月来往河面之上,渡口生意日渐兴旺。清乾隆五十三年（1788年），村上名士张观礼见渡口往来人员众多，非常繁忙，于是扩建了渡口，并向官府申报注册官渡。获准后，取名张官渡，并将所居村落也以渡口名而称之，世代沿袭。

张官渡是丹阳的一个著名渡口，也是丹阳西部地区的著名地标。渡口建造颇有气势，石砌房台阶，有凉亭、牌坊，人员往来众多，是运河进入丹阳后的第一个渡口，有"丹阳运河第一渡"美誉。以张官渡为主要景点的"晚渡横烟"也成了练湖二十四景中的一景。

张官渡所在地不仅是沟通运河东西的交通要道，也是镇江、常州段运河的咽喉。这段运河地处丹徒丘陵山区与丹阳南部平原结合部，河床较高，冬季枯水季节常常断流。作为古代国家经济命脉的运河，历代王朝十分重视对它的治理和建设，兴建了多处水利工程。

清嘉庆二十年（1815年），陶澍奉命巡视江南漕运。他从镇江南下，沿河察看，发觉每到汛期，丹徒流来的山水，在丹阳练湖入口黄金坝分为两支，一支进黄金坝入湖，另一支因宣泄不及，在坝外夺自然水道泄入运河，直奔常苏。如将上游不远处的黄泥坝闸迁往下游五里处的张官渡，就能截留全部山水，使新丰上下的最高地段也能河水丰满。陶澍将考察意见向嘉庆帝复命，不料朝中大臣守旧，群起反对，坚持黄泥坝闸是前代所造，本朝不能动迁，谴责陶澍轻举妄动。

到了道光五年（1825年），陶澍任江苏巡抚，再度奏报朝廷，旧事重提，力主迁闸。这时，那些持反对意见的大臣都已告老回家，道光帝朱笔一挥："妥筹经久之策！"陶澍得了圣旨，腰板硬朗起来。恰逢第二年漕船在新丰北搁浅，陶巡抚星夜赶来丹阳，指挥民夫在张官渡中流筑坝，阻断运河，并凿开黄金坝，向上游放练湖积水。当湖水下降2寸6分时，张官渡新坝以上河水陡涨2尺，新丰搁浅舟船得以顺利南下。事后，陶澍随即派镇江知府赵光禄设计总体整治工程。这位知府也不负巡抚重托，在湖中高地搭了个茅棚，一住就是三个月。他时而匹马遍巡湖堤，时而一叶扁舟泛于湖中，反复踏勘，择定施工地点，拟定了工程计划。于是陶巡抚分工，命丹徒县令吴浚在上湖入口处改黄金土坝为石闸；派丹阳县令朱清跃将黄泥坝闸迁往张官渡，由江苏布政使督工。两个月后，两闸竣工使用，调节运河水位，新丰上下水位明显增高，过往船只再无搁浅之忧。

不久,陶澍升为两江总督,林则徐继任江苏巡抚。道光十三年(1833年)秋,林则徐来丹视察水利,他一脚跨上张官渡闸,不禁大惊失色。原来建闸后数年间,山洪暴发时的冲刷,竟将闸墙基底淘空,导致闸基及邻近河堤崩坍倒塌,闸座危在旦夕。林则徐立即将此情上报总督,陶澍闻讯,于次年江南阅兵之际,抽空亲自登闸查勘,果如林巡抚所言。情况查明后,这位身居要职的陶总督豁达大度、虚怀若谷,不讳言自己昔日工作的失误,欣然同意林则徐的改进措施,迁闸于上游200丈处,拓宽闸前航道一倍以利宣泄,并改为行船、泄水两利的双孔闸。林巡抚在全文2 000余字的《筹办通漕要道疏》中向道光帝奏报说:"张官渡旧闸时经七载,固限早逾。第年来溜势时有变迁,河床渐形弯曲,每遇春夏盛涨,疏泄不及,金门闸难免逗留,亦恐有碍舟行。臣等反复札商,今昔情况既殊,自得变通尽得,欲其顺溜直取,莫若因地制宜……"委婉的言辞,既阐述了迁闸的必要,又开脱了上下两级七年前选址欠妥的失误。

新闸于道光十五年秋动工,为不误航行,于中心线先造石墩台,石墩台长7丈8尺,宽3丈,名曰"矶心"。矶心以南筑坝断水施工,以北照旧航行,先造者名"越闸",竣工通航后,再建矶心以北的"正闸"。道光十六年(1836年),闸孔各宽2丈4尺的张官渡双孔闸建成。

林则徐的整治工程,还包括上练湖黄金闸及东岗加筑蓄水坝和滞洪滚水坝,以控制山洪全部顺利进入练湖收蓄。又在练湖东堤添泄洪减水坝,修复27座占涵洞沟通河边石闸,以便放水入河不必再经黄金坝闸。

道光十五年(1835年)冬,北方返航漕船由丹徒横闸南下搁浅,林则徐闻讯,立即去坐镇指挥,派常镇道李彦章到丹阳启用已竣工的部分配水工程。练湖开闸放水后,由于张官渡闸的拦坝,滚滚东流的河水向北倒流,水位大升,使返航漕运船只迅速驶过丹阳城。下游60里处坍塌的吕城闸,也经林巡抚照此办理,修复为正、越双孔闸。此项工程是由破格提拔的练湖湖董、荆林四巷村的能工巧匠冷能孝主持的。

自从唐代官府管理练湖后,水源服从运河需要,农业灌溉受到一定限制,"官""民"争水,矛盾尖锐。林则徐标本兼治,不但丰富水源便利了漕运,也使周围农田重获灌溉之利。原先每逢汛期,山水奔腾而至,冲决黄金土坝,漫过上、下练湖,汹涌进入运河。汛期过后,上练湖农田因涝减产,下练湖湖堤冲毁,湖内涓滴不存,湖外民田缺水灌溉。林则徐召集绅董聚议,制定民修练湖的《业食佃力章程》，按亩出工，业主供饭，佃家出力，修复练湖各处闸门，培修湖堤高至1丈2尺。这样，湖内常年蓄水2尺8寸，运河水源不致缺乏，湖外183村4万亩农田又得到了灌溉，从根本上解决了航运与灌溉争水的矛盾。1885年编成的《丹阳县志》，在《水利篇》按语中还谆谆嘱咐说："本朝巡抚林则徐增建之闸，悉合机宜，后人慎毋轻动。"在100多年前的古人看来，这些配套设施是多么的尽善尽美。

　　明末清初，抗清英雄葛麟在与清军激战中沉舟而死，遗体葬于张官渡。抗日战争时期，张官渡成为新四军江北指挥部和茅山根据地重要的地下交通站，新四军重要领导人陈毅、谭震林等都曾在此渡河，驰骋大江南北。由管文蔚领导的抗日自卫团（后改编为新四军挺进纵队），在新四军贯彻党中央关于新四军东进北上的伟大战略中发挥了极其重要的作用。抗日自卫团中有一支重要的骨干力量，就是韦永义、朱廉贻组织发动起来的练湖六乡抗日自卫团。韦永义、朱廉贻后来都成了新四军挺纵的重要领导骨干。在挺纵随新四军北上以后，练湖又成为新四军从茅山根据地至苏北根据地地下交通线上十分重要的基地和中转交通运输站。不仅有交通员数名，并设有张官渡地下交通站，在1940年6月为新四军巧渡大运河，通过沪宁线作出了重要贡献。1943年6月，因叛徒出卖，张官渡地下交通站负责人张九宝被捕，他英勇不屈，壮烈牺牲。

　　1949年前后练湖被垦后，湖面缩小，蓄洪量减少，山洪暴发时原有水闸来不及宣泄，时常造成湖堤崩决与洪涝灾害。为解决练湖水患和确保农场及附近民田的灌溉用水，1955年，张官渡滚水坝工程建成，为张官渡又添了一景。2013年，因建设的需要，张官渡村拆迁，存在680多年的张官渡村，从此不复存在。

5. 古运河畔丁卯桥

　　丁卯桥在镇江城南三里市郊丁卯村。东晋元帝之子司马裒镇守广陵，因运粮出京口运河水浅涸而在此立埭，并于丁卯日建成桥，故名丁卯桥，距今已有一千六百余年的历史。该桥为单孔石拱桥，清乾隆、道光年间两次修缮。两旁桥栏石板中央，一面刻有"丁卯桥"，另一面刻有"更新桥"。丁卯桥作为出入镇江的水上古道，历史上船只来往，人气旺盛。

　　1980年，丹徒县因河道拓宽，桥的大半边被拆除，在桥旁新建公路桥。现残存原丁卯桥东叠石金刚墙及桥基础叠石,部分桥拱圈石及金刚墙南有闸门的凹槽两道,长约8米,高约5.6米。

《中国地名大辞典》《辞源》中都有丁卯桥的名录。丁卯桥附近的基建工地中发现过唐宋时窖藏银版20块,银版是古代的一种货币,其中2块有墨汁写"净重伍拾壹两"字样,墨色鲜艳,字迹清楚。1982年初,丁卯桥附近还出土唐代银器窖藏950多件,其中有龟负"论语玉烛"酒筹筒等著名文物。龟负"论语玉烛"酒筹筒是国家一级文物,它分上下两段,底下是一个乌龟的造型,背上有一个洞,里面摆了50根酒令签,这50根酒令签上面均写着论语的内容,行酒令的时候,比如说一桌12个人喝酒,摇一摇酒令签的筒,抽一根签出来,如果抽到一个"有朋自远方来,不亦乐乎?"那么在座的来处最远的一位客人就要喝酒三杯;如果抽到一个"后生可畏,饮酒五杯",那么年龄最小的一个客人就喝五杯酒,非常有意思。这里能出土这么多的文物,说明丁卯桥附近居住过的人绝不是平常之辈。丁卯桥紧依南山,濒临江口,山光水色,风景宜人,交通便利,是名人雅士青睐的寓居之处。丁卯桥自唐以后因许浑而著名。

许浑为唐文宗大和年间进士,当过当涂县令,监察御史,睦、郢两州刺史,是唐代著名诗人。许浑在丁卯桥建有别墅,并长期在此居住。他在此读书写诗,将一生中写的500多首诗编成诗集,取名《丁卯集》。他在晚唐诗名很高,当时住在镇江的诗人名家,都常到丁卯桥去拜访他。他的名句"溪云初起日沉阁,山雨欲来风满楼"成为千古绝唱。陆游在《读许浑诗》中说:"裴相功名冠四朝,许浑身世落渔樵。若论风月江山去,丁卯桥应胜午桥。"

许浑当时在丁卯桥的别墅内设鱼池、看山楼、宴客厅、水沼及亭阁等,占地约10多亩。且地近运河,南面便是树木蓊郁的黄鹂、招隐、九华诸山,是一处环境静幽而又交通便捷的地方。许浑曾写有一诗,既表达了自己对丁卯桥的眷恋之情,又描述了此地别墅的宁静安谧,诗曰:"月凉风静夜,归客泊岩前。桥响犬遥吠,庭空人散眠,紫蒲低水槛,红叶半江船。自有还家计,南湖二顷田。"

许浑死后葬于谏壁镇附近的雩山。之后不少名人曾在丁卯桥居住。宋代此地曾是宋都统司设酤之所,所内建南园。明代杨一清在此筑别墅,取名为"石淙精舍",院内置有奇树怪石,风景秀丽,有房舍亭台、待隐园,清泉穿流,翠竹成行。王守仁曾写诗描写"石淙精舍",曰:"绿野春深地,山阴夜静时。冰霜缘径滑,云石向人危。"

清代宰相张玉书的祖父在此建乐志园,内筑"心远亭"三楹,亭外枕水为石,复以朱栏,砌以文石。亭的右边有房10多间,曲廊的石壁上刻有张氏所藏晋唐以来的名人墨迹,署曰"翰墨林"。廊后有"雪珂庵"精舍,供会客之用。廊前有讲书处和静养室,南北之间多紫竹碧桃。该遗址于1987年由市政府公布为市级文保单位。

镇江市内古运河上还有一座明代古桥,叫虎踞桥。它位于镇江市区南门大街外,横跨在古运河上。由于明清时期该桥位于镇江城虎踞门外,故名虎踞桥。又因虎踞门为镇江古城的老南门,又俗称为老南门桥。2006年,大运河作为一条线性遗产被公布为全国重点文物保护单位,虎踞桥作为大运河上的附属遗产,同样成为全国重点文物保护单位。

该桥始建年代不详。志载,明弘治十四年(1501年)虎踞桥与千秋桥俱圮,知府王存中皆重建。万历四年(1576年),知府张纯改建为木桥。后因行船不便,万历二十二年,知府苏兆民改建为单孔石桥,更名为泰运桥,即今虎踞桥。清咸丰年间,太平军据城,凿断桥面,阻清兵通行。同治九年(1870年)修复。

虎踞桥为纵联分节并列式砌置,跨度11米许,两头宽9.9米,中心宽8.7米,全长30米。桥孔高敞,净窄宽大,舟楫过往通畅。昔日该桥地处关津,为郡孔道,是通往丹阳、金坛等地的必经之地。1961年和1980年两次改造。如今桥墩、金刚墙、拱券等仍为明代建筑。2012年于其东侧修建新桥,转移其车辆通行功能。2012年6月至2013年4月,实施本体修缮和周边环境整治工程,恢复桥上踏道、栏板,展现了旧时风貌。

古城镇江临江通河,水网纵横,除运河由北向南穿城而过外,还有一条唐宋时期即已形成的关河,从北固山西的甘露港流经城区注入运河。据史料记载,自唐宋以来,架设在关河上的石拱桥共有五座,分别是太平桥、绿水桥、千秋桥、嘉定桥和清风桥。从清人所绘《丹徒县旧城坊巷图》中可清晰辨出关河走向及北水关、太平桥、绿水桥、千秋桥、清风桥的方位。昔日,关河内画舫云集、商船穿梭,石拱桥畔酒肆林立、名楼栉比、笙歌达旦,一派繁华景象。宋代诗人释仲殊有诗曰:"南徐好,鼓角乱云中。金地浮山星两点,铁城横锁瓮三重。开国旧夸雄。春过后,佳气荡晴空。渌水画桥沽酒市,清江晚渡落花风。

千古夕阳红。"

太平桥是架设在关河上的第一座石拱桥,为清代镇江太史夏沅和周员外所建。

架设在关河上的第二座石拱桥名叫绿水桥,"唐以来有之"。晚唐著名诗人杜牧登北固山感怀而作的《润州二首》中写道:"句吴亭东千里秋,放歌曾作昔年游。青苔寺里无马迹,绿水桥边多酒楼。"可见当时绿水桥所在为繁华闹市。

架设在关河上的第三座石桥便是千秋桥。宋代诗人释仲殊在《京口怀古二首·其二》中吟道:"万岁楼边谁唱月,千秋桥上自吹箫。"东晋平北将军王恭镇守京口,在城墙上建"万岁楼",下有千秋桥,寓意"千秋万岁"。桥南有"喜雨楼",是由南宋郡守史弥坚所建。诗人戴复古作七言长诗一首,有"京口画楼三百所,第一新楼名喜雨"的名句。喜雨楼规模宏大,落成之夜大放花灯,形成"上与星辰共罗列,下映十里莲花池"的壮观景象。"万岁楼"后改名为"芙蓉楼",亦称"千秋楼",唐代诗人王昌龄在此为友人辛渐饯行并赠诗,"洛阳亲友如相问,一片冰心在玉壶"成为千古绝唱。

架设在关河上的第四座桥叫嘉定桥。桥体宽约 10 米,净跨约 12 米。桥面略呈弧状隆起,中间拱峰高耸,并以三道竖向铺设的立砖将桥面等分为四,形成并排的四条车道。志载,南宋淳熙年间郡守钱良臣建砖桥,嘉定初又复甃以石,加砌石体。

架设在关河上的第五座桥便是清风桥。从宝元元年(1038 年)到康定元年(1040 年)三月,范仲淹分别在润州和越州任职,其间多次瞻仰古人遗迹,并在两地建学兴教。范仲淹在来润州途中游览了茅山,并作有《移丹阳郡先游茅山作》《赠茅山张道者》等诗。到润州后,又凭吊甘露寺李德裕奠堂,游北固山,作《北固楼》,游金山寺,作《送识上人游金山寺》。

范仲淹每到一地都会兴办学校,来到润州也不例外。润州府学,始于宋太宗太平兴国八年(983 年),润州知府柳开在州衙子城东南隅建先圣庙,创办州学。范仲淹在知润州期间,进一步兴办州学,建立新的学宫,并聘请江南处士李觏前来讲学。

范仲淹还在镇江关河之上,重建清风桥,便利关河两岸居民通行往来。范仲淹在镇江深受百姓的爱戴,人们将清风桥改称为范公桥以示纪念。据宋

《嘉定镇江志》记载:"清风桥,在嘉定桥之南。宋景祐间,郡守文正范公希文重建,俗呼为范公桥。嘉泰、开禧年间,郡守辛弃疾复甃以石。"20 世纪 90 年代,正东路拓宽施工中发现了范公桥,后掩埋保护,并在其旁边竖立了标志说明碑。

二、街区、村镇

1. 千年古渡西津渡

西津渡历史文化街区位于市区西郊云台山麓,依附山体沿江栈道兴建而成。它的主体由两部分组成:一是西津渡古街,它由大西路坡道到待渡亭向右下二十余级台阶至苏北路,长 300 多米;二是小码头街,从待渡亭向西北至苏北路,长 500 多米。早在 5 000 年前的新石器时代,这里便有人类居住活动。西津渡始于三国,至唐有完备的渡口功能,成为"南北通衢""漕运咽喉"。直至 2003 年,市区铁路拆除,西津渡才完全退出历史舞台,成为真正意义上的文化遗产。西津渡现存建筑多为清末民初建筑,故有千年古渡、百年建筑之称,现为全国重点文物保护单位。

西津渡历史文化街区是镇江这座国家历史文化名城的珍贵遗产,经过千多年来的历史巨变,这里的历史文物、历史风貌、历史建筑、历史街区以及历史习俗能够如此完整地保存下来,实属罕见。

在江苏省大运河办的指导下,江苏省委宣传部、省交通厅、省水利厅、省文化和旅游厅、省文物局于 2018 年 12 月至 2019 年 4 月组织开展了"寻找大运河江苏记忆"活动,包括"运河地标推选"和"运河视频挑战"。活动期间,来自运河沿线 11 个市的 116 个运河地标网络比美,7 000 多部反映美好运河的短视频集结挑战。2019 年 6 月 4 日,"寻找大运河江苏记忆"活动成果发布会在镇江谏壁船闸管理所举行,40 个江苏最美运河地标出炉,镇江有三处榜上有名,即镇江西津渡、苏南运河第一标(含镇江谏壁船闸、谏壁闸)和丹阳万塔。

古时候,长江天堑,流急浪险,渡江艰难,而西津渡与对面瓜洲古渡之间,水天一色,江面宽阔,景色极为壮观,是沟通运河与长江的极佳地段。为了便于渡江,逐步建设形成了一个极大的渡口建筑与设施群体,待渡、住宿、救助、祈愿等建筑与设施一应俱全,西津古渡成为江上南北交通的重要通道。从西津渡乘船经金山,达瓜洲,再抵扬州,这段江面风浪比较平静,加之渡江的功能设施比较齐全,所以过往行人大都选择在西津渡过江。

　　古时候,这里东面有象山为屏障,挡住汹涌的海潮,北面与古邗沟相对,临江断矶绝壁,是岸线稳定的天然港湾。六朝时期,这里的渡江航线就已固定,规模空前的永嘉南渡,北方流民有一半以上是从这里登岸的。东晋隆安五年(401年),农民起义军领袖孙恩率领战士十万、楼船千艘,由海入江,直抵镇江,控制西津渡口,切断南北联系,围攻晋都建业,后被刘裕率领的北府兵打败。公元684年,唐高宗李治驾崩以后,皇后武则天临朝称帝,徐敬业、骆宾王等在扬州发动武装暴动,骆宾王写下了传诵千古的著名檄文《为徐敬业讨武曌檄》,一时天下震动。兵败后,徐敬业、骆宾王等渡江"奔润州,潜蒜山下"。宋代,这里是抗金前线,韩世忠曾驻兵蒜山抵御金兵南侵。千百年来,发生在这里的重要战事有数百次之多。西津古渡依山临江,风景俊秀,李白、孟浩然、张祜、王安石、苏轼、米芾、陆游、马可·波罗等都曾在此候船或登岸,并留下了许多为后人传诵的诗篇。

　　西津渡古街全长约1 000米,始创于六朝时期,历经唐宋元明清五个朝代的建设,留下了如今的规模。因此,整条街道随处可见六朝至清代的历史踪迹。西津渡,三国时叫蒜山渡,唐代曾名金陵渡,宋代以后才称为西津渡。这里原先紧临长江,滚滚江水就从其脚下流过。清代以后,由于江滩淤涨,江岸逐渐北移,渡口遂下移到玉山脚下的超岸寺旁。当年的西津古渡现在离长江江岸已有300多米距离。三国时期,这里曾驻有孙权的东吴水师。唐代以后这里更是专门派有兵丁守卫巡逻。宋熙宁元年(1068年)春,王安石应召赴京,从西津渡扬舟北上,舟次瓜洲时,即景抒情,写下了著名的《泊船瓜洲》诗:"京口瓜洲一水间,钟山只隔数重山。春风又绿江南岸,明月何时照我还?"

　　元朝时,意大利著名旅行家马可·波罗从扬州到镇江来,也是在西津渡登岸。由此可见,至少从三国时期开始,西津渡就是著名的长江渡口。镇江自唐代以来便是漕运重镇、交通咽喉。西津渡则是当时镇江通往江北的唯一渡口,具有极其重要的战略地位,自三国以来一直是兵家必争之地。陆游途经西津渡时,曾对渡口每日运送上千的兵员感叹不已。清代诗人于树滋所写的诗,更道出了西津渡人来舟往的繁忙景观:"粮艘次第出西津,一片旗帆照水滨。稳渡中流入瓜口,飞章驰驿奏枫宸。"

这个街区延续至今,保存至善,秀丽至美的生命之源,是它的历史、它的文化、它的自然风光。有鉴于此,美籍华人韩素音赞叹地说:"漫步在这条古朴典雅的古街道上,仿佛是在一座天然历史博物馆内漫步,这里才是镇江旅游的真正金矿!"著名文物专家罗哲文先生赞誉它为"绝无仅有的古渡遗存""中国古渡博物馆"。古渡之博,博在何处?博在街区因渡而生,博在历史传承久远,博在文化积淀深厚,博在风貌保存完整,博在山水人文交融,博在文化辐射宽广。街区因渡而生,多元汇聚,主题鲜明,特色突出,构成了以平安和谐为核心价值的津渡文化:渡口文化、救生文化、宗教文化、建筑文化、西洋文化、军事文化、民国文化、商贾文化、民俗文化。在这条承载着1 300多年历史的文化古街上,留存下来的文物古迹、传统民居星罗棋布,集聚了唐宋元明清五个朝代的历史遗存,宛若时光隧道,正所谓"一眼看千年、百步阅五代"。

　　漫步在西津渡历史文化街区内,深邃的历史文化,精湛的历史建筑,靓丽的历史街区,优美的周边环境,绽放着夺目的风采。千年古渡,百年建筑的神韵,令人思绪万千、流连忘返。

2. 运河明珠新河街

　　新河街位于镇江市区北部,北临长江,西侧与南侧临古运河,是一条北宋时期形成的商贸古街。历史上这里为大江南北的物资集散中转之地和商贸中心,曾一度成为长江下游最大的米市和油市,市井繁荣,商肆林立。现存街巷、临街建筑大多为晚清时所建。新河街是我国大运河沿岸保存较完好的历史街区,在得到全面保护和提升后,可建设成为一处具有鲜明运河文化和古街文化特色,以寻古探幽、休闲娱乐为主要内容的文化休闲旅游新景区,再现江南运河第一街的神韵。该街区现为全国重点文物保护单位,古街内尚存的古建筑有三十余处。

　　新河桥的民风民俗,是在运河通行和漕运过程中,由民众所创造的传承文化,是工商业文化和渡口文化相结合的产物。漕运习俗、商业经营习俗、造船习俗、城镇集市习俗及行帮会馆习俗,等等,无不体现着工商业文化的深厚积淀。

　　会馆最早出现于明代而盛行于清,乃是一种带有地方色彩的、乡土性的商人组织。新河街侧的会馆是运河漕运文化、市井文化的载体。新河街会馆是集贸易、娱乐、休闲、联络乡谊为一体的重要场所。会馆傍河而建,形成了颇具特色的运河漕运和商帮习俗。

新河街的形成与发展,沿街私人宅院的修建,无不是因为商业的繁荣而出现的。商业繁荣,带来手工业的发展,从而促进了集市和庙会的发展,以及供过往商人娱乐、休闲、游艺的场所的建设,从而使游艺民俗得以发展和传衍。如京城满族的八旗鼓,安徽的花鼓戏,扬州的评话、清曲,就是当时在新河街传衍开的。

保护古街原有格局和肌理,修理、修缮文保单位和古建筑,将新河街及附近地区建设成为镇江一处具有鲜明运河文化和古街文化特色,以寻古探幽、休闲娱乐为主要内容的新景区,再现"江南运河第一街"的神韵。

3. 传统村落九里村

九里村位于丹阳城西南16公里,大运河支流香草河畔。新石器时代崧泽文化遗物的出土证实,距今五六千年的先祖就在此生息。九里行政村包括3个自然村,常住人口26 000多人,土地2 600亩,其中水域面积1 000余亩,绿化面积350余亩,辖18个村民小组。九里村是省级历史文化名村,因距古延陵县九华里而得名,是季子故里、古吴文化的发祥地,历史文化厚重,自然环境优美。

晋太康二年(281年),分曲阿之延陵乡分置延陵县,盖以延陵季子(春秋吴国公子季札)以立名。九里村拥有闻名古今的"江南第一庙迹"——古延陵季子庙,纪念礼让、诚信、睿智,世称"志德第三人"的延陵吴氏始祖季札。九里庙会非同凡响,它亦称嘉贤庙会,是丹阳域内最早的庙会之一,也是江南最古老的庙会之一,以吴季札祭日(农历四月十三日)为主要庙集。每当庙集来临,来自方圆数百里的朝觐者人涌如潮,吏民同祭。茅山道院与九里季子庙向有"上茅山回九里"的文化习俗,茅山道院重肉身修功,而九里季子庙重精神修德,上茅山再回九里以求功德圆满。如今,九里季子庙会已被列为江苏省非物质文化遗产项目。

九里季子庙内传为孔子所书的"呜呼有吴延陵君子之墓"十字唐碑和横跨古香草河故道的季河桥,同为江苏省文物保护单位。

古香草河故道旁,九里季子庙前,有井水三清三浊、口味各异、腾涌不息的六口古沸井,为古延陵八景之一,被誉为天下奇观,"天为嘉贤表清净,长教活水出源头",被注入了季札精神。古沸井已被列为镇江市文物保护单位。

九里村是一座集历史遗产、文物古迹、传统文化、氏族渊源为一体的有着两千年历史的古老村庄。2013年、2017年,九里村先后被批准为中国传统村落、江苏省历史文化名村,也是名扬海内外的大运河聚集遗址。

4. 历史名村柳茹村

柳茹村北距丹阳市区10公里,京杭大运河丹阳段支流香草河东,有8个自然村,总面积6.25平方公里。柳茹,原名柳塘,南宋绍兴十一年(1142年)十二月二十九日,抗金名将岳飞被诬以莫须有罪名杀害。其刎颈之交秣陵关总镇贡祖文辞官隐匿岳飞三子年仅12岁的岳霖于偏僻的丹阳柳塘,直至岳飞冤案平反昭雪。贡祖文及其后辈于此定居,创业兴村,柳塘逐渐形成"东西两长沟,南有大塘千百亩,北有神河万丈深",是不旱不涝的荷花地。居民绝大部分为贡姓,柳茹村系改柳塘之名而立。

鱼米之乡的柳茹村是中国传统村落,江苏省历史文化名村。出于安全防御的需要,柳茹村布局独特。它有两条主巷道,南北两条支巷道,纵横交错,形成以村中大巷为中轴线,呈"井"字形分布。各巷道口都砌有圈门,共有九个,各有名称。虽年代久远,但人们还能记住"太平""南极""吉庆""北斗"这四个分立在东南西北的圈门的名称。村中还凿有十三口水井,并有良好的排水系统。大巷老街两侧俱为单层清末民初的传统建筑,保存状况良好。老街宽2至3米,总长约230米,东西两端圈门建筑上各建有7米高的更楼。东更楼名为"涵春",西更楼名为"聚秀",可登临其上,瞭望放哨,遇险报警。每有险情,关闭圈门就可防盗拒匪,令村民安居乐业。柳茹村是座"九圈十三井"的城堡式村庄。

三、建筑、遗迹

1. 文脉相传图书馆

镇江市图书馆坐落在风景秀丽的城内古运河中段北岸,滨河公园北侧,占地13亩,馆舍总面积16 000平方米。全馆建筑分为三个部分:原江苏省立镇江图书馆馆舍,为市级文物保护单位;一期工程为主体四层的借阅大楼;二期工程为立体七层的典藏大楼及三层辅楼。馆内绿化错落有致,建筑巍峨壮丽。镇江市图书馆是传承镇江藏书文化的重要场所。

文宗阁是镇江历史上的第一座图书馆。清朝乾隆三十七年(1772年),弘历帝下令,选派了以纪昀为首的著名学者100多人开馆编辑《四库全书》,先后共收书籍3 461种79 309卷,装订成36 000余册,存目的有6 793种93 551卷,分为经、史、子、集四部,所以取名叫《四库全书》。这是我国历史上最大的一部丛书。此书头份告竣,历时十年,连同摘抄的三份,分别庋藏于北京故宫的文渊阁、圆明园的文渊阁、沈阳故宫的文溯阁和承德行宫的文津阁。这四阁世称"内廷四阁",亦称"北四阁"。皇帝念及江浙一带人文渊薮,又续抄该书三份,分别庋藏于扬州大观堂的文汇阁、杭州圣因寺的文澜阁和镇江金山寺的文宗阁。这三阁被称为"江浙三阁",亦称"南三阁"。这七阁均仿宁波天一阁藏书楼的样式。

据《金山志》载:"文宗阁在竹宫之左。"当时的金山四面江水环绕,文宗阁坐北朝南。隔庭院有门楼三间与阁相对,两侧均有郭楼各十间,将文宗阁联成四合院的形状。阁前银涛雪浪,气势磅礴,阁后山崖陡峭,峰颠浩伏。

文宗阁是由扬州的两淮盐运使督造的。落成时,盐运使呈请弘历帝为阁提名,弘历帝亲笔御书"文宗阁"和"江山水秀"匾额。文宗阁内瑶版玉弢,千籍万帙,藏书甚富。贮藏抄本《四库全书》分装6 221函,计分经部947函,用青色函;史部1 625函,用赤色函;子部1 583函,用白色函;集部2 042函,用黑色函;《四库全书总目录》22函,用黄色函;《四库全书简明目录》2函,函色不详。此外,还有《钦定古今图书集成》520函,《钦定全唐文》50函,《钦定明鉴》242函,以及其他藏书。

文宗阁向来由驻扬州的两淮盐运使经管,典书官由盐运使提名,奏朝廷批准后充任,还有十名绅士,负责校理、借阅、注册和晒曝图书工作。在历任典书官中,最有名的是扬州大史学家汪中,他住金山最久,尽阅阁中秘籍,全面检校书籍,写出校记20多万字。镇江的文宗阁建于乾隆四十四年(1779年),毁于咸丰三年(1853年),中经嘉庆、道光两朝,历时75载。

文宗阁暨《四库全书》为什么庋藏在镇江?原因有多方面,但其中一个很重要的原因就是镇江交通便捷,自古以来素有"九省通渠"之美誉。长江、运河在此交汇,形成了十字黄金水道,顺江东去可出海通洋;逆江而上可抵皖、赣、鄂、湘、川、渝等省市;经运河南行可抵苏、杭,接通太湖、钱塘水系;北上可达苏北及鲁、冀、津、京等省市,沟通江、淮、黄、海四大水系。镇江江河交融,烟波浩渺,峰峦延拱,翠叠黛耸。镇江有山有水,是著名的山水城市和交通要道。弘历帝于乾隆四十五年(1780年)春第五次南巡,驻跸金山行宫,在《再题文宗阁》中说:"百川于此朝宗海,是地诚应庋此文。"弘历帝的这句诗文,画龙点睛地说明镇江百川朝宗,形势雄险,景色壮观,文化底蕴深厚,是建造文宗阁和庋藏《四库全书》的圣地。文宗,便是百川朝宗归海的自然美景和荟萃古今载籍的《四库全书》之融合。由此可见弘历帝为其冠名文宗的寓意所在。

2011年10月26日,镇江举行了"文宗阁复建工程竣工典礼",建成了"修旧如故,以承其韵"的仿古建筑,加之新收录的《四库全书》,使沉睡了150余年的文宗阁,重新焕发出它原有的风采。

镇江第二座著名的图书馆就是绍宗藏书楼。文宗阁损毁后,镇江社会贤达、有识之士要求复建此楼的呼声从未断绝。20世纪30年代初,先后任南通大生纱厂经理、该厂驻沪办事处主任的镇江人吴兆曾先生提议,并经丁传科、冷御秋同意,支持决定在伯先公园内云台山上创建绍宗藏书楼。丁传科捐款一万四千元,另捐大丰垦田两千亩,将其年息作为今后的经营经费,造楼的建筑款项主要由吴兆曾献出。该楼由上海扬子建筑公司承建,于1933年建成。藏书楼为西式2层楼房,顶有阁楼,楼向朝南,四周庭院。大楼上嵌"绍宗国学藏书楼"石刻。该楼由赵宗抃题额。"绍宗"显示了恢复文宗阁的意愿。楼东又建平房一幢,现已无存。

绍宗藏书楼落成后,吴兆曾将家中书室"味秋轩"中的藏书及文物运储楼内,占了六间屋子,近两万册。书箱上均刊刻"味秋轩藏书"字样。该楼还设筹备委员会董其事,其成员先后有冷御秋、柳诒徵、吴兆曾、尹石公、丁传科、陆小波、严惠宇等。

该楼当时的藏书特色:第一,丛书数量较多,如清初鲍廷博《知不足斋丛书》、商务印书馆发行的《续古逸丛书》。第二,明、清刻本多,如林佶手写制版的《渔洋山人精华录》《尧峰文钞》《午亭文编》,顾嗣立秀野草堂刊行的《温飞卿诗集笺注》《元诗选》等,还有吴兆曾付款订购的《四部丛刊》续编和三编,以及《四库全书珍本》《宋刻碛砂藏经》等书。手写本值得一提的有两种,一种是清代满族女词人顾太清的诗词稿抄本计4册。她的词集名称是《东海渔歌》,南陵徐乃昌依据这部手抄本刻本行世,之后开明书店又将徐氏刻本收入清词集中。还有一种是敦煌石室中收藏的唐人手写佛经一卷,从其内容看,是残余的一卷,而不是某种佛经全部。

日寇侵华,镇江沦陷,绍宗藏书楼被劫。抗日战争胜利后,柳诒徵等人再创义举,重新募集资金,再次恢复绍宗藏书楼。经过不懈努力,终于使残楼得到修复,藏书也有所恢复。1950年严惠宇在沪开办的大东烟厂无款给工人发放工资,厂工会封存其在厂的全部资产,其中有大批珍贵图书。镇江派员去沪联系,索取这批图书,厂工会同意无偿捐赠,此批书运镇后即收藏于绍宗藏书楼之中。这批书中有一部分是康有为的藏书,每书上都有他的亲笔题记。如在《白孔六帖》上他写道:"这部书是宋版?"打一个问号。有些书是元明版的珍籍,如明宫中御览的《隋书》,全部一百册的《白孔六帖》等。此后,藏书楼又向当地和在外地的镇江人士征集到很多书籍,当时任上海文史馆馆员的镇江人柳诒徵、尹石公老教授来镇江听说此事大为赞许,柳老回镇江后征集到大量图书和文物运镇。陆小波也在上海征集到一批图书和文物,他还动员中国银行总经理、镇江人士唐寿民捐赠大批藏书,其中许多书籍如二十四史等都未曾启包,完整如新。1951年10月柳诒徵回乡,将自己在镇江的藏书1 200余册,杂志200余册,送绍宗藏书楼。同月,大港人赵汉生向该楼捐献字画、碑帖、拓片。1952年6月,丁闇公的儿子将其父40余箱藏书献给绍宗藏书楼,后丁氏又将天津存书103箱捐赠给该楼。1953年8月,常熟松禅图书馆向绍宗藏书楼捐赠图书83箱,袁佐良、鲍鼎等又先后征集和捐赠图书,泰州支恒荣家属也捐赠了一批图书。1959年又征集到赵醉侯诗稿85册。至此,绍宗楼藏有古籍图书3 700多种9万余册,另有图画古钱等文物若干。当时成立了文物保管委员会,由烈军属协会主任杨效颜、文史馆馆员交藩等7人为委员,共同管理绍宗楼图书文物。

绍宗藏书楼于1992年由镇江市政府公布为市级文物保护单位。20世纪90年代末,为了加强对这批藏书的保护与利用,绍宗藏书楼的10万藏书全部移送镇江市图书馆保管。

镇江第三座重要的图书馆就是江苏省立镇江图书馆。该馆建于1935年1月,当时占地约14亩,全部由钢筋水泥、耐火砖构成,能防火、防潮、防震。书库三层,阅览及办公用房二层,大楼全部面积合计7 000平方英尺。当时馆内设总务、征存、编纂、阅览、推广五部,25名职员。藏书共98 796册,其中图书67 372册,杂志3 145册。大部丛书有《古今图书集成》《四部丛刊》《四部备要》《四库珍本》《丛书集成》《万有文库》《碛砂藏经》等。各省、府、县等方志基本齐全。报纸有省会(镇江)及京(南京)、沪、汉及英、日文数十种,杂志有中外各类期刊近 500 种,均陈列架上供人取阅。

由此可见,镇江市图书馆现藏有的《四库全书》影印本古籍书,与文宗阁、绍宗藏书楼一脉相承。

镇江图书馆现有藏书 100 余万册,其中古籍 18 万册,列于国家善本书目的有 360 多种 3 200 余册,其中有近 10 万册是从绍宗藏书楼移过来的。经内藏书以地方志、中医药、民国文献等为特色,还藏有《四库全书》《续修四库全书》等大型丛书,另有"文心雕龙"资料库、"昭明文选"资料库等。

镇江市图书馆已建成馆内计算机局域网,开通了采访、编目、流通、办公等子系统,以光纤 1 000 兆速度上网,可随时检索互联网上的信息。馆内建有"文心雕龙"资料库、地方文献特色资料库、镇江信息数据库,长年编辑"农村科普资料信息"等专题信息,拥有新的主机房、电子阅览室等现代化设施。镇江市图书馆大门口的馆名,是 20 世纪 80 年代提请顾廷龙先生题写的。

2. 运河航标僧伽塔

僧伽塔位于镇江市区东南的运河之畔、鼎石山之巅,今宝塔山公园内。盛唐大诗人李白《僧伽歌》曰:"真僧法号号僧伽,有时与我论三车。"僧伽,传为西域中亚葱岭北河国人,自称姓何,少年即出家为僧,修持有成,发愿东游。唐高宗龙朔年初,住楚州山阳龙兴寺。一天带着弟子悲俨来到地处漕运要津的临淮信义坊立标建寺,显出佛光,又显出十一面观音形象,远近居民和水陆客商均为其吸引。当地的贺跛氏合族奉献自家私舍为寺。掘地时挖出一块石碑和一尊金像,铭为"齐香积寺",佛像衣服上刻有"普照王佛"字样,于是称普照王寺。唐中宗李显闻讯,诏请僧伽赴京都长安宫内道场为国师。僧伽来到长安,求医者络绎不绝,他令病人洗石狮子、倒痰盂、悔过……没有不手到病除的。他还能知人过去未来凶吉并为人消灾,如牵走人的马,以示不宜出门远行;问人要扇子,是警告人要防风;还有预知大风雪,飞雨救灾,从井水运木材,等等。一天,中宗说:京畿好几月无雨,愿师悲慈,解朕忧迫。僧伽即将瓶水泼洒,不一会阴云骤起,大降甘雨。中宗大喜,降旨并赐亲笔御书题名"普光王寺"。

僧伽真身到临淮普光寺后,常常出现神异,或为人化解苦厄,或为寺院外出化缘,人称其法身为"泗州寺僧"。唐穆宗李恒长庆二年(822 年),寺塔失火皆焚,唯僧伽遗形无损。唐懿宗咸通年间,庞勋造反攻泗州城,僧伽在塔顶显现,庞等见了大惊而窜,懿宗赐号"证圣大师"。士民求医去疾,求子得子,凡有乞愿,多遂人心,百灵百验,于是,声名远播、声誉日盛,人称"大圣和尚"。僧伽同时成为舟船航海的保护神。

僧伽崇拜,以孝为本,符合中华民族传统伦理和道德规范。唐宋以来,僧伽崇拜成了中国民俗佛教信仰的一大内容和独特现象,国内凡有寺院的地方,凡是航渡码头,几乎都供奉"泗州大圣僧伽和尚"。

僧伽与历史文化名城镇江有一段奇缘。据悉,唐宰相李德裕镇浙西(治所在镇江)时,在北固山创建甘露寺特设"僧伽和尚堂"。唐武宗李炎会昌五年禁佛,令毁天下寺塔,僧伽的发祥地临淮即泗州普光寺也不能幸免。在这种时局背景下,唯有镇江甘露寺及僧伽和尚堂保存下来。

南宋绍兴年间,镇江南朝宋武帝高祖旧宅、齐慈和寺、北宋延庆寺上方的寿丘山巅搭起一座塔院,专门供奉由临淮寓镇的僧伽像,称普照寺。绍定年间,规模渐备,有大圣殿等,江淮之民相继来此焚香设斋供,盛况空前。总领岳珂曾为之记,镇江已取代临淮故地为实际的僧伽崇拜中心。元至元年间,普照寺的寿丘晚钟甚为闻名:"亿千万劫山长在,一百八声天未明。"

现屹立在镇江东门外古运河畔鼎石山巅的僧伽塔,是明代从寿丘山上迁来的。虽是明式砖塔,却"实有来历流传有序有源可溯",并且仍以僧伽为名,基本完好保持至今,也许已是凤毛麟角。

此塔按明代建筑复建,七级八面,密檐疏层,内为方形,错间而上,塔壁厚达一米,为砖砌仿木结构楼阁式,高32.5米,边宽3.4米,承于白石须弥塔座上。塔身四面辟卷形门,塔周建围墙,砌山门,立古僧伽塔石额。此塔在光绪中曾遭火劫,木结构部分烧毁,1983年全面修复。1961年从塔下地宫中发掘石函一个,内藏珊瑚、玛瑙、珍珠和两座六面七级鎏金小塔等文物,现为镇江市文物保护单位。

鼎石山雄踞江南,塔又立于山之巅,紧依大运河,气概宏伟,地处漕运要津,是古代漕船进入镇江城区的标志性建筑,具有运河航标之作用。立于塔顶,南山风景尽收眼底。清汪琬的《鼎石山野眺》诗云:"城南依孤棹,极目但苍苍。白马吴门回,青山楚塞长。桃花临断岸,兰若出斜阳。惟羡东流水,潺湲到故乡。"

在僧伽塔旁边有龚自珍诗碑,碑上刻有龚自珍的著名诗句:"九州生气恃风雷,万马齐喑究可哀。我劝天公重抖擞,不拘一格降人材。"龚自珍,浙江杭州人,晚年居住在丹阳,是清代杰出的思想家、文学家。因要求社会变革、振兴国家的宏志无法实现,又遭到顽固势力的打击排斥,龚自珍含愤辞官南归。返程途上,只见田园荒芜、萧条冷落。经过镇江都天庙时,正值庙会,人山人海。一睹其盛况后,应老道长之邀,健笔写下上述七律诗。老道长对这首有风雷、天公的祭文连连赞好。其实这首诗巧借题咏抨击时弊、渴求变革,气势磅礴。

  2016年市有关部门对僧伽塔进行了全面修缮。从塔身外来看,僧伽塔的白石须弥座多处出现裂纹,部分石面布满青苔,有的石缝中还长有植物,塔身的黄色墙面涂料也大都剥落。再看塔里面,从券门到楼梯,以及不少内墙等都有破损,有的地方还很严重,已经到了必须维修的地步了。造成僧伽塔残缺的原因是多方面的,有年代久远的原因,使得塔体外砖化风化严重,开裂脱落;同时还有地质方面的原因,根据前期的现场地质勘探,僧伽塔周边地质分布不均匀,对塔身基础也产生一定影响;还有一些偶然的外来因素,比如僧伽塔地势较高,偶然有鸟类粪便、风媒介等因素,使得塔的各层檐口上长出一些植物,这些都对塔身的稳定产生了安全隐患。

  僧伽塔通过修缮,恢复了原有的风貌。登上塔顶,打开四扇窗棂,四面美景尽收眼底。往东面看,积善禅寺一览无余,其雄伟大殿在树木映照之下分外壮丽;往西面看,京杭大运河蜿蜒脚下,穿流而过,它如一条项链,点缀在建筑物和树木之间,在太阳的照射下闪着银光;往南面可以远眺南山风景,古运河蔚为壮观,今沪宁城际铁路穿梭其间,让人感受到这个时代的动脉;往北面看,山泽园小区与古城的住宅楼高低错落,一派现代城市风光,近处露出的古润礼拜寺的穹顶,成为点睛的一笔。

  僧伽塔的修缮其意义何在?据参与修缮人员介绍,至少有两个方面的内涵:其一是僧伽塔的地标意义,在运河漕运繁忙的年代,鼎石山是镇江南面的门户,山上的宝塔为镇江的标志性建筑,民间有"看到鼎石山上塔,就到了镇江"的说法,市民俗称鼎石山为"宝塔山";其二是僧伽塔与都天庙会的关联,僧伽塔的名气很大程度上有益于庙会影响力的提升。

  那么,僧伽塔与都天庙会有什么联系呢?这就涉及宝塔山公园的定位。早在几年前,市历史文化名城研究会在调研宝塔山公园后认为:在修缮僧伽塔的同时,条件允许的情况下,也应该复建都天庙建筑群,逐渐恢复都天庙景观,这样不仅能够提升公园本身的景点地位,也能够为公园增添文化品位和历史注脚。

都天庙的历史可谓悠久,其始建于明崇祯年间,迄今有480余年。都天庙供奉的尊神是唐代名将张巡。安史之乱时,张巡率兵抗敌保国,后英勇殉难。为纪念这位民族英雄,明朝封张巡为"英济王",清咸丰皇帝又追封"都天大帝"之称号,因而全国闻名。该庙自清乾隆以来屡加修葺,同治、光绪年间,住持智清和尚又重修庙宇,此后烧香信徒络绎不绝,使其成为镇江著名的香火庙。

当时,依托都天庙而兴的都天会,是影响大江南北的著名民间庙会,既是镇江全城的狂欢节,又是镇江商民一年中经商的黄金季节,前后在镇江盛行三百多年。庙会前三天男女老少都要到宝塔山上去"上庙",求都天大帝保佑家庭平安、健康长寿、财源广进。在通往都天庙的运河上,外地专程来镇参庙进香的大小民船一字排开,十分壮观。也就是说,现在僧伽塔的名气很大程度上得益于都天会的惠赠和人气积累。

那么,都天庙在哪里呢?就在从宝塔山公园办公区的一侧边门走出去,拐进旁边的小巷,很快就找到了一座古色古香的小庙,这就是僧伽塔顶上看到的,屋脊上有龙头装饰的庙宇。走近看,庙门上有三个魏碑体大字"都天庙",两侧贴着对联。入庙环顾一周,可以发现这确实是一座原汁原味的老庙。都天庙的负责人心山介绍了这里的香火情况:平常的小纪念日是初一、十五,大日子则是农历五月十八,是张巡的寿辰,也就是庙会的日子。现在庙虽然小了,破败了,但还是有不少人惦记着它,每年来赶庙会的有好几百人,还有不少是从扬州专程过来的,因为张巡的夫人是扬州人。

都天庙原来很大,号称99间半。当年日寇侵占镇江,寺庙大多数建筑被毁,1997年重新登记,后对外开放,这样慢慢地香火开始延续起来。而对当年日寇焚毁都天庙的情况,有的老居民,比如今年90岁的居民吴昌全,他表示还记得当年的情形。江苏科技大学的前身是车管学校,而车管学校的前身是国民党的兵营,番号是35标和36标。当时日寇飞机准备轰炸兵营,结果殃及都天庙的建筑群,"小日本飞机飞得只有树头高,往下扔炸弹"。

经过修缮后的僧伽塔,再现了古塔作为运河入城标志的历史风貌。从现场效果来看,现在的宝塔晚间更美。因为此次修缮不仅修缮了塔身,设置了沉降观测点,还实施了亮光技术工程。在每层的檐口下铺设了灯光,每层窗棂位也设置了造型,所以一到晚间,整座宝塔宝光四射,成为古运河上一道亮丽的风景线。

3. 南朝石刻放异彩

丹阳东南10公里,是京杭大运河的支线萧梁河,这里有一处石刻建筑,叫南朝陵墓石刻。萧梁河,古称萧港,原是通往南朝齐梁陵区的皇家专用水道,其与大运河交汇的河口,是南朝齐梁帝王陵墓的入口,其所在的古镇因此取名陵口,沿称至今。

丹阳是南朝齐梁萧氏帝王的故里,齐梁帝王死后,叶落归根,大部归葬于丹阳。现今丹阳地域发现有齐梁帝王陵墓12座,其中有10座陵墓遗存有神道石刻,加之陵口石刻,共计有11处26件,大都为石兽,仅梁文帝萧顺之建陵遗存例外,有石兽、石建筑物基础、石柱(亦称华表)和龟趺4对8件。石兽有角者,双角称为天禄,单角谓麒麟,成对设置于帝陵前,而王侯墓前列置的是无角辟邪一对。这些石刻继承了汉代圆雕、浮雕和线雕混合运用的手法,表现出由粗简古朴向精湛秀美的转变。南齐王陵墓前石兽灵动秀美,萧梁帝陵石兽豪迈疏朗。从南朝齐梁帝王陵墓石刻的总体来看,具有南方优雅情调的大大多于具有北方粗犷雄风的,是我国魏晋南北朝时期,堪比北方石窟造像的南方石刻代表作。它们被称为"丹阳南朝陵墓石刻",1988年1月被公布为全国重点文物保护单位。

临运河夹峙萧梁河的一对石刻天禄、麒麟,是丹阳南朝齐梁陵墓区的入口标志。齐梁时,王子公卿拜谒陵墓,自都城建康秦淮河乘船,上溯破冈渎,经14埭,入江南大河(今运河),由港口入萧梁河,再乘安车至诸陵。沿着萧梁河北去十余里,三城巷东北,就是被小丘岗环卫的萧梁陵群,再北去,南齐诸陵以经山为圆心环绕排列。

20世纪60年代,考古发掘出的丹阳域内的三座南齐帝陵,为研究我国陵寝制度提供了丰富的资料。在这三座陵墓的砖室中发现的"竹林七贤与荣启期"等大幅模印砖画,是已知南朝绘画最有代表性的作品,是中国20世纪100个考古大项目之一。

目前,原址存有神道石刻的六朝陵墓,全国仅见于南京、丹阳和句容三地,共计31处,全都是南朝宋、齐、梁、陈四个王朝的遗存。除陵口外,所有这些六朝陵墓都是南朝陵墓,其陵墓神道石刻,实际上都是南朝陵墓石刻。因此,1988年1月13日,国务院将南京、丹阳两地域的六朝陵墓石刻,分别统称为"南京南朝陵墓石刻""丹阳南朝陵墓石刻",并同时公布为全国重点文物保护单位。

除丹阳胡桥赵家湾齐高帝萧道成泰安陵和吴家村南朝佚名陵两陵石刻今已不存外,保存至今的丹阳南朝诸陵石刻,其地点位置没有经过挪动,与陵寝位置的关系也没有变化,且周边的地理环境还基本上保持着南朝时期的原貌,这是历代有效保护的结果。

自20世纪50年代开始,丹阳南朝陵墓石刻的保护工作步入持续发展的轨道。由于国家的重视,700多年前陆游所见堰扑道旁、已残缺不全的陵口大石兽又雄踞在萧梁河两岸,重放异彩。一些沉入水塘、湮埋土中的南朝陵墓石刻重见天日,并被逐一扶正入座保护。按照文物"四有"的要求,对现存原址的南朝陵墓石刻划定了保护范围,树立标志石碑,并落实专职保护人员和建立图文档案。

"丹阳南朝陵墓石刻"全国文保单位中,还有一处是位于句容石狮村的梁南康简王萧绩墓。萧绩是梁武帝的第四子,生活俭朴,少有聪慧之称,可惜身体不好,逝世时年仅25岁。此墓前两只石辟邪尤为壮大,比起南京所存的石刻,如梁临川靖惠王萧宏墓石刻还要巨大,比起南齐精致的风格,别有浑朴之美。除两只石辟邪外,陵园内还分布有两个神道石柱,保存相当完好,两面对峙,尤为难得的是柱顶的小兽也得以完整保存。神道额铭上刻有"梁故侍中中军将军开府仪同三司南康简王之神道"字样。

丹阳南朝陵墓石刻,是陈列在宽阔大地上的宝贵遗产,应系统梳理挖掘其文化内涵,彰显其在文化艺术上的辉煌成就,让这些文化瑰宝活起来。丹阳南朝石刻无论从造型还是纹型方面,都反映出它对中华优秀传统文化的传承和发展。今人应在此基础上揭示其丰富的文化内涵、观念精神,创造性转化,创新性开拓,赋予时代精神,促进旅游的发展。

我们从丹阳南朝陵墓的代表作梁文帝建陵石刻群得到有益的启示。建陵石刻群现存有石刻、石质建筑物基础、石柱(即陵墓华表)、石龟趺四对八件。其陵墓华表的原始形态,可追溯到相传尧舜时,交通要道树立木牌,让人在上面写谏言的"诽谤之木"。紧贴华表柱身上端的矩形文字石额,上下有绳辫纹,似为"诽谤之木"捆绑供写谏言用木牌之绳的艺术移位表现形式。华表柱身上下均有榫头,华表顶端、柱础均有与其相合的卯眼,这样的榫卯结构,将柱础柱身和顶盖紧密结成华表整体。新石器时代河姆渡文化遗物证实,约在公元前5000至前3300年,我们先人的榫卯结构木构技术已相当成熟,历代传承。陵墓华表原料虽改用石材,但对这种传统建筑文化仍沿用未艾。

陵墓华表如何能够千数百年不倒,巍然屹立于旷野陵所?其秘密的揭晓,闪烁着中华优秀传统文化的光芒。原来,陵墓华表底座下,有平面20多平方米,厚有1.25米的夯土地基。夯土地基共分10至20公分宽厚不一的八层,采用方形夯、圆形夯和平夯综合手段,将地坑回填生土逐层夯实夯平。每层夯面都经焙烧形成硬面,以如此简单实用的方法,完成了皇家华表地基建筑工程。

4. 宋元粮仓规模大

宋元粮仓遗址位于镇江市区古运河东、大西路北,今如意江南小区内。在2009年至2010年对该地块进行的考古发掘中,发现了宋元粮仓仓基、元代石拱桥、宋至明清时期古河道等遗址。宋元粮仓遗址是目前大运河沿线经考古发现的规模较大的一处仓储基址遗迹,验证了《嘉定镇江志》《志顺镇江志》等文献中关于宋元粮仓的记载,为研究大运河漕运、宋元仓储建筑、镇江地域文化等提供了实物资料。宋元粮仓遗址保存遗迹相对集中,沿用时代较长,具有地域特色,是大运河漕运的实物见证,丰富了大运河遗产的内涵。宋元粮仓遗址2013年被公布为全国重点保护单位。

2008年,镇江市政府拟启动"双井路片区旧城改造"项目,该建设项目占地20公顷。为了加强该区域内地上地下文物的保护,镇江市文化局提出了《关于加强双井路旧城改造项目中文化遗产保护的意见》,文中指出,要对7处地下文化遗址进行考古勘探。2009年7月,根据镇江市城市建设投资公司《关于对镇江市双井路工程项目进行考古调查、勘探工作的申请》,省文物局委托镇江市文管办组织对双井路改造项目进行考古调查、勘探。2009年8月15日,镇江博物馆组织了考古队伍进入双井路,现场进行考古调查、勘探。2009年12月,镇江博物馆通过南京博物院上报了考古发掘申请。通过考古调查、勘探和发掘,先后发现了元代石拱桥、漕河、宋仓储、元仓储以及明末清初京口驿遗址。

考古工作者对勘探发现的大片夯土迹象进行考古发掘,发掘探沟16条、探方2个,发掘面积约600平方米。本次考古发现宋、元仓储遗址11座(2006年在此区域附近考古勘探发现夯土台基和砖墙,当时认为是房屋,现确认为两座粮储,应为12、13号仓),宋元时期的道路一条,仓储遗址总面积约40 000平方米。粮仓和道路位于元代石拱桥的北面,其中北宋粮仓两座,即1、2号仓,其建筑方法是先堆积土台进行夯打,形成库房地面,四周砌筑砖墙,形成仓房,内部用木柱隔开,形成不同的仓间。北宋粮仓建筑用砖有不少是唐代镇江罗城城砖,其上多印有文字,如"润州""官""晋陵"等。其中2号仓南北进深约25.2米,东西面阔揭示出的部分约89米,面积超过2 722平方米。南宋粮仓(3至7号、9至11号)8座,即文献记载的转般仓,位于北宋粮仓的北面,以宋元时期的道路为中轴线,南北向依次排列,布局规整,建筑方法和北宋相同。地面发现有青砖铺地,也是将仓房分隔成不同的仓间,并发现有用青砖砌筑的用以方便进出仓间的坡道。5号仓南北进深17.7米,东西面阔考古发现部分约87米,面积超过1 540平方米。元代粮仓一座(8号仓),即文献记载的大军仓,叠压在北宋的2号仓之上,考古发现其南北进深17.5米,东西面阔50米以上,面积875平方米以上。宋元道路呈南北向,南北长约200米,由黄土夯打而成,将南宋粮仓分为东、西两部分。考古勘探还发现元代运河从现今运河的转弯处一直向东,经石拱桥逶迤东去,河道宽约10米,宋代运河在元代运河的南面5.6米处。

　　这次考古发现的粮仓仓基共有11座,其中南宋仓基8座,这8座粮仓仓基,基本属于文献记载的转般仓之部分仓址。《嘉定镇江志》载:"宋绍兴七年,运司向子諲乞置仓,以转般为名。"南宋在镇江设置的转般仓,专为供应江淮战场的军队用粮,规模最大时,建有仓敖七十四座,可储粮达百万担。一座为元代仓储,既8号仓储,推断可能为元代大军仓,《志顺镇江志》载:"大军仓,在程公下壩北,前临潮河,后枕大江,即旧转般仓也。拖板桥,在今大军仓前。"本次考古发现的元代石拱桥、宋元时期的粮仓,与文献记载一致。明代又改称其为镇西仓,"以受本府官民租粮"。清代以后,虽然粮仓废置,但此处仍保留有粮米仓的巷名。

　　隋代开凿江南运河,"自京口至余杭,八百余里"。从此,南北大运河全线贯通。京口位于长江与大运河的交汇处,成为十字水道的枢纽港。南宋建都临安(今杭州),镇江的地位更加重要,不仅要把长江中下游的漕粮中转到临安,还要向两淮转输军饷。据文献记载,经镇江中转的漕粮每年约为三百一十万斛,占各路漕米总数的68%。

考古发现的元代石拱桥为单桥,桥拱跨径8.7米,大致呈南北向,桥体全长38米、宽8至9米,现存桥墩高6米。根据史料记载,这座石拱桥就是拖板桥。元《志顺镇江志》载:拖板桥,在今大军仓前,旧名浮桥。天历二年废。至顺二年重建。明代以后又经多次重修,至清代后期已经几乎成了旱桥,桥下土积如丘,后被尘土掩埋,徒有拖板桥而已。此次考古发现的元代石拱桥遗迹,从地层堆积情况和出土遗物来看,始筑于元末明初,历经明、清两代,至近代废弃,与文献记载基本吻合,应为文献记载中的拖板桥。

镇江双井路宋、元遗址经过考古发掘,发现了宋、元仓基,元代石拱桥,宋至明清时期古河道,宋、明、清时期建筑等遗迹。这些遗迹相对集中,沿用时期较长,具有地域特色,是京杭大运河漕运的实物见证,丰富了镇江国家历史文化名城的内涵,对提升镇江知名度具有积极的社会意义。宋元粮仓仓基等遗迹的建筑布局,展现了古代劳动人民的创造智慧,保护展示后,可以形成独特的历史文化景观。

经国家文物局批准,宋、元粮仓遗址实施掩埋保护,在地面栽植草坪,周边设置遗址标志,树立了标志说明碑;并在遗址西侧地下室,布置了"宋、元粮仓遗址考古陈列展";同时,根据有关资料,复建了拖板桥。以上这些,成为现在如意江南生活小区的一道靓丽的风景线,此块区域也成为名城镇江古代文明与现代文明交相辉映的重要窗口。

5. 古运河畔京口驿

我国古代就有邮驿通信,从殷商开始至今已有三千多年的发展历史。秦始皇统一六国后,为便于统治,颁布了《秦邮法》,沿袭殷商的通信制度,修筑驿道,广设驿舍,邮驿通信制度有了新的发展。驿站不仅传递文书,还为来往的官使提供交通工具,招待食宿。此种驿站属于官办,只送官府文书和军事情报,故多隶属兵部管辖。清代于京师设皇华馆,统管全国驿务。镇江是座具有三千多年历史的古城,且水路交通发达,长江和运河在这里交汇,邮驿亦颇具规模,有京口驿、炭渚驿。

数百年间,多少名士坐船南下,横渡长江,驶入大京口或小京口,再缓缓地停靠在一座白玉石砌的码头近旁,这里就是名闻遐迩的古代镇江的城市客厅——京口驿。它的遗址至今还静静地躺在镇江城内古运河河岸黄花亭的地下,成为历史上江南运河入江口段的象征和记忆。

清代著名画家周镐曾经用他的画笔为名城立传,创作了《京江廿四景》(作于公元1842年4月,即鸦片战争的战火延烧到镇江城的前夕)。其中,首开第一景即《林开古驿》。画面上的古运河水汩汩地流淌,河岸上柳树伸枝吐绿,码头旁停靠着几艘迎送的客船,拾级而上,则是一座规模宏大的建筑。画面上亭、台、殿、堂纵横展开,它的背景为云彩缭绕的城堞一角,京口驿的胜景尽收画中。

周镐画中的京口驿位于今古运河畔的黄花亭一带,人们不禁要问,现实世界中的京口驿真有如此壮观吗?我们不妨翻阅一下清代的《光绪丹徒县志》,从中就能找到答案。志书中写道:京口驿,在大西门外北首。旧制滨河朝西,大石码头一座,左右小码头两座,左右吹亭二座,东西辕门石狮两个。驿站前后共有三进。第一进头门,第二进仪门,第三进皇华亭三间,卷棚三间,朝南马王殿三间,戏台三间,东西马棚十八间,草料房两间,兽医房一间,过道两间,驿卒房两间,萧王堂一间,徒犯房三间,外瓜洲腰站马房三间,另设扬州槽房三间。

清代张问陶有一首《晚泊京口驿》的诗,他写道:"船头风静白鸥双,萍叶随潮也渡江。沽酒自寻京口驿,六朝山影在篷窗。"从这许多建筑的配置和名称上,就能感受到京口驿是一座多功能、系统化的接待、转运、休闲中心。首先,它是城市迎送宾客的礼仪场所。客人无论是坐船还是乘车,当他们入城前或出城后,都会在这里举行迎送仪式:左右吹亭里的吹鼓手吹奏乐曲,击鼓传情;主客被领进匾额为"皇华亭"的大厅中行礼拜揖。皇华,为古代使者的称谓。杜甫诗云:"万里皇华使,为僚记腐儒。"皇华亭遂成为各地驿馆迎送使者、客人的专设处所。明清时期,镇江人亦将京口驿门前的街道泛称为皇华亭,只是后来被人们叫白了,变成"黄花亭"。同时,京口驿又是宾客的栖憩地,客人可以留在船上住宿,京口驿下属的客船上食宿用品一应俱全,简直就是一座水上旅馆;也可以上岸在驿舍里住宿,花园式的客房环境优雅。并且,为了消除客人的疲劳,京口驿还设有娱乐设施。其中最醒目的当是三间戏台,需要时则请来戏班唱戏,欣赏"甘露寺刘备招亲"或是"盗仙草""水漫金山",等等。

当然，京口驿更是一处为四面八方人流、物流、信息流服务的平台。它要负责使者、客人在镇江范围内的旅行全程，还要为朝廷或地方运送特需的物品，在全国的公文与信件的传递网中，更是连接大江南北的重要枢纽。为此，京口驿常年配备有"快船二十只、水手六十名、水夫二百四十名；马七十匹、马夫七十名、旱夫五十名"，随时提供快捷、良好的服务。

京口驿于北宋初设于京口闸附近，至明代万历年间移至西门之北运河拐角处。有大石码头一座，左右小码头两座，门前有左右吹亭各一座，东西辕门石狮两个。亭旁有一长排的照壁，来往、留宿的官员、客人等可以在亭内休息，可以一览风光秀美的古运河，也可即兴在壁上挥毫作诗，其中有不少是描写鸦片战争和抒发爱国主义情怀的杰作。如无名氏"京口驿题壁诗十八首"中的："事机一再误庸臣,江海疏防失要津""天险重重如此易,伤心我国太无人"等慷慨激愤之语，对京口驿保卫战中英军烧杀掠抢的暴行和清朝误国奸臣的腐败无能，进行了无情的揭露。有位名叫谢兰生的南海诗人，看了照壁上的诗文非常激动，随即将它们抄录下来编入了《咏梅轩杂记》，后又被其他诗歌集选录，使镇江爱国文化中的佳作能够流传于世。遗憾的是京口驿在清代咸丰年间毁于战火，它的遗迹被掩埋在古运河岸边。

由京口驿经西津渡渡江至广陵驿为上站，下至辛丰镇出境交丹阳县境，或由城南路至马陵浦即丹阳县境，此两路均至丹阳。西路至炭渚驿过境入句容县境。炭渚驿在镇江的高资镇西北七华里处有驿站遗迹，现仅存高一公尺圆柱体，其中有圆孔的旗杆石一具，刻有"道光十余年菊月炭渚驿刘某某等敬立"的字样。据说也有差马数十匹，马夫、馆夫等数十名，投送文书，西至龙潭，东至京口。当地人习惯称驿站为马号或马王庙，后驿舍毁于兵燹。

到了清朝末年，铁路陆续兴建，沪宁、津浦两条铁路分别在1908年、1912年通车，交通日渐发达，清政府遂下令裁撤驿站。至1921年驿站的传递方式功能，最终全部为较先进的邮政机构所取代。

1839年林则徐受命在广州禁烟，大长了中国人民的志气。他预见中英战争不可避免，为了达到知己知彼百战不殆的目的，派人四处收集外国人出版的书报刊，了解世界政治、经济、军事、历史、地理、科技等方面的情况，同时招募曾在美国留学的归国华侨入幕编成《四洲志》一书，志在介绍国外情况警示国人。林则徐是中国近代史上"睁眼看世界"的第一人，可此时林则徐被革职流放新疆伊犁。1841年8月他携眷属北上，途经镇江时就住在京口驿，他特邀寓居扬州的魏源来镇江相会。当时国势沉沦、外侮日亟，两位肝胆相照却报国无门的挚友愤忧在胸，万般无奈。见面后同宿一室，相聚长谈。林则徐把自己多年积聚起来的有关《四洲志》的全部资料交给魏源，希望魏源撰写一部《海国图志》，以唤醒国民了解世界，挽救民族的危亡。魏源也早已有志于这方面的著述，所以欣然接受了林则徐的嘱咐。在镇江分手时，魏源有《江口晤林少穆制府》诗两首，记述了这次会面的经过。第一首："万感苍茫日，相逢一语无。风雷憎蠖屈，岁月笑龙屠。方术三年艾，河山两戒图。乘槎天上事，商略到鸥凫。"第二首："聚散凭今夕，欢愁并一身。与君宵对榻，三度雨翻蘋。去国桃千树，忧时突再薪。不辞京口月，肝胆醉轮囷。"

前一首记述了京口初逢万感交集，相对无言的情景，同时魏源对林则徐将撰著《海国图志》的重任委托给自己，流露出了深切的知遇之情。后一首是写京口惜别，记述了刚刚欢聚又将愁散的痛苦心情。同时对林则徐接二连三地被革职贬官，直至遣戍边疆，表示了莫大的愤慨，对朝廷腐败和投降派的得势，表示深沉的忧虑。最后以知己情与京口酒相慰勉。

1842年，魏源编成的《海国图志》，是中国近代史上第一部提倡向西方学习科技、建议改革的专著。《海国图志》的内容，除叙述世界各国的地理、历史，揭露侵略者的罪行外，竭力主张学习西方的科学技术，建议改革，"师夷长技以制夷"，"变古愈尽，便民愈甚"。建议设立兵工厂、造船厂，制造先进的兵舰、枪炮，创立制造机械工业产品的工厂；加强海防，抵御外寇；改革漕运、盐法，减轻赋税，兼顾商人利益等，亦提出了具体措施。还主张派人到外国船厂、兵工厂学习技艺，以培养人才，等等。编著该书的倡导者是林则徐，编著者是魏源，而该书的决策、定名，则是发生在镇江的京口驿。

《海国图志》提供的海外世界的新知识，对后世产生了巨大影响，洋务派受此书启发，办起了中国近代军事工业和民用工业。资产阶级维新派认为，《海国图志》是了解西方的基础。此书于道光三十年（1850年）流传到日本，人们争相阅读，对日本的维新变革也起到了启蒙作用。

目前，镇江市历史文化名城研究会为纪念林则徐和魏源镇江相会这一历史事件，建议设雕塑永久纪念，经市委、市政府批准，正在实施之中。

（主讲人　王玉国）

第六篇
江苏运河史话常州段

一、常州地区早期运河的开掘

常州,最早叫延陵。公元前547年,吴国的公子季札受封于延陵。当时的延陵,包含了现在的常州、武进、无锡、江阴和丹阳、丹徒、宜兴的局部地区等,是一片广大的区域。

季札是吴王的四子之一。吴王认为,在自己的四个儿子中,季札是最贤能的。因此他在临死之前,有意传位季札。但季札认为这样做不符合礼制。按照规矩,应该由长兄继承。所以季札推辞了王位,让自己的大哥当了吴王。当时吴国已经十分强大,季札的谦让成了一个美谈。

季札的大哥继位之后不久就去世了。季札的二哥跟季札说,应当由季札来继承王位。季札再次推辞,把王位让给了二哥。二哥觉得季札实在是高风亮节,心里觉得有点对不起季札,就在都城周围划了一大片地给季札,这片地就是延陵。

关于"延陵"这个地名,究竟是季札来这个地方以前它就叫延陵,还是季札来了以后才被命名为延陵,史学界至今还没有定论。但不管如何探究,可以确定的是,季札的受封地,名字就叫延陵。

延陵这块地方和当时吴国的国都,在地理位置上有怎样的相关性呢?吴国的国都阖闾城,就包含在延陵的范围内。延陵地区是吴国的一个核心区域,吴国历史上几乎所有波澜壮阔的事迹都是在这片土地上上演的。而在这所有的事迹中,最早的当属运河的开凿。

1. 春秋战国时期，吴国出于军事目的开凿运河

古代的运河就相当于我们今天的高速公路。军队外出征战，走水路肯定比步行来得快得多。在运输军粮提供后勤保障方面，运河也发挥了非常重要的作用。吴国水网密布，得天独厚的地理优势，为吴国的军事和民生发展提供了宝贵的基础条件。在此基础上，吴国率先开凿运河，进一步改善了原有的天然水系。

泰伯渎，是吴国先祖泰伯领导当地的百姓开掘的第一条人工水道，距今已有三千多年的历史了。虽然这条水道我们现在已经看不到了，但在史籍上却被记载得非常清楚。在这之后还有江南运河。随着吴国的逐渐强大，吴王夫差挥师北上，越过长江打到淮河以南，占领了一大片地区，随后吴王夫差按照吴国的习惯，在那里开凿了人工运河，这就是"邗沟"。从最早的泰伯渎、吴古故水道、江南运河再到后来的邗沟，吴国运河水网的建设与吴国的发展壮大相伴相生。

在吴国开凿运河的过程中，留下了很多美丽的传说。比如，太湖盛产的银鱼，它是怎么来的呢？传说，吴王阖闾在开掘运河的过程中征用了大量的民夫。其中就有很多民夫，不堪劳苦之重死去了。这些人的妻子就会来到水边，哭泣悼念自己的丈夫。妻子们的眼泪落到太湖里面，化为了太湖里的银鱼。

当然在运河开凿的过程中，还涉及很多我们耳熟能详的大人物，比如伍子胥、孙武，等等。孙武就曾在太湖边上构筑了一个水军城。

运河的基本形态形成之后，在运河周边，还陆续建造了很多城池与建筑，如常州地区的淹城。淹城的基本形态是三城三河、城池相依、城高池深，形制十分独特。我们曾经有个说法叫作：明清看北京，南宋看杭州，隋唐看西安，春秋要来常州看淹城。

在方志和其他记载中，有的说，淹城是季札封延陵时季札的办公地；有的说，吴国称霸后，越国的人质被囚禁在这里；还有的说，这里是当年人们聚居生活的地方。我们现在看到的淹城，是在20世纪70年代的一次考古中发掘出的。当时为了彻底了解淹城，破解它的历史之谜，江苏省考古队对淹城及其周边地区进行了一次比较细致的考察。

当年，淹城周边的地区有很多土墩，其中最著名的当属头墩、肚墩和脚墩。据民间传说,当年统治淹城这片区域的是淹王。淹王有一个非常漂亮的女儿,叫百灵公主。百灵公主在淹城很受百姓们的爱戴。淹城旁边另外有一个城,叫留城。后来,留城发兵攻打淹城。在这过程中,留城的王子和淹城的公主竟然相爱了。再后来,百灵公主为了爱情,当了留城军队的内应。淹王得知此事之后大怒,把自己的女儿杀了。百灵公主的身体被斩成头、肚和脚三段,分三处安葬,于是便有了头墩、肚墩和脚墩。

  淹城周围有很多土墩,在对这些土墩进行挖掘的过程中,考古人员发现它们都是春秋时期吴国的墓葬。从这些墓葬里出土了很多春秋时期的文物,如玉棕、玉币和陶器,等等。在对淹城外三条河的考古中,工作人员发现它们都是人工开凿的运河,并且还从中发现了四只独木舟,其中最大的一只长十一米、宽一米,后来被称为"中华第一舟",现在这只独木舟被陈列在北京国家博物馆里。

  常州,从季札封延陵到现在已有两千五百多年的历史了。常州地区水网密布,大禹治水以后,太湖流域的水系情况逐渐稳定,人类慢慢在这里聚居,形成了最早的城市。1971年,在湖北荆州拍马山发掘出一处战国时期的古墓。古墓的出土文物中,罕见地出现了一把木梳。南方地区的墓葬中,木头一类的随葬品是很少的。因为南方地区的地下水位普遍比较高,木制的东西非常容易腐烂。所以,在这处古墓中能发现这把木梳,还是非常让人震惊的。

  湖北荆州拍马山发掘出的这处古墓属于楚国贵族墓。这把木梳能作为随葬品出现在楚国贵族的墓中,可见,这把木梳很是珍贵。制作一把木梳,需要很多道步骤,也需要使用到很多种器械。从这一层理解,这把木梳可以说是代表着那个时期手工业的最高水准。所以,这把木梳才能得以和其他高规格、高价值的物品一起作为随葬品被藏入墓中。

  这把木梳不仅反映了当时的生产力水平,它还有一重更大的意义。史学界对于有没有常州城、常州城究竟于何时出现一直存在着不小的争议。这把木梳的出现,为这些争议画上了句号。它证明了常州城确实存在过,而且在季札受封延陵时就已经出现了。

  这把木梳出土之后,经过修复,专家们发现,木梳上刻着"延陵西门"四个字。虽然只是简单的四个字,但它的意义非同一般。第一,它的出产地是"延陵",而在历史上,只有常州地区曾经被叫作"延陵"。换言之,这把木梳来自常州。第二，木梳上写的是"西门"。首先，这说明当时的延陵已经有城门，而且因为这批墓穴的时期和季札受封延陵的时间大体相近，所以，可以推断，在季札受封延陵时，常州就已经成了城市。其次，它是"西门"，那么说明，延陵至少应该有东门，可能还有北门或者南门，甚至可能东南西北方向都有门。这也从侧面说明了吴国当时的实力已经很强盛了，以至于延陵的城市很大，能够拥有多座供出入的城门。

2. 范蠡主持开挖南运河

在吴国开挖运河的过程中，有一个人值得一提，他就是大名鼎鼎的范蠡。当年，越王勾践被俘虏到吴国时，范蠡也一同被俘虏到吴国的国都阖闾城。据说，越王勾践被俘虏后在吴国受尽屈辱，以至于卧薪尝胆，发誓一定要复兴越国。后来，越王也终于得偿所愿，发兵北上，一举灭了吴国。越王也摇身一变，成了太湖流域的霸主。越王最终得以灭吴的原因有很多，这当中，范蠡的计谋，以及在范蠡提议下兴修的南运河都起了不小的作用。

吴国的国都阖闾城水网丰沛，它接受了来自北边的几乎所有的水源。但是水量过于充足也带来一个问题，那就是国都阖闾经常会因为过于丰沛的水量而造成内涝。内涝问题长久以来都没有得到妥善解决，这成为吴王夫差的一块心病。

范蠡敏锐地发现了这一问题，他向吴王夫差建议说，应该挖一条通向太湖的运河，将阖闾城的水引向太湖。这样，北边过来的水就有了去处，不至于在阖闾城累积而导致内涝。内涝少了，造成的损失便也少了，农业生产更稳定了，百姓也可得以安居乐业。夫差听后，派人实地勘察了一番，随后决定采纳范蠡的这条意见，并任命范蠡监督开挖。这条运河就是南运河。

在南运河开挖的过程中，伍子胥看出了猫腻。表面上，这条运河开挖之后，可以疏导上游来的水，让阖闾城免受洪涝之灾，但也为从越国到达吴国开辟了一条水上快速通道。从军事角度考虑，这无疑为吴国埋下了巨大的隐患。可惜的是，夫差并没有听从伍子胥的劝告，执意继续开挖。公元前475年，由范蠡指挥开挖的南运河竣工，它北通常州，南入太湖。南运河开通后，内涝灾害确实得到了缓解，南北交通也便利了很多。人们为了感谢范蠡，把这条南运河称为蠡河。可人们不知道的是，范蠡当时提议开挖这条南运河，目的可不单单是为了缓解内涝，解救黎民百姓于水患。后来发生的事也证明,伍子胥当年的担忧没有错。越国的军队正是由这条南运河北上,直捣吴国首都,最终灭了吴国。

3. 春申君黄歇在太湖流域治水理水

范蠡之后,还有一个人对常州水系的治理作出了巨大的贡献,他就是春申君黄歇。早先,黄歇的封地在淮北。后来,黄歇任宰相灭了越国之后,主动向楚王提出,求封太湖区域给他。

为什么黄歇想要这片区域呢?因为,黄歇原先的封地淮北是农业区,只适合农耕,产物以粮食作物为主,可供牟利的空间有限。太湖流域就不一样了。太湖流域当时濒临东海,盐业发达,还拥有稀有金属锡。锡和盐在古代都是重要的税收来源。锡矿在制造兵器时也相当重要,锻造青铜兵器时,必须加入锡,如果没有锡,那生产出来的兵器只能作为仪仗用,无法用于军事战斗。至于青铜兵器的威力,我们可以从出土的春秋战国时期的青铜剑器上感受一二。这些出土的战国时期的青铜兵器,有的由于墓穴倒塌被压弯,但等到压在其上的砖块泥土被清理干净之后,这些剑器会慢慢恢复原有的形状,弹性之好,令后人为之赞叹。而且这些青铜剑器出土之后还能一下划破十几张叠在一起的纸,锋利程度可见一斑。

黄歇当年求封太湖流域,看中的是太湖流域的盐业和锡矿资源,这两样在当时都是最重要的战略物资之一。黄歇被封太湖区域之后,拥有了巨大的财富。司马迁曾考察过春申君在常州地区建造的宫殿,其精美繁华,让司马迁叹为观止。

太湖流域的封地给春申君带来巨大财富的同时,黄歇也为这方土地上的百姓做了许多好事,其中就包括治水。可以说,黄歇为太湖区域的水利系统奠定了基本格局。如果说春秋时期,开挖运河还带有浓厚的军事色彩,运河大多为着强国和争霸的目的而开,即使是范蠡指挥开挖的南运河,很大程度上也是出于军事方面的考虑,那真正以改善民生为目的的开挖运河,则是从春申君黄歇开始的。现在我们还可以从长江原常州段的港口,如黄田港、申港和上海的黄浦江、申江等名称中,找到一些当年黄歇在此治水理水的印记。

二、京杭大运河通达常州

在唐朝以前,长江的入海口在扬州与镇江之间,常州这块区域在当时被称为江东。后来,随着泥沙的逐渐堆积,入海口才慢慢迁移至南通、上海等地。杜甫的爷爷杜审言,在常州下辖的江阴县当县官时,曾写过一首诗,其中的"云霞出海曙,梅柳渡江春"两句广为流传。我们重点看前面一句"云霞出海曙",可以发现,唐朝时长江的入海口还在江阴地区。

民间传说,隋炀帝开通京杭大运河,是为了到扬州观赏琼花。还有一些与扬州相关的诗词,如"腰缠十万贯,骑鹤下扬州","故人西辞黄鹤楼,烟花三月下扬州",等等。这些"扬州"和我们如今行政区划上的江苏省扬州市不是同一个概念。在唐以前,整个江南地区都被称为"扬州"。那时的扬州包括了长江以南直至浙江绍兴一带的广大区域。现在的江苏省扬州市,在过去叫作广陵。

其实当年隋炀帝开通京杭大运河,主要还是因为看中扬州这块富硕之地,想密切国都洛阳和扬州之间的联系。在这之前,镇江和常州之间是没有运河的。

除了开凿大运河,隋炀帝还做了一件事情。据史料记载,隋炀帝当年征调了二十万军民,仿照洛阳王宫的格局,在常州建造了一座宫殿。洛阳王宫有二十四个风景点,在常州仿造的宫殿同样也有二十四个风景点。隋炀帝为什么选择在常州建宫殿呢?因为常州位于太湖的湖口,如果控制住了常州,就控制住了京杭大运河的要塞。从战略上考虑,控制住了常州,就相当于控制住了江南地区江、河、湖、海的通道。当然,还有一种说法,隋炀帝之所以选择在常州建造宫殿,是因为他的妻子萧皇后是常州人。但无论原因为何,隋炀帝确实曾命人在常州建造了宫殿。这处宫殿建好之后,隋炀帝还没来得及享用,隋朝就被推翻了。战乱中,常州地区曾短暂地出现过一个王朝,史称梁朝。自称梁朝皇帝的人叫沈法兴,他当了皇帝之后,霸占了隋炀帝建造的这处宫殿,把它当作了自己的王宫。后来,梁朝被灭,这处宫殿也在战乱中被焚毁。

后人对于隋炀帝开通的这条京杭大运河的评价还是很高的。这条大运河开通后,进一步完善了南北方之间的交流运输。有了这条运河,原先需要走海运的物资,可以转为走运河,不仅缩短了运输里程,增加了运输量,还减少了海运带来的风险。当年京杭大运河开通后,它的运输能力有多大呢?我们可以据历史记载推测一二。史料记载,隋炀帝当年乘坐的龙舟,高4.5丈、宽5丈、长20丈,上下共四层。隋朝开拓的京杭大运河,可以容纳如此硕大的船只航行,可见它的运载能力绝对不一般。

曾有历史学家这样评价京杭大运河,说它贯通了中国东部平原的广大地区,沟通了京都与黄河下游,加强了长江三角洲与浙东平原富庶地区的联系,更为隋唐及其之后历代王朝的经济支柱城市的繁荣奠定了重要基础。

可以肯定的是,首先,通过这条运河,隋炀帝加强了对全国的控制。如果没有这条运河,中国之后的王朝与东南地区的经济联系,肯定无法实现。其次,京杭大运河的开通也促进了民间商业贸易的繁荣。再次,整个江南地区的水利和农业发展,也受益于运河的开通。最后,京杭大运河的开通方便了中国与海外的交流。

与一般沿运河而兴盛的城市不同,常州是一座运河穿城而过的城市,整个城市被运河一分为二。大运河文化研究专家刘士林先生曾经写过一本书叫《中国脐带:大运河城市群叙事》。刘先生在书中写道:隋唐时期,江南运河西自朝京门外广济桥入城,经西水关出东水门后穿城而过。常州被运河穿城而过,也因此,常州获得了"三吴襟带之邦,百越舟车之会"的美誉。由于运河曾多次改道,常州城的面积不断扩大。前面我们说过,在春秋时期,常州城已经形成,并且已经有西门、东门,甚至还有可能有南门、北门等。那时候的常州城大概有两到三平方公里。后来常州城经历了四次变迁。经过前三次的扩建,常州城的周长可达十几公里。据地方志记载,宋朝时,常州是当时中国第四大城市,也是运河上最大的一座城市。到了明代,常州城的面积变小了。这是为什么呢?朱元璋夺取天下建立明朝之后,手下大将汤和被派驻常州。汤和敏锐地发现,常州竟然比国都南京还要大,便向皇帝朱元璋提出,为了更好地保卫首都南京,想缩小常州城的范围。朱元璋随即同意,常州的面积因此缩小到了原来的四分之一。

宋史专家刘子健曾说:"此后中国近八百年的文化,是以南宋文化为模式,以江浙一带为重点,形成了更加富有中国气派、中国风格的文化。"这段话的意思是说,自南宋以后,中国的政治、经济和文化中心,都在江南地区,而江南地区的发展繁荣与开通运河后的经济形态密不可分。

最初,"江南地区"包括了湖南、贵州一带,这是广义上的"江南"。古籍上记载,舜帝游于江南,留下了"斑竹泪"的美丽传说。史料记载,周公把东夷迁于江南。考古发现,东夷实际上是被迁移到了湖南、贵州一带,这说明,那时候的江南地区还包括湖南、贵州一带。到南北朝时期,江南的范围也还很广,东起上海,西至四川、贵州一带。后来,"江南地区"的概念变小了,主要指以苏浙沪为中心的长江中下游的平原地区,这是狭义上的"江南"。江南从此不再仅仅只在军事和农业方面重要,而是逐渐成为经济繁荣、文化昌明的区域,成为让无数文人墨客心醉神往的一方圣地。

范仲淹曾说:"苏常湖秀,腴千里,国之仓廪。"范仲淹这句话的意思是说,苏州、常州、湖州、秀州这几个城市,是当时北宋朝廷最重要的仓库。包公也说过:"财用储廪,皆仰于东南。"意思是说,北宋时,整个朝廷的开支主要依赖于东南地区。宋代以后,粮食、家禽、水产、蔬菜、水果、海味、辣味、干果、盐、糖、油、酱、醋、茶、煤炭、炊具、食器等,也都由江南地区提供,而且这个现象一直延续到今天。

随着大运河的开通,在运河沿岸逐渐衍生出北京、天津、沧州、德州、临清、聊城、济宁、徐州、淮安、扬州、镇江等城市。我们在地图上看一下,大运河沿岸的这些城市几乎都是掌握着中国经济和文化命脉的城市。而在大运河下端的江南地区也成为中国的经济、文化中心。中国文化史上的一些大家生于江南地区的占了百分之七十以上。

三、运河流域居重要地位的常州

常州左连长江,右通太湖,在整个运河流域处于非常关键的地位。唐朝时,常州被列为十大望州之一。所谓望州,就类似于今天的计划单列市。唐朝时,来常州任职的官员的品阶都非常高。唐朝有一个很著名的诗人叫独孤及,他后来被派到常州当刺史。到常州以后,他写了一封谢表给皇帝,中间有八个字广为流传,叫"江东之州,常州为大"。当时独孤及是三品官,但是他被派到了常州。很多人以为独孤及到常州当刺史是被贬官了,但是独孤及却不这么觉得,他认为"江东之州,常州为大",能到常州当刺史,是朝廷对他的肯定,以三品官配紫金鱼袋这种荣耀到常州当刺史是自己的光荣。他很热爱常州,把自己的诗文集命名为《毗陵集》,表达了对常州这块土地的眷恋。他最后也是在常州故去的。

唐朝有一个很能干的官员叫作李栖筠,当时的人们都认为他将来可能会当宰相。后来,在竞争中,他落选了。元载当了宰相以后,觉得李栖筠在自己的手边碍手碍脚,不好施展抱负,于是就把李栖筠放到了常州。李栖筠以二品官的身份到常州当了刺史。当时常州并没有运河连通到长安,来往长安和常州很不方便。因此,对于长安城来说,常州是非常遥远的所在。

到了常州之后,李栖筠没有就此失望堕落,他干了几件大事情,为常州的兴起和发展,以至于最后成为江东之州中最大的一个作出了巨大的贡献。

首先,他一到常州就发现常州的教育办得不是很好,于是,李栖筠就兴办了常州的第一个府学,还在学堂边上盖了一座孔庙,也叫文庙。从后来的统计资料来看,常州是第三个建有文庙的城市。宋朝大观三年,宋徽宗开科举,那一年,一共取了三百个进士,其中有五十三人来自常州。这事在当时引起了轰动,宋徽宗亲自题匾,手书"进贤"二字赐予常州,还给常州负责教育事宜的官员官晋一级、俸禄追加一级。常州成为文化昌盛之地,文气蔚然成风,也有赖于李栖筠当年打下的基础。

其次,李栖筠进一步修缮了常州地区的水网系统,完善了农村的水利设施。这一举措对常州地区的农业发展产生了非常重要的影响。

再次,在他的努力之下,"阳羡茶"成为常州地区的又一件贡品,自此名扬天下,成为常州的又一代表性产物。

四、常州的漕运

说到运河,就不得不提漕运。漕运,是中国古代历史上具有重要意义的朝廷政治行为。学者吴琦曾评价说:漕运不是一般意义上的水转谷或水转运,它特指朝廷的水上转运,是官家通过水路运输自己所需物资的一种运输形态,俗称"官运"。其他形式的水上运输,都不能叫"漕运"。其次,漕运是朝廷通过行政手段自上而下的一种粮食征调,而不是各地自下而上的粮物朝贡。以我们前面提到过的阳羡茶为例,朝贡是指常州本地的阳羡茶向朝廷主动上呈。又比方,海外的日本、马来西亚等国有不错的东西要献给我们的皇帝,这也只能叫朝贡。漕运,是皇帝下达任务给各地,要求各地每年要提供多少东西。这些东西包罗万象,包括粮食、布匹、胭脂水粉、笔墨纸砚、地方特产、建筑材料,等等。再次,漕运是统一的封建王朝的粮食运输,只有高度集权的政治制度才能确保这种大规模、有组织、常年不断的物资运输;也只有这样庞大的中央集权的国家机构才需要这种大量的源源不断的物资供应。如果这个王朝很弱小又或者是处于风雨飘摇之中,那它就不需要有这么多的物资,也就不需要漕运。

有研究认为,漕运最早可以追溯到秦始皇时期。因为秦始皇曾下令开挖过几条运河,并利用这几条运河来运输他所需要的物资。但是,相比于后来的正规的漕运而言,秦始皇利用运河运输物资的规模还比较小。秦始皇虽然统一了中国,但是他并未能建立一个庞大的王朝,所以,秦始皇开通运河可以作为漕运的前身,但还不能作为漕运的真正开端,正式的漕运应该是从隋朝开始的。

1. 漕运的作用

陆游曾为常州某个漕运转运闸写过一个碑文,文中说:"苏常熟,天下足。"意思是说,苏州、常州地区丰收了,整个国家的粮食供给和赋税收入就有了保障。随着漕运规模的日渐扩大,漕运对整个国家的政治、经济和文化都产生了重要的影响。

在政治方面,宋代有一个说法叫"今日之势,国以兵而立,兵以食为命,食以漕运为本"。意思是说,一个国家,必须仰仗强大的军队作为后盾;强大的军队,则需要充足的粮草供应;而粮草的及时供应,得依赖漕运。所以,漕运对于一个国家来说十分重要。自隋唐大运河开通之后,出现了一种现象,即国家的政治中心和经济中心发生了分离。以往,国家的政治中心就是经济中心,两者是一体的。自隋唐大运河开通之后,国家的经济中心逐渐转移到江南地区且之后一直稳定在江南地区。政治中心则随着朝代的更替,在不同的地方之间流转。

在经济领域,如前面所述,漕运促进了商品经济的发展。虽然漕运属于官运,但到后期,朝廷也允许漕运船只夹带一定数量的货物用于个人交易。比如,康熙就曾下令允许漕运船只携带额外的货物。到了雍正时期,漕运船只可夹带的货物数量可达一百担。以一担等于一百斤计算,一百担就相当于一万斤。这一万斤的货物不在朝廷的征收名单上,可以用于私人买卖,因此每年通过漕运夹带而流通的货品数量就十分庞大,很多地方特产就是经由漕运得以走出家门进入其他城市,如德州扒鸡、常州梳篦等。如果没有漕运,这些地方特产很可能无法被其他地区的人们所知。

在社会领域,漕运带动了沿线城镇的发展,也在某些方面改变了百姓的日常生活方式。所谓"江南无所有,聊赠一枝春",就是漕运改变了以往信件的传达方式。漕运的发展也孕育出了一些新的社会组织形式,如洪帮、青帮等民间组织,他们在运河上开展一系列的服务,拓展了城市的服务功能。

2. 漕运的终结

漕运在元代时基本定型,在清末时结束。说来也巧,漕运最后是在常州人盛宣怀手里结束的。当年,盛宣怀开辟了一条上海到天津的海上航线。这条海上航运线开通以后,运载量急剧增加,使得原有的运河漕运受到极大冲击,并日呈颓丧之势,并最终退出了历史的舞台。

众所周知,漕运发展到后期,曾成为封建官僚体系中最腐败的地方。漕运总督是腐败最高发的职位,因为漕运的账目难以核查。举一个例子,比如漕运总督向皇帝报告说,有一段河岸崩塌了必须修理,如果不修理的话,船不能通行。可能实际只崩塌了十米,但漕运总督可以说崩塌了一百米。因为皇帝需要漕运,他肯定会同意修补河道。财政部远在北京,不可能勘察每一道河岸的具体情况。维修款项拨下来以后,后期实际使用了多少原则上是无法核实的,所以贪污的情况经常发生。

3. 作为漕运要道的常州

常州历来被视作漕运的重地,是驻扎漕运机构最多的地方。明代以后,各地都在常州建了转运司,类似于我们现在的驻京办。漕运的船只到了常州以后,要通过常州的几个闸口,而每个闸口的通行能力是不同的,比如,有的闸口一天可以过一百条船,有的闸口一天只能过五十条船,而让哪条船先走哪条船后走就是个很大的问题。除此之外,从事漕运的人员之间也常常会产生一些矛盾和纠纷。我们举一个极端的例子,假设在某艘漕运船上发生了斗殴甚至出现了人员伤亡,如果这些参与斗殴的漕运人员来自浙江湖州或者福建厦门,那么常州官府是没有权力来查证这起斗殴事件的,只能由驻守常州的当地官员把人领回去审理。

还有就是跟常州地方官府的沟通,沟通的内容包括转运中发生的纠纷、哪些物资需要优先通行,等等。正规的漕运船只,都会携带出发地官府发给的官文,驻守常州的这批官员需要查验这些官文的真伪。所以,各地在常州都有自己派驻的转运司人员,有的还设有办事处。因此,常州就成为漕运的一个聚集地。到民国年间,小小的常州城内,光旅馆就有一百零八座。由此可以想见当年常州作为漕运重地时的盛况。多年的漕运将常州从一个江南小城变成了中国漕运线上一个非常重要的城市。

常州作为漕运的要道,当时还建了大型的粮仓。常州的大型粮仓是江南地区最大的。从最早的三座大粮仓一直到南宋期间的十座,明朝以后增加到二十一座。因为漕运需要大量的人力物力,历史上还曾形成过专门的常州运粮队伍。这些运粮船只队伍的规模达到了一百艘左右的程度。太平军起义时期,战争消耗了江南地区大量的男丁。有记载说,太平天国控制了常州地区的漕运通道以后,因为没有足够的男丁,他们曾经把常州十五岁以上四十岁以下的妇女都弄去参加漕运。当时那些妇女都是小脚,又穿着江南的传统服饰,运粮的时候搬不动,太平天国的士兵就督促着这一群妇女一把一把地运粮,成为常州运河上一个很著名的笑话。

4. 奔牛闸

常州运河有几个比较著名的闸口,奔牛闸就是其中之一。陆游曾为这座闸写过一个碑记,由此可见奔牛闸在整个漕运和整个大运河运输中的重要地位。

奔牛闸位于常州西郊奔牛镇。当年,奔牛闸周边商铺林立、人声鼎沸、船只拥挤。长江如果跟运河直接连通的话,长江水的潮汐变化会影响运河水位,进而就会使得运河的水势不稳,影响运输。闸口就起着将长江水跟运河水断开的作用。有说法说,奔牛闸是用一个巨大的石块做成的,这一说法后来被考证不可靠。比较可靠的闸口的模样是这样的。它有一道高坡,高坡阻断了长江与运河。船只到闸口以后通过绳索和绞盘把船绞到高坡的顶部,然后再顺势把船滑下去。后来发现的一些清末闸口遗址也确实是这样的。奔牛闸就是一道高坡,高坡上有一个巨大的转盘。转盘左右,有两股绳把河里的船系住以后,一边八头牛,两边共十六头牛。牛拉转盘,把漕船从运河里拉上坡。到坡顶后,再顺着斜坡滑入长江。

闸口边上有一个很大的养牛场,养了很多牛。如果按两个小时换一班牛来计算的话,一天二十四小时,必须要有几百到上千头的健牛。有些体力不太好的牛会被逐步淘汰,新的牛也需及时补上。由于养牛,又聚集了很多集市,漕船上夹带的各地土特产也集中在这里分送,渐渐形成了当年很兴旺的京货集散地。因为商铺林立,服务业也随之发展起来。我们熟知的陈圆圆就是常州奔牛闸人。

5. 因漕运兴起的常州会馆

会馆是在漕运发展过程中诞生的一种新产物。因为漕运的关系,大量的人员聚集到常州,这些人在常州造房子、买房子,他们之间互帮互助,渐渐形成了很多个会馆。当时在常州地区的会馆就有几十处。比较著名的有荆溪馆、临清馆、洪都馆、全闽馆等,荆溪馆是当时最为有名的一个。荆溪是宜兴的别称,从宜兴方向过来的人基本上都是由荆溪馆来接待的。南宋时期,宋高宗两次外逃,两次回南京,路过常州的时候,都是在荆溪馆住下的。原来常州有一个很著名的驿站叫毗邻驿,荆溪馆就在它的边上,两者基本上可以算作一处。当年苏轼到宜兴去买田、买房子,也都是从荆溪会馆坐船,然后往宜兴去。

全闽会馆有一个天妃宫祭祀妈祖,所以全闽会馆也叫妈祖宫。常州人有时候叫它全闽会馆,有时候叫它妈祖庙,有时候也叫它妈祖宫或天妃宫。它是除福建的妈祖庙以外,全中国唯一一座建在其他省份的妈祖庙。福建渔民们有妈祖文化信仰,出了福建以后就没有妈祖庙了。明代开始就有福建人在常州聚集。乾隆十三年(1748年),聚集在此的福建人商议准备筹建妈祖庙。乾隆三十八年(1773年)这座庙建成,其会馆之大,在常州所有的会馆中可称第一。

6. 常州豆业

常州的地形比较复杂,东南较低,西北较高,且西北部有很多旱田。这些旱田不适合种植水稻一类的作物,常州人就在那种黄豆。后来,常州的黄豆种植形成规模,产量逐步增加。我们能找到的最早的一个数据是明代洪武十年,即1377年,当时常州的黄豆总产量达到了两万两千八百多担。这个数字在现在看来不多,但在当时已经是一个非常大的数目了。

随着黄豆产量的增加,黄豆加工业在常州逐步形成。各种油坊、磨坊、豆坊渐次出现,大豆制品也依靠大运河走向全国。常州豆市后来发展到不再是从农民手里点对点的收购,而是在各地收购后汇聚常州,形成了批发、零售、生产、经营的产业链。由于产业链的形成,常州地区的黄豆交易从私盘交易变成了公开标价,换句话说,就是进入了市场化运营阶段。参与的双方公开议价,这样一来,常州的豆业迅速发展,常州也成为全国大豆交易的中心。到清光绪年间,常州本地产的黄豆有十万担,而在常州市场流通的大豆已达一百万担,而常州的大豆加工企业增加到八十多个。常州西门外有条河,由于加工作坊大多在那里,豆业交易也基本上在那里完成,那条河遂被命名为"豆市河"。当时全国各地的大豆都要送到常州来交易。

常州豆业的兴盛,带动了常州的大豆加工业。1915 年,常州的油饼加工量达到了四十万担。常州的大豆交易影响了整个中国的大豆种植格局。沿海地区的很多旱田都开始种植大豆,然后再运到常州进行交易。1937 年 11 月,日本人占领常州,常州的豆市遭受严重打击,运河运输中断,常州豆业从此结束。即使后来抗日战争结束,常州也没能恢复当年大豆交易中心的地位。

7. 常州木业

常州的木业,自明代以后进入全盛期。常州当时是整个南方木材的转运基地。常州为什么能成为木材转运基地呢?这里面的一个重要原因是常州的水能养木头。明清时期,太湖的水很清澈,几乎可以直接饮用。而木材在清水里停留一段时间以后,它的表面会发黑,苔藓等寄生菌也会长出来。苔藓类的寄生菌会分泌黏液,使得木材非常容易打滑。从河里把木材捞上来的时候,因为打滑经常造成事故。不是木材滚下去伤了人,就是绳子断了木材满河乱滚,漂到别处去,追也追不到。唯有常州,它的水基本上是长江水,带有泥沙,比较浑浊。木材泡在里面,三年都不长苔藓,且表面金黄。所以后来南方各省来的木材,进入太湖流域以后,基本上都聚集在常州。

福建、赣州、陇南、临清、洪都等地的木材商,在常州的驻点有将近两百家,常年蕴藏在常州的木材数可达十五万两。两,是度量木材数量的专有名词,一两相当于现在的 23 立方米。到清朝末年,常州地区有永丰盛、乾祥丰、乾恰丰和开泰四家木材行,人称"三丰一泰"。1916 年,这四家木行的年营业额达到了三百万银圆,其中仅永丰盛一家的年营业额就达到了一百万银圆。在当时最多只有两到三个银圆月薪的年代,年营业额三百万银圆是一笔非常巨大的数目了。

常州木业最后也是毁于日军侵占。日本人进入常州以后,常州木业遭到了毁灭性的打击。有一个统计数字:1937 年 11 月,常州运河里 15 公里长的木材被日军掠夺一空,损失在18万立方米左右。常州木业从此以后再也没有恢复元气。

8. 常州金融业

随着常州成为整个东南地区木材的集散中心,常州的金融业也迅猛发展。二十世纪初,中国银行、交通银行、上海商业银行、武进商业银行、国华银行和幸福银行等这些在东南一带非常大的银行都在常州开设了分行,开展金融服务。到1916年的时候,常州城区有钱庄银行12家,放出去的款项经营额可达160万银元,这在当时是一个非常巨大的数目。

常州的金融业,也因为日军侵略惨遭摧毁。常州有9家银行和30家钱庄在常州保卫战中被毁。后来,常州再也没有恢复当年苏南地区金融中心的地位。

9. 常州典当业

跟金融业相关的还有常州的典当业。常州的典当业在历史上一直非常发达,最早可追溯到齐梁两朝,也就是南北朝时期。梁朝皇帝萧衍信奉佛教,他经常亲自为寺庙拉赞助。由于梁武帝的推崇,当时整个南朝地区的寺庙大盛,收了很多很多钱。因为寺庙不能收利钱,不能像银行一样把钱放出去然后收人家的利息,于是,寺庙们开始做起典当生意。常州典当业随着豆业、木业和金融业的繁荣逐渐壮大,后来发展到可以寄存木材,就是木材商手里的木材到了常州之后,手里没有现钱了,可以把木头暂时抵押给寺庙,寺庙会按照木材的价值,借钱给木材商。等木材商手里头有钱之后,归还寺庙欠款赎回木材之时,再付给寺庙一定的保管费用。这便是常州当年以物当钱,把旧物赎回的时候付保管费的做法。

据统计,1765年,常州城当时有典当铺55家。清末民初时,常州有旅馆108家,当铺55家,这些数字现在听起来好像不是很大。需要跟大家解释的是,当时常州的城市人口只有15万,108家旅馆、55家当铺已经非常多了。到1932年的时候,常州典当业的总额已达68万元,相当于银行业的一半。日军发动侵华战争后,常州的典当业随之被终结。

10. 常州手工业

除了豆、木、钱、典这些仰赖运河而生的产业外,常州的手工业也曾获得巨大的发展,生产的手工艺品依托运河被传播到各地。常州有好几个手工因运河传播而成名,并成为常州制造业的象征,比如说常州的印刷业。现有资料表明,常州是中国最早使用活字印刷的地方。常州的印刷业之所以发达是因为它是中国最早的纸张产地之一,从唐朝开始,常州就要向朝廷进贡纸张。而且常州自唐宋起便是文化发达之地,诗人、作家、画家、书法家等名人名士辈出,他们对纸张的需求量很大。另外,常州地区普通人家也十分注重对子女的文化教育,常州人中能够识文断字的非常多,他们对于纸张的需求量也非常大。

常州的纺织业也是随着运河的发展而兴盛起来的。禹分九州,即青州、兖州、徐州、冀州、豫州、雍州、荆州、凉州和扬州。当时常州又叫延陵,属于扬州。在距今五千多年前的良渚文化出土文物中,发现了丝绸的残迹。常州属良渚同期文化地区,这就说明常州在当时已经是中国丝绸的产地之一。唐朝的诗人元稹在诗中就说过:"新妆巧样画双蛾,谩里常州透额罗。"元稹在诗中说的透额罗就是常州织出的一种透明的、纱一样的丝绸。除了透额罗,晋陵绢也非常有名。范文澜在《中国通史》里面就提到过"晋陵绢"。常州在历史上有过四个名称:延陵、毗陵、晋陵和兰陵,从隋朝才开始改叫常州并一直沿用至今。晋陵绢是在南北朝时期,常州使用晋陵作为地名时生产流行的一种高档丝绸制品。

除了丝织品,常州还有梳篦。清代时流传一句话叫"扬州胭脂苏州花,常州梳篦第一家"。苏州产女性喜爱佩戴的仿真头花,扬州出胭脂,常州产梳篦。这三种手工艺品都是重要的皇室用品。

五、常州史上最重要的一次人口迁移——永嘉南渡

对于常州来说,最为重大的一次人员流动,应该就是永嘉南渡了。据《中国移民史》记载,现在的江苏省接受了永嘉南渡移民中的70%,而常州,即当时的毗陵,接受了这70%中的70%,这意味着差不多有一半的永嘉南渡移民留在了常州。当年南迁过来的王公贵族、居士大夫基本上都留在了常州,王羲之一家也从山东迁到了常州。王家当年先是住在奔牛镇,留下了琅琊庙、琅琊碑和琅琊墩三处遗迹。后来这块琅琊碑被常州人搬到常州城里,竖在了毗陵驿,供来来往往的人们观赏。后来,王家搬到了洛社镇,也就是如今的洛社中学处,王羲之的洗砚池也留在了那里。再后来,王家从洛社迁到了无锡,

即现在的无锡崇安寺附近。除了书圣王羲之,画圣顾恺之在永嘉年间也生活在常州地区。常州的东北方向,有个叫"顾坡"的地方,据说那里就是顾恺之生活的地方。

1. 永嘉南渡对常州的影响

永嘉南渡后,随着常州经济的发展和政治地位的提高,它的文化也得到了很大的发展。唐代时,李栖筠在常州创办了府学,建了文庙,培养出了很多人才。唐宋以后,常州学子在科考中屡创佳绩。宋大观年间,一科三百进士,常州出了五十三名。常州学子之所以能在科考中取得这么好的成绩,也与理学在常州地区的传播与发展有关。

理学由程颐、程颢兄弟创立,当时理学的中心在河南的洛阳。后来,杨时和游酢"程门立雪",感动了程颐,得以师从程颐学习理学。杨时学成之后,将程颐的理学思想带到了南方。杨时在常州传道十八年,教授了好几代学生。后来,朱熹发展了程颐、程颢的学问,进而形成"程朱理学"。

常州后来又出了一位伟大的文人叫唐顺之,也称唐荆川,他是明代文武双全的奇才。论武功,他本人武艺高强,还编了中国历史上第一部武学著作——《武编》。据说,当年戚继光还曾向唐荆川讨教过枪法。唐荆川的文学造诣也很高,他是嘉靖三大家之一,中国文学史上著名的"唐宋八大家"就是他提出来,《古文观止》里还收录了他的文章。

唐荆川之后,清代时,常州还出现了六大学派,即常州学派、阳湖文派、常州词派、常州画派、孟河医派和渊如学派。这么多文化流派以及被称为"毗陵诗派"的诗歌流派延续的都是唐荆川的思想与精神。

从书圣王羲之、画圣顾恺之到恽南田,到杨时、朱熹、唐荆川,再到后来的六大学派,我们大致可以梳理出一条永嘉南渡之后常州文化的发展之路。

2. 苏轼与常州的情缘

常州是苏轼最钟情的一座城市,他曾十一次(另有一种说法说是十三次)来常州。他喜欢和常州的朋友们一起观花饮酒、作诗填词。当年苏轼被贬海南岛,有一天,苏轼开门,见门口立着个人。这人说自己姓葛,半年前就从常州出发,因为知道今天是苏轼的生辰,特地前来给苏轼祝贺。这人给苏轼带来了衣服帽子还有常州的土特产,这让苏轼特别地感动。后来,苏轼向皇帝上表,恳求皇帝派自己去常州。第一次宋神宗没有应允,苏轼又再次上表。

皇天不负有心人,这回,宋神宗答应了,同意苏轼前往常州。苏轼接到圣旨,喜出望外,随即准备出发赶往常州。苏轼沿着运河水路,先到了镇江,看望了米芾。与米芾一同游玩了几天后,再沿着运河来到了魂牵梦萦的常州。林语堂先生在《苏东坡传》里为我们描绘了当年苏轼回常州时的景象。说当时常州城里万人空巷,百姓们都赶来运河边,以图一睹苏大学士的风采。苏轼回常州的时候,是农历的六月,也就是公历的七月,天气炎热。可即使正值酷暑,也没有打消百姓们的热情。由于沿岸的百姓太多,苏轼一直站在船舱外与河岸边守候的百姓们行礼作揖,根本没法回船舱里休息。等他终于得以回船舱时,他跟船上的人开玩笑说:这可不得了,这是要看煞苏大学士也。结果,到了常州后不久,苏轼就开始生病,四十几天之后,就病逝了。

常州人为了纪念苏轼,一直保留着他去世时住的那处宅子。宅子里头还有他当年使用过的洗砚池和他亲手栽种的一棵紫藤树。康熙南巡时为苏轼旧居题写了一块匾额叫"玉局风流"。后来乾隆皇帝到常州,常州的地方官为了拍乾隆的马屁,把苏轼当年用的洗砚池,搬到了乾隆皇帝登岸的地方,那个地方也是当年苏轼来常州时上岸的地方。后来,常州人在那里为苏轼建了一座亭子,叫舣舟亭,现在已经成为常州的一个著名景点,叫东坡公园。

3. 黄天荡之战

常州的地理位置十分特殊,历来都是兵家必争之地。黄天荡之战是宋军跟金军之间的一场战争。公元1129年10月,完颜挞懒从正面攻打南宋的临时首都扬州,金兀术则带领10万兵马,从安徽天长渡江至南京,然后打到常州,切断南宋军队的后路。他们计划以这种方式,前后夹击,将南宋一举拿下。宋高宗赵构当时人在扬州,他听说金兀术已攻下南京,便猜到了金兀术和完颜挞懒的计谋,当时都没来得及通知大臣,连夜从扬州渡江往南跑。常州有个地方叫遥观,就是当年宋高宗南逃时暂时歇脚的地方。由于宋高宗及时南逃,金兀术的围剿之计没有成功。金兀术一路追赶,从常州一直追到杭州,又从杭州一路追到宁波和温州一带,后来又追到海边,由于金兀术是游牧民族,不善于海战,只能作罢。

公元1130年,也就是半年以后,金兀术回师北归,打算与驻守长江北岸瓜洲的完颜挞懒军队会合。因为从常州渡江北上,前往瓜洲是逆水而行,很不方便,于是他决定进军镇江,打算把镇江拿下来以后,再从镇江渡江到瓜洲,但没想到在镇江遭到了韩世忠的抵抗,金军往后退回常州。常州的北边有一个大型湖泊叫作芙蓉湖,芙蓉湖附近有一个叫黄天荡的湿地。这块湿地只有一条路进一条路出,而且这块湿地无法通船,在这样的状况下,韩世忠用八千兵马把金兀术的十万兵马围困在了黄天荡里面四十几天。

韩世忠以为可以把金兀术一举歼灭,便报告了宋高宗。宋高宗当时刚受完金兵的奇耻大辱,这次韩世忠能把金兀术围困在黄天荡,他决定御驾亲征一雪前耻。为了御驾亲征,宋高宗动用了很多资源,因而也耽搁了不少的时间。正当宋高宗准备离开杭州往黄天荡来的时候,有人指点金兀术在湿地中间挖开一条通道,直通芙蓉湖,进入芙蓉湖,就可逃出生天了。金兀术依计而行,十万大军终于进了芙蓉湖上了岸。原本,韩世忠是将金兀术的十万大军围困在黄天荡里,结果没想到,在等着宋高宗的这段时间里,金兀术派人挖了河道,带着手下的大部队全身而退,并且还反过来到了韩世忠部队的背后,战场情势瞬间被逆转。韩世忠眼看情势不对,赶紧率领部下逃到镇江,金兀术随即追到镇江。因为实在抵挡不住,韩世忠又逃到南京,金兀术也追来南京,但是没有攻下。然后,金兀术折返北上,经镇江到了瓜洲,与完颜挞懒汇合北归。这便是这场战役的大致经过。

4. "进士工厂"庄氏家族

常州主要有两大文脉区域,一个是青果巷,一个是白云溪。在白云溪的边上有一个庄家。庄氏家族是常州的大族,他们家在明清两代一共出了二十七个进士。按照常州城当年的规矩,谁家孩子中了状元,他家年龄最长的女性,或者是祖母,或者是母亲,要登上常州的南门,挑一筐谷往下撒,意思是在常州城传承读书种子。庄家的这位老祖母就曾两次登上常州南门往下撒谷,这在中国科举史上也是罕有。

庄家神奇到什么程度呢?在清代的时候,有兄弟俩,一个叫庄存与,一个叫庄培因,弟弟比哥哥小了十岁左右。哥哥去考试的时候,弟弟就跟哥哥说:这次你去考试,状元你是指望不上了,你最多得个榜眼。哥哥说:为什么?凭我的文章,我觉得我能当状元。兄弟俩在家里练嘴练了半天。然后哥哥庄存与就上京考试了。几个月以后,北边飞马来报,庄公子榜眼及第。这也是很了不起的事情了,得了全国第二名。然后庄家就做了一块匾挂在门上,叫"榜眼及第"。

弟弟庄培因当时在外地读书,他听闻哥哥中了榜眼以后,赶紧赶回来。回家看到门上挂了个匾,叫"榜眼及第"。他就跟家里人说,把那个匾拿下来。他说做一块小的匾,对联一样大的,挂在大门的左手边。上联的位置做个空白的挂在那。等我中了状元以后,你们再挂个"状元及第"上去。

家里人都说这小孩子胡说八道,中个榜眼已经不容易了,状元哪是你说中就能中的。但他坚持要这么做。家里人拗不过他,就把那个"榜眼及第"的匾拿下来,做了一块对联大小的木牌,放在大门左手边。大门的右手边挂了一块空白的木头。十年以后,庄培因进京赶考,真就中了状元,一时成为常州科举史上的奇迹。没过多久,庄家的外孙钱维城也中了状元。一个家族中出了两个状元,成为常州乃至中国科举史上的一段佳话。

庄家的另外一支,曾在门口竖过一次牌坊。别人家的牌坊一般是四个字或者六个字。他们家的牌坊有十个字,人称"十字坊"。十字坊的内容是什么呢?是爷孙两个字,父子两个字,兄弟两个字,叔侄两个字,这样加起来是八个字。爷孙、父子、兄弟、叔侄八个字,最后两个字是进士,加起来是十个字。庄家后来被研究者称为"进士工厂",在科举史上创下了奇迹。

有关运河与常州的话题,说不尽道不完。常州与运河,用八个字来概括就是"依河而建、因河而兴"。所谓依河而建,就是先有运河后有常州这座城市。常州城也是因河而兴,运河这条母亲河现在还在继续滋养着它。我们也完全相信常州城的全体人民一定会在今后的运河史册上写下更为辉煌的篇章。

(主讲人 张戬炜)

第七篇
江苏运河史话无锡段(上)

一、泰伯奔吴开伯渎

无锡是一个繁荣而美丽的江南水乡,历史悠久,文化底蕴深厚,距今已经有三千一百多年的历史了。说到无锡的历史文化,我们不能不知道江南文明的开拓者泰伯。

泰伯又称太伯,姓姬,本是中原周部落的人,是古公亶父的长子。古公亶父就是周太王,在他晚年的时候,感觉到自己的三儿子之子聪明伶俐,有兴王业的才能,所以他就想把王位传给他的三儿子季历,再传位给孙子昌。但是按照当时的继承制度,应当是只能传给长子的,周太王一直没有把自己的心思公开,后来长子泰伯和二子仲雍体察到父亲的心思后,均要把皇位让给三弟季历。约在公元前12世纪,在古公亶父生病的时候,他们两个人就以采药之名带走一些仲雍的群众南迁到了江南,礼让季历继位,而他们就在江南无锡的梅里定居了下来。

那么泰伯为什么要在梅里定居呢?原因有很多,但是其中有一个决定性的重要因素,就是无锡的地理环境。远古时候的江南地区尚是一大片海湾沙滩,里边间有沙丘、岛屿跟山脉,大部分面积都是水。在四千多年前,大禹治水来到了太湖,他开挖了"三江",疏通了在海口的一些沙堤,打开了排洪的出路,这就是史记里记载的"三江既入,震泽底定",也就是说开了这三条江,太湖地区的洪荒局面得到了初步的改善,为当地居民的生存创造了一些条件。这三江一条叫娄江,一条叫淞江,一条叫东江,娄江向东北入长江,淞江就是现在的吴淞江,它是通向东海的,东江则向东南入钱塘江口。这三条江开通以后,太湖的洪水就有了出路,水位有所下降,原来海滩下面的一些比较高的滩地、岛屿、山脉逐渐都露出了水面,梅里这一块地方也形成了一块陆地。泰伯一路走来看到了梅里这一个优沃的平原,看到了这里优良的气候条件和丰沛的水源,他认为在这里能够发展生产,能够建立他的事业,所以他就在这里定居下来,这应该说是泰伯最理想、最好的选择。

泰伯来到了江南后,随乡就俗,断发文身,和群众打成一片,而且教会当地的群众开展农业生产,种地养蚕,所以得到了当地群众的尊重和拥护。有一千多户人家归附在泰伯的名下,他们建立了勾吴国,就是我们后来所讲的吴国。泰伯到江南来的时候,中原地区已经经过了夏商一千多年的发展,其文明程度跟农田水利技术都有了很大的进步;而当时的江南地区即现在的长三角地区,还是水多地少,当地生活都是以渔猎为主,文明程度跟中原地区差距很大。所以泰伯到了江南,也就是把中原地区的文明和先进的技术带到了江南。他带领吴地人民大力兴修水利,开河挖渠,搞灌溉事业,在梅里开挖了"一渎九泾",这"一渎"就是泰伯渎,"九泾"就是泰伯渎两侧的多条河道,实际上就组成了一个比较完整的农田排灌体系。根据元王仁辅《无锡县志》记载:"泰伯渎,去州东五里,贯景云、太伯、梅里、垂庆四个乡,西枕官河,东通蠡湖。"意思是说,泰伯渎在无锡的东南面,由东面的蠡湖通达西面的太湖。记述中的"西枕官河"那是元代的情况,官河即运河,实际上开挖泰伯渎的时候还没有运河,而是直通到太湖周边的一些沼泽、滩地,直接沟通了太湖,发挥了水流引排贯通的作用,五六百年后才有运河与之相接。现在的泰伯渎,在民间俗称伯渎河,它西起古运河无锡南门清名桥南边,贯通梁溪区清名桥、新吴区的江溪、梅村、鸿山四个街道和锡山区的荡口镇,东面通入漕湖,漕湖就是史记里面讲的蠡湖。有些历史记载里面说,泰伯渎为唐代的孟简所开,比如唐书《地理志》云:"元和八年,孟简开泰伯渎,东通蠡湖。"实际上确有"孟简开泰伯渎"之事,但只是因泰伯渎从公元前开挖到唐代元和八年的时候已经有了1 300多年的历史,特别是江南运河开通以后,伯渎河的运输功能有所减弱,所以多年缺少大规模的疏浚和清淤,已经满足不了唐朝经济发展的要求,于是孟简就把伯渎河进行了比较彻底的疏浚、疏通,泰伯渎不是孟简所开,但确实为他所修缮。

泰伯渎是江南的第一条人工河道,它的开挖不但发展了当地的农业生产，同时也沟通了东西交通航运，所以它不仅仅对江南的农业生产起作用，对吴国的强盛也起到了很大的作用。伯渎河的开通，促进了吴国经济和国力的快速发展，所以当地的老百姓对泰伯筑渎兴吴非常钦佩，不但以泰伯的名字命名了这条河，还在泰伯过世以后给他建造了很好的墓园和纪念庙宇。

泰伯墓就在泰伯渎北侧的鸿山西南坡上，于东汉永兴二年（154年），由吴郡的太守糜豹奉诏修建。这个墓区坐北朝南，依山而建，占地三亩，以后又多次改扩建。到明代弘治重建以后，这个墓园就有了泮池、祭台、四面碑和莹城罗城等建筑，组成了一个完整的墓区。到了清代嘉庆二十三年（1818年），又在墓园前边建造了一个棂星门，是一个石牌楼，棂星门的正上面有"至德墓道"的匾额（宋代元符年间，宋代的皇帝封泰伯为至德侯，所以称"至德墓道"）。1998年泰伯墓又进行了一次更大规模的修缮，在泰伯墓园前的山坡下划出了1.5公顷的土地，建了牌坊、戟门和仰止阁，作为纪念、祭祀泰伯的建筑。在泰伯墓上方的鸿山顶上还建有一座"望虞亭"，传说泰伯跟仲雍到梅里建立勾吴国后，泰伯就让他的弟弟到常熟虞山去管理政务。梅里跟虞山虽然距离不远，但是古代交通非常不便，所以他们兄弟两人很少能够见面，泰伯在想念自己弟弟的时候就经常跑到鸿山顶上，默默地遥望虞山，以寄托自己对弟弟的思念。当地老百姓深知他们兄弟两人的深厚情谊，所以在泰伯和仲雍死后将他们分别葬在鸿山上和虞山下，并在鸿山顶上修建了一个望虞亭，以寄托对泰伯和仲雍的思念。

泰伯庙在无锡、苏州有好几座，以伯渎港岸边梅里的泰伯庙最为古老，最为珍贵。梅里泰伯庙是由糜豹在泰伯的故居修建的，后来到明代弘治十一年（1498年）的时候又重建了泰伯庙的主殿、石牌坊、香花桥，清代又建了配殿和一些辅助设施。庙的主殿叫至德殿，殿里面有38根石柱和楠木柱，每根柱顶上都有钉头拱，柱下是石鼓墩为基石，整个庙宇面宽五间，进深六架，两侧的山墙上还嵌有历代重修记载的石刻。基于泰伯的贡献很大，所以明代弘治重建的时候是按照宫殿的形制来建造的，它的规模宏大，雕梁画栋，庄严肃穆，进入庙堂就会让人肃然起敬。

2006年泰伯墓和泰伯庙都被国务院公布为全国文物保护单位，并已经成为全球吴氏宗亲祭祀先祖的重要场所，每年都有大批国内外的吴氏后裔回乡探亲、祭祖。

二、江南运河的起源和整治

泰伯在梅里建立了勾吴国,兴修水利,发展农业,开启了江南地区的文明进程,建立并推进了吴文化的发展,在历史上具有深远的意义。这一段历史把悠久的中原文明扩展到了南方,使江南地区经济社会很快地发展起来,成为先秦时期全国最为发达的地方,而且发展的后劲很大。正因为有了这样的历史背景,江南地区原有的水运航道远远满足不了经济社会发展的要求,有了开挖扩展江南河道的必要,而且付诸了实践。

勾吴国在泰伯及其后代的领导下,经过六百多年的发展,传到了泰伯的第二十世也就是勾吴国第二十四任君主阖闾的手上,这时已是春秋末期,吴国很强大,而阖闾本人更是一个很有魄力、很有谋略的君主。在阖闾任内,他在吴国开挖了不少河道,大力加强了农业的发展。《史记·河渠书》里面说:"自是……于吴,则通渠三江五湖。"就是记说的春秋末期江南地区的水利建设成就,其中很多都是阖闾开挖的河道,比如苏州直通太湖的胥江,由太湖通达石臼湖的胥溪,沟通吴越粮道的百尺渎,由苏州通长江的"吴古故水道",还有沟通浙江北部东面诸水的胥浦等。其中的"吴古故水道"与无锡关系尤为密切。公元前515年,阖闾从无锡迁都到了苏州,为了沟通古都无锡并北上长江的水道,疏挖了"吴古故水道"。《越绝书》记载:"吴古故水道,出平门,上郭池,入渎,出巢湖,上历地,过梅亭,入杨湖,出渔浦,入大江,奏广陵。"平门就是现在苏州的北门,郭池就是苏州外面的护城河,入渎的"渎"就是通向苏州西北面湖荡地区的一条自然河,巢湖就是现在的漕湖,历地就是蠡地,是吴王夫差封赏给范蠡的一块土地,梅亭就是我们所说的梅里,杨湖现称阳湖,是芙蓉湖的西南部分,渔浦即今江阴的利港,出了利港就进了长江,目的地是广陵,广陵就是现在的扬州。所以这条河既沟通新老两个都城,又为阖闾打算到长江北边建造防城、继续北伐齐国做了准备。吴古故水道开通了从苏州到长江的航道,它从苏州经芙蓉湖到利港出江,通向扬州。其前段是苏州西北面的湖荡沼泽区,北段是芙蓉湖区,航道的疏挖都很容易,而中间段是梅里的一片高地,正好利用了已有的泰伯渎,这条路线的选择是吴地人民的一个成功创举。可以说,这一条包括了泰伯渎在内的江南水上航道,就是最早的"古江南河",而泰伯渎的功能也由农田排灌和农业运输为主,上升到了"运河"功能。所以伯渎港可以说是江南开挖运河最早的一段河道,从这个角度看,江南运河的开挖最早可以追溯到泰伯渎,离今天已经有3 100多年的历史了。

到了公元前496年,夫差接任了阖闾的吴王王位,而且继承了阖闾的遗志,准备大规模北伐齐国,需要向长江以北快速地运粮运兵,当时虽有"吴古故水道",但河道规模太小,满足不了大规模地运送兵力的要求。虽说当时已经有了从海上到山东的尝试,但是船小走海路风险太大。于是,夫差决定重新开挖一条新的"江南河",根据明代的《苏州府志》和清代的《江南通志》记载:"周敬王二十五年(公元前495年),吴王夫差开河通运,从苏州经望亭、无锡至奔牛镇,达于孟河,计170余里。"解释了江南河的河道走向,其中由常州的奔牛达于孟河以后,它就可以入江了,这里的江指的是扬中夹江,不是大江,从夹江可以直达丹徒,过江就到扬州,所以夫差开挖的这条江南河线路更为科学,他借了太湖的湖边滩地,借了芙蓉湖,借了扬中的夹江,河道开得比较平直,这样航运更为安全。实际上这条江南河就是我们现在的京杭运河中最早的一段即江南运河段,所以无锡的古运河是江南运河的一部分。

江南运河开通以后,到战国时候的楚考烈王十五年,就是公元前248年,黄歇被赐封到江东,就驻在无锡,他对江南运河和芙蓉湖进行了大规模的治理,据《越绝书》说:"无锡湖者,春申君治以为陂,凿语昭渎以东到大田。田名胥卑。凿胥卑下以南注太湖,以泻西野。""无锡历山,春申君时盛祠以牛,立无锡塘。"这段话实际上记述了黄歇所做的两件大事,其一是在芙蓉湖的东南、无锡的东北面开挖了"语昭渎",沟通了芙蓉湖和范蠡开的古蠡河(现望虞河的南段),打开了芙蓉湖向太湖泄水的一大通道;二是他在芙蓉湖里疏挖了一条河道,把挖出来的土堆成了无锡北塘的堤防,使古运河穿越芙蓉湖段成为了一条独立的河道,不受湖面风浪的影响,改善了航道,大大提高航行安全性,同时也筑成了无锡北塘围圩,为今后的芙蓉湖垦殖治理做出了样板、开了先河。此外,黄歇还在江阴扩大开挖了黄田港,在原有夏港、利港的基础上,扩大芙蓉湖的入江通道。这几项工程的实施,为保障古运河航运的安全、调节运河水量、控制运河航运水位起到了重大的作用,为大运河发展作出了不朽的功绩,也为后人进一步治理芙蓉湖创造了条件。黄歇是大运河发展建设和芙蓉湖治理的一位大功臣。

黄歇在无锡疏挖芙蓉湖的时候,留下了湖中一个由惠山余脉形成的小岛。当时夫差开挖运河穿过芙蓉湖的时候没有碰它,黄歇治理湖区运河时也正好要通过这个小岛,但是他也没有把它挖掉,而是在岛上指挥了河道的疏挖、芙蓉湖的治理和无锡塘的建立,无锡老百姓为了纪念他就把这个小岛称作"黄埠墩",因此黄埠墩正是承载无锡历史文化的一个重要的遗存,也是大运河文化的一大亮点。黄埠墩不大,只有220平方米,但它的位置非常显要,它是大运河到达无锡的一个标志,也是大运河上的一个重要的关卡,历代有多位名人曾在岛上驻足留宿,并留下了珍贵的墨宝。如南宋时,文天祥被元兵抓住押往元都路过无锡的时候,就被关在黄埠墩上,无锡的老百姓知道文天祥关在黄埠墩上都站在运河岸边不肯离去,文天祥非常感动,他写下《过无锡》这首诗;明代海瑞也到过这个岛,他留下了"玩山临水第一楼"的匾额;清代康熙南巡的时候也到过此岛,在墩上题写"若兰"二字;乾隆在岛上的时间更长、次数也更多,而且他对黄埠墩的喜爱程度也更高,他在墩上寺内的观音楼御题"水月澄观"匾额,而且作诗云:"两水回环抱一洲,不通车马只通舟。到来俯视原无地,攀陟遥吟恰有楼。"1751年,乾隆南巡后回到京城,还叫人在昆明湖南面水面上仿黄埠墩建造了一个"凤凰墩"。历史上黄埠墩曾多次变迁、损毁、扩建,其间墩上的一些景点也都有变化:明代《弘治重修无锡县志》记载"黄埠墩上有水月亭、环翠楼";明末无锡的王永积写的《锡山景物略》记载"墩上有文昌阁、水月轩、环翠楼";到了清康熙时期,《无锡县志》里记载"黄埠墩旧有文昌阁、水月轩、环翠楼,并废,今唯中楹为佛殿,周廊四匝而已",这时明代的景点已被全部破坏,只剩下庙宇在那里了;到了1860年,太平天国将黄埠墩上的所有建筑全部烧毁;1864年,江苏巡抚李鸿章在岛上重建了一个寺院,叫圆通寺;1958年,无锡的大运河要改道拓宽,计划要挖掉黄埠墩,好在墩上建筑刚被拆毁,改道工程就被叫停了,墩才有幸保留了下来;到1981年,无锡对黄埠墩作了修复改建,用南门张元庵前拆下来的门楼和戏台的材料,在墩上建了一幢两层的古建筑阁楼,并增镌了文天祥的《过无锡》诗碑,悬挂了"正气长存"和"千古流芳"的匾额。1983年黄埠墩被列为无锡市的文物保护单位。2014年中国大运河申遗成功后黄埠墩被列入保护范围,得到了永久的保护。

《越绝书》记载:"春申君治以为陂……立无锡塘。"其中的"陂"和"塘"的含意不仅指堆筑运河的堤岸,而是修筑成圩子,即疏挖运河的土方在运河两侧筑成了无锡北塘第一个围圩区,出现了芙蓉湖边的第一片陆地。这片圩区虽然不大,但在无锡的历史上也是一个很重要的标志,它开创了无锡芙蓉湖治理垦殖的先河。从那以后,芙蓉湖的治理经过了东晋张闿治湖、唐代和宋代修筑运河望亭堰、运河西侧梁溪河的将军堰、东侧五泄水上的五泄堰、斗门闸、芙蓉河上的芙蓉闸,减小了运河上游和太湖洪水对芙蓉湖的影响,芙蓉湖的治理垦殖发展加快,由四周向湖中心逐步发展。到了元代,芙蓉湖东部的五部湖大水面已经消失,西南部杨湖的面积也大大减小,但是由于湖心部分的水比较深,没有能够把它治理得很好。到了明代宣德六年(1431年),工部尚书周忱巡抚江南,他在无锡大力兴修水利,看到前朝几经垦殖的圩田抗灾能力非常薄弱,溃堤、倒塌的情况很多,老百姓深受其害,所以他下决心要把这些已垦的圩田治理好,并开展了对湖心区的治理。周忱吸取了历代治理芙蓉湖的经验教训,他采用了宋代单锷提出的治水的思想,从流域全局入手,他的做法总结为一句话就是"捍上水而泄下流",即把外面来的洪水挡住,把芙蓉湖的水排出去。他在太湖上游对胥河上的东坝加固加高,东坝是阻挡皖南山区的洪水流向太湖的古闸坝,可控制皖南山区的水、青弋江流域的水都往芜湖那边入江,而不到太湖,不到无锡,不到常州。他又在下游整治了五泄水,就是现在的锡澄运河,拓浚了黄歇时开挖的黄田港,加大了芙蓉湖的排水力度,使其可以畅泄长江。于是,芙蓉湖的水位大幅下降,湖心地区的水深也大大减小。在此基础上,周忱大力"榜募恳阀",组织百姓修筑圩堤,筑成了围西湖的芙蓉圩和围东湖的杨家圩,这也是古代芙蓉湖垦殖以来最大的,也是最后的两个圩子。从黄歇开先河,到周忱全面治理芙蓉湖,经历了1 700年,沧海变桑田,无锡从此有了大片的土地,所以说无锡是一个"从水中走出的城市"。无锡人民非常敬仰周忱,为了纪念他解救百姓于水患苦难的功德,他们在无锡的惠山、芙蓉圩、杨家圩、江阴青阳等地方都募建了周忱祠(周文襄公祠),永久地祭祀他。

  从阖闾疏挖吴古故水道开通古江南河,到夫差开挖新的江南河,再到黄歇整理构建穿越芙蓉湖的河段,不但使无锡段的江南运河成为一条完整的、独立的、安全的河道,保障了运河航运的安全,而且成功地建立了芙蓉湖的第一个围圩,开创了治理垦殖芙蓉湖的先河,为芙蓉湖成功全面治理创造了良好的水利条件。同时,使陆地贫乏的无锡获得了大量的土地,大大提高了无锡人口、经济的承载能力,为无锡的发展奠定了坚实的基础。

三、无锡城的兴起和运河变迁

夫差开挖了江南河,从苏州胥门过望亭,来到无锡,首先同泰伯渎相交,然后继续向北,进入芙蓉湖,在入湖口附近又和古梁溪河相遇,在无锡就形成了一个以运河为主线,伯渎河向东,梁溪河向西的初级河网,出现了南北两个河道的节点。由于泰伯渎通达梅里,地方经济、水上航运发展比较早、比较快,故很早就有很多船舶在南节点周围停靠并同运河交往转运,商人、力夫、船户聚集于此,很快就形成了无锡最早的商业集市。随后无锡跟太湖周边的联系逐步增多,而梁溪河正是太湖沿岸地区通向无锡、通向运河的主要通道,所以在梁溪河和运河相遇的北节点也相继出现了集市。由于这个地方地面比较高,交通比较方便,所以发展得更快,逐步形成了比较繁华的街镇。到西汉高祖五年,就是公元前202年,朝廷调整行政区,增设无锡县,县衙门就放在了北节点上,这里成为无锡最早的县邑,位置就在今天的人民路和健康路交会处附近,而且历代无锡县衙的位置基本都没有大的变化。无锡县衙前有两条古街,一条东大街,一条西大街,它们是老无锡县城的东西干线,西头接梁溪河,东头接古运河,街上留下的一些古建筑、商铺、住宅是无锡古城的重要遗迹,一直延续到20世纪末才在城市的改造和发展中被拆毁湮灭。

上述史实表明,运河的开通和发展是无锡城市起源的基础,先有古运河后有无锡城。而无锡城的建立和扩展对运河的发展也产生了巨大的促进作用,使运河的线路和规模都发生了多次重大的变迁。

东晋、南北朝时期,城市主要向南发展,城南出现了很多私宅大院和公共建筑,此时的无锡运河是在古城邑的东侧"傍城而过"(城在运河西面)。到隋朝时,运河上建了利津桥等跨运河的桥梁(利津桥即后来的大市桥),沟通了运河两岸,城市建设也逐步开始向运河东面发展。唐代时城厢内的民居、商铺建筑大量增加,宋代又建立了很多庙宇、学宫等行政、文化、宗教建筑。至此,无锡的城厢形制基本形成,古运河从城厢中心穿过,由原来的"傍城而过"变成了"穿城而过"(城在运河两侧),运河城内段也因此被称为"城中直河"。

古代的运输业基本上以水运为主,如果水路不通了,无论是对老百姓的生活、商店的生意,还是对生产物资的运输都会产生不利影响,所以古代无锡人在城市发展中依托穿城而过的运河,按照当地当时的地理形态建设了城内河道水系,在这个只有2.5平方公里的龟背形城厢内布设了30多条河道,组成了一套别具一格的河网水系,把无锡城建成了一个典型的龟背形"江南水城"。无锡老城厢的水系以运河(直河)为界,分为东西二片。西片又分成南北两个小环,北环由直河、留朗河和胡桥河组成一个三角形的环河,环内还有围绕无锡县治四周一圈的玉带河。南环则由直河、后西溪、水哒河(南西里城河)和束带河构成了一个方形的环河。东片是由直河、东里城河和东西向的9条河道组成了一个弓形的环河,以直河为"弦",东里城河为"弓",其他9条东西向的河道就像是蓄势待发的九支"箭",故被称为"箭河"。这就是无锡城水系的一大特色,全城河网呈现了"一弓九箭""玉带""束带"的神奇态势。而且这一布局还科学合理地处理好了城市河网与运河的关系:在河道的布局上,布设了河网自身的小循环,既做到了满足城厢各处通航的方便,又尽量减少了运河与两侧支河的交叉,以保障城中直河的航运安全。在直河两侧有东西向的河道15条,但是只有7条河和直河相通,在直河上只出现了5个交叉点(其中有两个交叉点是十字交叉),保证了古运河航运的畅通和安全。在管理运行中,则十分重视河网和运河的相互调剂,一是运河繁忙时利用河网疏散船只,二是天旱水低时可用河网调水济运,以保运河的畅通。最典型的事例是宋代《无锡县志》里的记载:"熙宁八年大旱,运河枯,知县焦千之以梁溪水灌而通之。"也就是1075年时,江淮大面积干旱,运河枯涸,舟舆不通,无锡城中直河船舶拥塞,无法通行,知县焦千之听取太湖水利专家单锷的建议,亲自率领老百姓到城西束带河的将军堰加设了42部龙骨水车,连续奋战了5天5夜,把太湖水通过梁溪河、束带河灌入了直河,使直河的水位抬高,船只得以顺利通过。无锡古城的这套河网布局是无锡古代治水中一个非常耀眼的亮点,人工调水济运的创举也为后人的水利工程运行留下了有益的启迪。可惜的是,在解放初的无锡城市建设中,城内河道已全部填塞成了城市街道。

明代嘉靖年间发生了一件大事,那就是倭寇入侵江南,江南运河无锡段因抗倭筑城而发生了重大变迁。当时的无锡城墙还是土墙,而且多年失修,破败不堪,如果倭寇打来,根本无法抵挡,当时县志里记载"倭蹯江南,无锡城久废,民情汹汹将溃"。这个时候,倭寇已经到了昆山、太仓这一带,情形非常紧迫。王其勤临危受命到无锡接任知县,到任第3天就召集了无锡的文人志士商量怎么样筑城抗倭。随后,他动员老百姓在城里全面收集可以筑城的砖石,有的人甚至把家门前的台阶条石也拿出送上。另外,无锡当时的砖窑业已经有很大发展,王其勤要求砖窑加快烧制城砖。就这样多管齐下,他亲自率领全市的老百姓用了70天的时间,在倭寇到达前修筑好了无锡城墙,这是一座长18里,高两丈一尺的砖石城墙,并设有南、西、北三个水关。同时,王其勤还召集起无锡的窑工、菜农、搬运工、樵夫、猎户以及功夫和尚、练功武士等组成义勇兵,成为守城的主力,在倭寇围城的30多天时间里,击退了倭寇的多次攻城,他们把无锡城守卫得就像铜墙铁壁,还跟倭寇进行了多次战斗,倭贼未能进城一步。其中最后一次激战是在当年五月初八,倭寇围城围了很长时间一直攻不进来,他们就密谋要偷袭无锡的城西门。王其勤得知情报后,亲自到西水关指挥,义勇军从西水关乘船出关突袭西定桥堍的倭寇阵地,激战中义勇兵击毙了倭寇大头目"四大王",迫使倭寇夺尸而逃,当夜就全部逃离了无锡,抗倭之战也赢得了胜利。无锡人民世代不忘王其勤领导民众筑城抗倭的丰功伟绩,在南门外古运河边为他建了庙宇,就是今天的南水仙庙。

无锡筑城以后,由于在直河的南北两端修筑了水关,使城中直河的航运能力受到了限制,不再适合通行较大的船只。因此,无锡段大运河漕运主航道就改由无锡城东面的羊腰湾外护城河绕行,而城中直河则仅用于城市的生产、生活运输。至此,运河通过无锡又从"穿城而过"变为"绕城而过"(城在运河西面)。

之后为提高锡城运河的通过能力,明末清初起,逐步将王其勤抗倭筑城时取土拓挖的城西护城河也作为通行驿舟、快船、民船的航行通道,成为城西的运河航道,无锡运河又变为"抱城而过",呈现了"千里运河,独此一环"的奇特景象。这一形态一直延续到1983年无锡新运河的开通,此前无锡城区的古代运河都不再承担客货航运功能,运河航道改为由新运河从锡城西面锡山脚下"大绕城"通过的形态(城在运河东面)。

江南运河无锡段的开通,带来了无锡城的建立和发展,无锡城的发展也促进了运河的繁荣和变迁。无锡城区古运河从"傍城""穿城""绕城"到"抱城",再到新运河"大绕城"的变迁,经历了2 185年。现在的新运河绕过无锡城一路东去,展现出现代化的崭新面貌,继续担当着南北水运大动脉的艰巨任务,而古运河则以它古老的布局和沧桑的面容留存着无锡深厚的历史底蕴。千里古运河潺潺蜿蜒,以它独特的地理地貌特征(南河北湖中一环)、风韵形态特征(运河绝版水弄堂、千里运河独一环、古运穿湖忆芙蓉)和经济发展特征(泰伯渎边古商街、绕城崛起工商城、浩渺蓉湖米市兴)俨然成为千里大运河精彩的绝版河段,作为不朽的历史文化遗产,永远展示在人们的面前。

(主讲人　徐道清)

第八篇
江苏运河史话无锡段（下）

一、江南运河无锡城区段的走向及其变迁

在《中国大运河"申遗"文本》中，无锡最终被列入其中的段点为两个，一是江南运河无锡城区段(古运河、老运河)，二是清名桥历史文化街区。

江南运河是中国大运河长江以南段的总称，无锡城区段是其中的一部分。它北起黄埠墩，环城而过，南到水仙庙，总长约14公里，实际上包括了北塘、城东、城西、南长四个小段以及黄埠墩、西水墩两个小岛。因其河道没有多大改变，历史风貌尚存，较好地保持着历史的原真性，"是南方城区段运河的典型段落"，故被列入了"申遗"段点名单之中。

人们不禁要问：江南运河无锡城区段不是"穿城而过"的吗？怎么就是"环城"了呢？它为什么又要分为古运河和老运河？究竟哪一部分叫古运河，哪一部分叫老运河？这，恐怕是大多数人所不太清楚的。要弄清这些问题，还得从江南运河无锡城区段的开凿历史、河道走向及其变迁说起。

江南运河最早是春秋末年(公元前495年)由吴王夫差发动开凿的，汉代人称它为"吴古故水道"。这条水上运输通道起于吴国都城姑苏(今苏州)，经过现在的无锡和常州地区，然后向北穿过长江，到达广陵(今扬州)。汉代人袁康、吴平依据先秦史料辑录而成的《越绝书》有具体记载："吴古故水道，出平门，上郭池，入渎，出巢湖，上历地，过梅亭，入杨湖，出渔浦，入大江，奏广陵。"

"巢湖"就是今苏州与无锡交界处的漕湖，"杨湖"则是今无锡与常州交界处的阳湖。《越绝书》虽不是正史，但它是吴越本地的历史地理学者袁康、吴

平根据先秦史料辑录而成的,现代学者都认为其记录的内容真实性很强,有很高的学术研究价值。

那时候,无锡还不是城,仅是惠山东麓、运河西岸的一座大村落,它依靠运河之利,经过两百多年的发展才逐步发展成为一座县城。据《汉书·地理志》和唐代《元和郡县志》等史籍记载,西汉初年,这里开始设县并建城,城址在"运河西、梁溪东"(见南宋咸淳《重修毗陵志》)。因其北面是浩淼万顷的无锡湖(唐以后称芙蓉湖),故县和城均以"无锡"名之。汉代的无锡城很小,据《越绝书》记载:"城周二里十九步,高二丈七尺,门一楼四。其郭周十一里二十八步,墙高一丈七尺,门皆有屋。"这座城的位置就在今无锡老城区的解放西路与石皮路之间,南到东、西大街,北到大成巷步行街。梁溪(近城一段后来成为西城河)在它的西侧,运河(今成为中山路)在其东面,完全符合有关史籍及历代无锡地方志书的记述。

隋大业六年(610年)十月,"敕开江南河,自京口(今镇江)至余杭(今杭州),八百余里,水面阔十余丈。又拟通龙舟。并置驿馆、草顿,并足欲东巡会稽(今绍兴)。"(引自《大业杂记》)。而这江南河,就是隋炀帝所开大运河的江南段,它大多沿用了江南原有的老河道。无锡境内尤其无锡城区段则都沿用了吴王夫差所开的吴古故水道,没有作大的改动,仅拓宽挖深而已。因此可以说,从西汉初年一直到唐代,大运河都是靠近无锡城的东城墙,擦城而过的。

二、城中直河就是古运河的原河道

唐代以后,无锡的经济文化有了很大的发展,人口也较以前大为增加,故升级为望县。与之相应的是,无锡的城区也逐步向运河东岸发展,同时向南向北延伸。到了宋代,无锡城区就大致扩大到现在解放环路以内的范围。汉代的旧城成为县署所在的内城(又称子城),而汉代的郭则成为城,城区的平面便形成了"龟背"状的格局。这时候大运河的河道并未变动,但城已向运河东岸扩展了,而且河东河西几乎差不多大,因此河与城的关系发生了很大的变化,即由原来的"擦肩而过"变成了"穿城而过"。

元至元二十六年(1289年),元世祖忽必烈敕开京杭大运河,自大都(今北京)经山东直接到扬州,再由扬州向南过长江,经镇江、常州、无锡、苏州到杭州,但其中的江南段没有新开,仍沿用隋唐时期的河道,仅作疏浚而已。王仁辅所编纂的《无锡志》有明确的记述:"运河,东南自长洲县界望亭入本州界,行四十五里,越州城逶迤西北行四十五里,至五牧口出晋陵县(即武进县)界,胜七百石舟。城中河凡十有八,皆运河之别派(即支流)。"明弘治《重修无锡县志》也有类似的记载:"运河,东南自长洲县界望亭入本境,行四十五里,越邑城,又西北行四十五里至五牧武进县界","城中河凡十有八,皆运河之别派。"其中所谓的"越州城""越邑城"就是说运河从无锡城穿城而过。

城中的这段运河,后来被另起了名字,叫作"城中直河"。因城东部尚有一条弧形的弓河和九条箭河,而直河又好似弓上之弦,故又名弦河。到民国时期,直河东岸的大市桥街、中市桥街、南市桥街等街巷连起来,改名为中山路,城中直河也被人们俗称为中山河。由于河名被改了,年代一久,人们便忘记了这就是大运河无锡城中段的原河道,更不知道它竟然还是由吴王夫差所开凿的吴古故水道(即江南运河)的原河道。

记得二十世纪八九十年代,还曾有几位"老无锡"学人否定城中直河就是古运河的城中段,认为城东经过羊腰湾、亭子桥和火车站前的那条河才是古运河的河道。持这种观点的人为数还不少,直到现在,有些做城市规划的年轻人还都是这样认为的。其实,他们只要认真看看无锡历代的地方志书就会完全明白了。

清乾隆《金匮县志》说得特别清楚:"运河水入北水门,直行,出南水门而注官塘。未有城时,粮船由此。今两邑分城,以此为界,西无锡,东金匮。"嘉庆《无锡金匮县志》亦云:"运河自北门塘分支,过长安桥向南行,东汇北门桥河,西汇南尖河,入北水门……东南行,出南水门。"而且还有:"城中直河,曰弦河,以有弓河、箭河而名之。"《吴中水利书》云:"即邗沟故道也。"《吴中水利书》是北宋水利学家、宜兴人单锷所著的一部名著。他说,无锡城中直河不但是古运河,而且还就是吴王夫差所开"吴古故水道"(又称江南邗沟、江南运河)的故道。这就有力佐证了笔者上文所说的观点了。

三、从"穿城而过"到"环城而过"

明代中期以前的无锡城基本上都是用黄土夯筑的土城墙,年岁久了就倾圮坍塌,故多次重修重筑。到明代嘉靖年间,无锡几乎无城可守,很难抵挡倭寇的暴力侵扰。嘉靖三十三年(1554年)新任无锡知县王其勤率领军民等筑城抗倭,筑起里土外砖的砖城,为了防止倭寇从水上进城,特将原有的三座水城门——北水关、南水关、西水关收缩改小。其中,北水关和南水关分别是大运河进城、出城的水门,水门狭小而且经常关闭,漕艘和其他大型货船就难以通航。于是,官方决定将城东经亭子桥、羊腰湾的外城河挖深拓宽,以作漕运和货运的主航道;同时,再将经西门桥的西城河作为驿舟、客船来去的大运河驿道。

从此,大运河无锡城区段就由原来的"穿城而过"变成了"环城而过"或者叫"抱城而过"了。这在清康熙之后的几部县志中均有明确的记载和说明。例如光绪七年的《无锡金匮县志》云:"锡城久圮,漕艘贯县而行。后因倭警筑城,运道乃绕城而东出。是改从东路在嘉靖甲寅后也。"又云:"西城河实南北水驿,旧并于运河条内,称运河分支,绕城。以城西水急,故粮艘多走城东道。"

大运河无锡段从常州市的横林镇东来入境,流经五牧、洛社、石塘湾、高桥、双河尖,从黄埠墩开始进入无锡古城区,在江尖渚附近分为东、中、西三支:中间一支就是原主航道,从北水关入城,穿城而过,从南水关出城;东、西两条支流分别经城东的亭子桥、羊腰湾和城西的西门桥、西水墩,抱城(或叫环城)而过,在南门外的跨塘桥附近与主航道(干流)汇合,继而向东南方向流经清名桥、南水仙庙,在下甸桥附近出无锡古城区,再向东南流经旺庄、新安、北望亭,在与望虞河交汇处的附近出无锡境,流向苏州。无锡境内这段大运河全长40.14公里。其中,穿城而过的一段俗称"城中直河"(又名"弦河"),本就是江南古运河原河道,自从明代嘉靖三十三(1554年)为了抗倭重筑无锡城墙之后,这段河道便不再作为大运河的主航道了,漕艘和大型货船均由城东航行,驿舟、客船等则由城西来去。1958年,城中直河又被全部填没,成为拓宽了的中山路。从此,大运河无锡城区段由原"穿城而过"变成了"环城而过"(或叫"抱城而过")。专家们都说:"千里运河,独此一环!"

四、山水美景、市井风光、罗列两岸如画卷

大运河无锡段濒临太湖,而且有直湖港、志公港、花渡河、双河、梁溪河、曹王泾(又称梁塘河)、新安溪、沙墩港等十多条支河连通太湖,受太湖水的影响很大。因此,大运河到了这一段,河水特别丰沛,并由黄浊变为清澄。它的右岸,可见锡山、惠山、舜柯山和青龙山,逶迤二十余公里。它的左岸原有茫茫一片大湖荡,古称无锡湖,唐以后称芙蓉湖。如今湖荡已基本消失,成为一片沃野。

1. 锡山惠山

惠山在无锡城区的西北郊、大运河的南岸,古称华山、神山、历山。山有九峰,故又称九龙山。山并不高,最高处三茅峰海拔也只有328米,但它却是无锡境内最高的一座山。山上山下树木葱茏、亭宇点点,名胜古迹众多。山涧、泉水丰盈而清冽,传有"九龙十三泉",其中以"天下第二泉"为最著名。还有南朝古刹惠山寺、唐代遗物听松石床、宋代石梁金莲桥、元代始建的忍草庵、明代名园寄畅园、清代乾隆御碑亭,以及自唐代至民国时期相继修建的一百多所祠堂形成的"惠山古镇祠堂群"等,使这里成为无锡的"露天历史博物馆"。唐代的宰相、诗人李绅是无锡人,从小就在惠山读书,其"李相读书台"遗址仍在惠山寺北侧的山坡上,他的名作《悯农》二首就是作于惠山之麓的。

惠山东麓寄畅园前有一条河叫寺塘泾,它向东连接惠山浜,直通大运河。乘运河之舟从黄埠墩南侧进入惠山浜、寺塘泾,航行一公里左右就可以到达惠山。优美的风景、众多的古迹和便捷的水路交通使得惠山成为历代文人墨客到无锡后的必游之地。南宋诗人杨万里在常州做官两年,离任时就曾乘船南下无锡,并写下了《惠山云开复合》一诗,从起始的两句"二年常州不识山,惠山一见开心颜",便可见他当时的喜悦之情。

惠山的东峰另有一个专名叫作锡山,它是更靠近无锡城的一座锦屏似的小山,海拔只有73米多一点,但它却是无锡的主山。根据古代风水家的说法,一个地区若有多座山丘的话,那么离城最近而且又最矮最小的一座便是这个地区的主山。锡山正好就是这样的一座山。因此,它被公认为是无锡的主山,用无锡的"锡"字来命名。

那么,"无锡"这一地名又是怎么来的呢?传说秦末汉初之际曾有樵夫在山脚下挖出一块古碑,碑上有铭文写着:"有锡兵,天下争;无锡宁,天下清。有锡沴,天下弊;无锡乂,天下济。"又有说法说在周秦的时候,锡山大产铅锡,天下大乱。到了汉代初年,山里的锡都被开采尽了,没有了锡,天下就太平了。所以在此地建立一个县,名字就叫作"无锡县"。后来到了西汉末年王莽篡权的时候,锡山又开始产锡了,所以王莽就把无锡县改为"有锡县"。直到东汉刘秀统一天下之后,锡山又没有锡了,这时候县名才又被改回来,叫"无锡县"。当然,这些说法都是毫无科学根据的无稽之谈,社会的动荡和安宁自有它自己的客观原因和规律,与碑铭、锡山产不产锡都没有什么关系。这些说法只是汉代统治阶层的文人借由谶纬之说来巩固统治地位的一种手段。现代考古证实,历史上锡山从未开采过锡矿,也没有发现开矿所残留下来的任何工具和遗迹。又根据现代地质学检测,锡山的岩石中,根本就不可能有锡矿存在。我们无锡人常说的一句话,"无锡锡山山无锡",也就是说无锡的锡山里根本就没有锡。至于无锡为什么叫作"无锡",还有待考证。但运河左侧即东北岸外的一片大湖荡,在春秋时期就叫作无锡湖,是先有无锡湖,后有江南古运河,再有无锡城的,所以无锡很有可能是因湖而得名的。

锡山顶上有一座龙光塔,是无锡的标志性建筑之一,现在已被列为无锡市文物保护单位。关于这座宝塔还有一则有趣的故事。据说原本锡山顶上是没有塔的,明代初年才在山顶上建了一座小小的石塔。到明代中叶时,这座小石塔就倒塌了。后来,内阁大学士顾鼎臣到无锡来视察,曾对无锡的知县官和士绅们说,无锡在南宋出了一个状元蒋重珍之后就再没出过第二位状元,是什么原因呢?是因为锡山顶上没有宝塔所致。惠山是一条龙,锡山是龙头,宝塔相当于龙头上的角。龙头上没有角,这条龙就不灵活,文风就不好。所以要在锡山顶上建宝塔。听了他的这番话之后,官绅们就在锡山顶上修建了一座石塔。结果石塔建成之后,过了好多年无锡还是没有出状元。他们就去问顾鼎臣。顾鼎臣说,因为你们造的那座塔是石塔,中间不空。龙是用角听声音的,角不空,它就听不到声音。所以这个宝塔一定要是楼阁式的空心塔,不能是石塔。于是,官绅们又鸠工庀材重新建了一座七级八面的楼阁式宝塔。当时常州知府施观民还亲自给它题名叫"龙光塔"。龙光塔是在万历二年(1574年)建成的,当年无锡就出了一个状元叫孙继皋,无锡百姓都十分高兴。其实,这也只是风水之说罢了,当不得真。因为准确来说,龙光塔是在万历二年的七月才建成的,而孙继皋是当年的二月参加会试,三月殿试就中状元了。所以说因为建了塔而出状元,确为无稽之谈。故事虽当不得真,却也反映了人们心中的美好愿望。故事的主角龙光塔也就成了无锡的一大标志,看到龙光塔就知道离无锡城不远了。

2. 芙蓉湖

芙蓉湖在大运河东北岸之外,它是由上湖、射贵湖、五部(步)湖、莲蓉湖等多个湖荡相连而成的,其水有深有浅,面积很大,号称有一万五千顷。它的西北面到达常州的武进县,北面波及江阴申江一带,东南接近苏州吴县。芙蓉湖近岸水浅处遍生芦苇和莲荷。一到夏天,莲叶田田,荷花盛开,一望无边,景色优美。东汉初年袁康、吴平辑录的先秦史料《越绝书》中有较为详细的记载,唐代茶圣陆羽的《惠山寺记》中也有一段生动的描写。

因为芙蓉湖紧连大运河,湖区地势又特别低洼,所以每逢雨季洪水来袭,运河堤岸坍塌,常有严重水灾发生。从晋代起,地方志书上就相继有官方发动治理芙蓉湖及运河水患的记录。尤其到明代宣德年间,有位叫周忱的江南巡抚对芙蓉湖进行了大规模的治理。他采取"上堵下泄"的办法,即在溧阳和高淳之间修筑高大而坚固的东坝,以挡上游的来水;同时加深拓宽芙蓉湖区中部的一条南北向河流"五泻河"(即今锡澄运河),以将芙蓉湖水畅泄入长江,从而使芙蓉湖的水位很快下降。然后再组织百姓围圩造田,发展农业生产。经过这番治理,芙蓉湖的大部分水面成了陆地。到清代初年,原先的大湖荡就只剩下很小的几块水面了。周忱是治理大运河和芙蓉湖的大功臣,湖区百姓为他立庙建祠,世代祭祀。

说到大运河的治河功臣,排第一位的当是战国末年楚国令尹(即宰相)春申君黄歇。早在春秋末年(公元前495年),吴王夫差命伍子胥开凿江南运河的时候,曾直接利用了无锡湖南岸附近的一片水面作河道,即穿过无锡湖的一角,然后再穿过今常州和无锡交界处的阳湖,再通向今常州地区。可是,无锡湖的水却深浅不一,雨季旱季的变化也很大,不能保证一年四季都能通航。因此,到了战国末年,楚国令尹春申君黄歇便率领百姓治湖挖河,即将穿越无锡湖的这段航道挖深,并将挖出的泥土堆筑成一条长长的塘堤。从此,这段航道便与湖分开,河归河、湖归湖。这就是《越绝书》上所记"春申君立无锡塘"、治"无锡湖"的一段史事。当年筑立的这条塘堤即为后来无锡城北门外的大运河北岸,它从莲蓉桥向西北、直到双河尖附近,俗称"北门塘上",简称"北塘"。现在无锡城北的北塘大街即得名于此。这是黄歇在无锡地区所做的许多好事之一。可以说,他是历史上治理江南运河的第一功臣!

黄埠墩是黄歇治湖立塘时留下的遗迹,现在已成为大运河无锡段悠久历史重要的见证物和独特的地理标志,也是一道优美的风景线。虽然墩的表面被一层泥土覆盖着,但内里都是岩石。实际上,它是惠山的余脉,所以当初难以挖掉,被保留了下来,并将黄歇的姓氏作为墩埠的名字,以资纪念。

从黄埠墩往东就到了江尖渚。它也是大运河无锡段里的一个墩,但面积要比黄埠墩大得多。上面有人家、有街巷、有商店也有陶器商摊。再往南,还有西水墩,它位于无锡古城的西南方向、环城古运河与梁溪河交汇处的水中央。西水墩上有一座西水仙庙,供奉着历代治理大运河无锡段有功的人物。这其中最为有名的当属明代无锡知县刘五纬了。他曾在洪水泛滥之时身先士卒冲在最前线筑堤抗洪,救助灾民。无锡人把他当作水仙供奉纪念。

3. 江南水弄堂

到了南门外至清名桥这一段,大运河的河道变窄了,河面最窄处仅有15米左右,勉强容得下两艘船只相向穿行。河西为上塘,一条历史悠久、风貌古朴的南长街自望湖门前起笔直向南延伸到2千米远的南水仙庙。河东岸称下塘,一条逼仄而更加古老的街巷——南下塘,从跨塘桥堍一直向南到清名桥堍,稍打一个小弯便到伯渎港口的伯渎桥,过桥接上同样古朴狭窄的石板路街巷——大窑路,直到南端的钢铁桥。这两条平行的街巷上,店铺作坊、民居宾馆、书场会所等江南传统建筑鳞次栉比,将这段狭窄的大运河相夹在中间,成了一条长达2公里的"水弄堂"。人们称它为"江南水弄堂,运河绝版地"。以这条水弄堂为中轴、以清名桥为中心的一大片街区,如今已被命名为"清名桥历史文化街区"。它北起南禅寺,南到钢铁桥附近,西到定胜河两岸,东到向阳路,总面积18.78公顷。这里有古塔、古寺、古桥、古庙,有古驿站、古牌楼、古码头、古窑址,名人故居众多,民族工商业遗产丰富,各类商店齐全,顾客游人络绎不绝,文旅气氛浓郁。2010年,"清名桥历史文化街区"被公布为国家级历史文化名街,2014年又被确定为世界文化遗产中国大运河遗产点之一。

五、水陆驿道、舟运马奔、南来北往名人多

说完了运河本身,下面我们再来讲一讲曾在无锡段大运河边留下过足迹和故事的历史人物。

1. 王羲之，迁居洛社有家园

在众多的历史名人中，除了上面说到的黄歇之外，最早来到无锡的著名人物当是东晋的大书法家王羲之了。王羲之是琅琊临沂人。琅琊临沂即现在的山东省临沂市。那临沂的王羲之怎么会和无锡有交集呢？这还得从王羲之的父亲王旷说起。魏晋时期，临沂王氏是一大名门望族，和当时的皇族司马氏还有着姻亲关系。王羲之的祖母和琅琊王司马睿的母亲是亲姐妹，父亲王旷和宰相王导是堂兄弟，母亲和王导的夫人又是亲姐妹。王羲之的家世可谓显赫。

王旷二十几岁起就在西晋的都城洛阳做官，先是任司马睿的侍读，很快便升任门下省的侍中。后来，"八王之乱"爆发，北方生灵涂炭，朝廷内外人心惶惶。王旷为了避祸就向朝廷提出到江南毗陵郡（今常州）一带来巡察调查欠缴赋税的事情。早在三国东吴时期，孙权曾效法曹操的屯田之策，将毗陵郡的无锡县撤改为屯垦区，由毗陵典农校尉陈勋直接管辖，大兴水利建设，大搞军垦民屯，专门从事粮食生产，每年增收米粮数百万斛。后来到了西晋，撤销了这一屯垦区，又恢复了无锡县，可这一带赋税却被江南豪族地主所控制，年年收不上来，造成西晋朝廷财政上的一大空缺。因此，王旷主动提出外放江南调查处理此事，很快便得到朝廷的允准。于是，他以御使中丞的身份带着妻子和随从离开洛阳，来到江南。在毗陵郡守和无锡县令的帮助下，他在以前屯垦区中心地带的一个小镇上营建了一座王氏庄园，定居下来，并把这个小镇改名为洛社。

王旷的巡察调查工作不到半年就完成了，不但摸清了情况，还与江南顾氏、陆氏、朱氏等豪族士绅联络了感情。他及时向朝廷上呈了报告，提出了修改赋税政策的建议，得到了朝廷采纳。原本他想在洛社过一段安稳的日子，不料第二年（301年）朝廷传来圣旨，任命他为丹阳郡太守兼安东将军参军，其驻地在建邺（今南京）。王旷上任后，妻儿没有随往，仍住洛社王氏庄园。他即在无锡洛社和建邺之间来回奔波。

公元303年，王旷的第二个儿子王羲之出生。他的出生地在哪里？是无锡洛社还是现今的南京或是祖籍临沂？史无记载，至今还是个谜。但无论生在何地，他的童年和青少年时期则主要是在无锡洛社和无锡城中度过的，他的书法艺术功底也主要是在这里打下扎实基础的。因为历代的毗陵（常州）

府志和无锡县志上,都有"王右军庄"或"王右军别墅"的记载,至今还留有"右军洗砚池""观鹅亭"等相关遗迹。王羲之在无锡生活了20多年,而且还在此与当时大将军郗鉴的女儿郗璇成婚。在他27岁的时候,东晋丞相、他的伯父王导委派他去做会稽王司马昱的侍读(即老师)。从此,他们一家便离开无锡去了会稽郡的山阴县。他在无锡的两处宅园则都"舍宅为寺",分别改建成了洛社开利寺和无锡城中的崇安寺。

2. 皮日休,泛舟畅游无锡湖

接下来,我们说说晚唐著名诗人皮日休。皮日休是湖北襄阳人,早年在长安任太常博士,后又出任毗陵(常州)副使,曾在无锡生活过一段时间。他在吴地有两个好朋友:陆龟蒙和魏不琢。陆是姑苏人,魏是毗陵武进人。他们三人曾合伙购买了一条小游船,名为"五泻舟",常常带上美酒佳肴,泛舟于运河和芙蓉湖上,游览无锡的美好风光,留下了许多脍炙人口的诗篇。如皮日休的《惠山听松庵》:"千叶莲花旧有香,半山金刹照方塘。殿前日暮高风起,松子声声打石床。"诗里的"石床"是指惠山寺大门前的听松石。据说,那石床上篆刻的"听松"二字还是李白的叔父李阳冰题写的。这块石头很大,可以躺上一个人。如今,这块奇石和皮日休这首诗的匾牌仍保存在惠山寺的听松亭里。

陆龟蒙也写了不少诗。其中一首题为《和袭美泰伯庙》的七绝诗云:"故国城荒德未荒,年年椒奠湿中堂。迩来父子争天下,不信人间有让王。"泰伯庙在无锡东乡梅里(今梅村)古镇之中、伯渎港的岸边,是吴地百姓祭祀先祖泰伯的专庙。泰伯又称太伯,商代末年周原岐山(今陕西宝鸡岐山县)人,周国国君周太王的长子。他品德高尚,三让王位、南奔荆蛮,来到江南吴地,带领土著百姓开河治水、拓荒种地,并建立"句吴"(勾吴)之国。他是开发江南的第一伟人,也是吴文化的肇始者。民众尊称他为"至德让王"。陆龟蒙来此游览,在瞻仰赞叹的同时又有感于当前唐王朝腐败的现实,写下了这首有名的诗篇。

现在,吴国故都无锡梅村的这座泰伯庙已得到完整修复,成为全国重点文物保护单位、著名旅游景点。

3. 苏东坡,来试人间第二泉

北宋大文豪苏东坡和无锡也有一段很深的缘分。据史料记载,苏东坡至少来过无锡三次。其中有一次,他是带着皇帝御赐的茶饼来惠山"天下第二泉"烹茶、赏景的,并留下了《惠山谒钱道人烹小龙团登绝顶望太湖》诗一首:"踏遍江南南岸山,逢山未免更留连。独携天上小团月,来试人间第二泉。石路萦回九龙脊,水光翻动五湖天。孙登无语空归去,半岭松风万壑传。""天下第二泉"是惠山九龙十三泉中最好的一个泉。据说当年茶圣陆羽遍尝天下泉水之后,认为天下第一泉在庐山,第二就在惠山。所以惠山的这眼泉水自此被称为"天下第二泉"。苏东坡也是慕名来此探望老朋友,一起品茶赏景的。苏东坡带来的"小龙团茶"是福建出产的一种贡茶,其规格有两种,一是大龙团,一是小龙团。为什么叫"龙团"呢?因为这两种茶的茶饼上都压印了龙凤图案。

当年苏东坡和好友钱道人在喝完茶后,还一起登上惠山之顶,遥望万顷太湖。"石路萦回九龙脊,水光翻动五湖天",这诗句中的"九龙脊"指的就是惠山山脊,因为惠山有大小高低不同的九个山峰,故又称九龙山。这两句诗至今还刻在惠山顶的山岩上。

苏东坡晚年很喜欢阳羡的山水,阳羡就是现在的宜兴。而且那儿还有他的好朋友蒋之奇和单锡,他们是同科进士。苏东坡的学生邵民瞻则是宜兴和桥闸口村人。山好水好人也好,所以他晚年便"买田阳羡",打算定居在宜兴。苏东坡还曾到宜兴丁山游玩,看到丁山东侧有一座小山,觉得它很漂亮,还有那么点像四川老家的山,赞叹道:"此山似蜀!"后来,宜兴人便把那座山称为"蜀山",还在蜀山脚下为苏东坡建了一座祠堂,叫"似蜀堂"。明代时,似蜀堂被扩建成东坡书院。如今,蜀山脚下的东坡书院已经成为江苏省文物保护单位,用于陈列和展出苏轼在宜兴的事迹以及历代相关碑刻遗迹,以及举办各类学术讲座和各种读书活动。

苏东坡在宜兴还有一件事值得一说。当年,他的学生邵民瞻家里建新房,苏东坡曾前往祝贺,并亲笔题写了"天远堂"三个大字作为匾额相送,同时还将自己从老家带来的一株西府海棠亲手栽种在新房前的院子里。千百年来,邵民瞻故居的堂屋虽经多次毁坏和重建,但苏东坡的手迹"天远堂"匾额仍悬挂在堂上;那棵西府海棠历经多次荣枯,新中国成立后,又从树桩上抽生出多条枝杆,变得枝繁叶茂,年年花开满树,可谓奇迹。

4. 文天祥,挥笔题诗黄埠墩

说了北宋的苏东坡,再讲讲南宋的民族英雄文天祥。文天祥是吉州庐陵

(今江西吉安)人,他曾三次到过无锡,留下了让无锡人难以忘怀的故事和不可磨灭的历史遗迹。文天祥第一次到无锡是刚满二十岁的时候。他偕同其弟一起从家乡出发,赶赴京城临安(今杭州)参加进士考试,途中路过无锡。庐陵在今江西省的南部,从那里去临安怎么会经过无锡呢?这是因为我国古代南方地区的陆路交通远不如水路交通来得方便省时。当时他们从家乡乘船出发,沿赣江顺流北上到九江,再进入长江顺流东下到镇江,然后再进入江南运河顺流南下,路过无锡,最后到达临安。经过无锡时,他们曾在黄埠墩上的寺庵内住了一夜,并同庵中的住持和尚交上了朋友。当年那次考试,文天祥进士第一,成了状元。

文天祥第二次到无锡是南宋的德祐元年(1275年)。当时,蒙元大将伯颜率元军主力打过长江,沿大运河直奔常州,很快便将这座府城团团包围。如果常州失守,平江(今苏州)便危在旦夕。文天祥奉朝廷之命,立即派遣部将尹玉、朱华、麻士龙率领八千精兵驰援常州。文天祥乘战舰亲自赶到无锡,在黄埠墩召开誓师大会。随后,将士们兵分三路向常州挺进,配合宋军主力作战。在常州与无锡交界处的五牧一带遇到了元军部队,激战二十多天,血流成河!终因宋军主将张全畏敌脱逃、文天祥部寡不敌众而惨败,绝大多数兵士都战死、饿死,部将尹玉、麻士龙英勇不屈、壮烈牺牲。事后,文天祥曾写下了一首附有大段序言的诗歌《吊五牧》,以追述这次战役经过并凭吊捐躯的将士。

文天祥第三次到无锡是德祐二年(1276年)。那年元军围困临安,已升任右丞相兼枢密使的文天祥被皇上派赴元军大营与伯颜议和。文天祥坚贞不屈、决不投降,竟被伯颜扣留,沿运河水路解送去北方元大都(今北京)。当押解文天祥的元军兵船经过无锡城中时,天色已晚。得到消息的民众父老纷纷自发来到运河两岸,挥泪相从,依依不舍。当晚,兵船停泊在河中的黄埠墩上过夜。文天祥望着这座自己熟识的小水墩,感慨万千,久久难以入睡。他回想自己第一次到此时,书生意气,豪情满怀;第二次到这里时,则誓师进军,决心与敌血战到底;如今又第三次到此,自己却成了"囚徒",悲愤至极!他又翻开随身携带的《史记·赵世家》,再读春秋时期程婴舍子以救赵氏孤儿的历史故事,涕泪纵横。于是,他磨墨展纸,挥笔写下了《过无锡》诗一首:"金山冉冉波涛雨,锡水茫茫草木春。二十年前曾去路,三千里外作行人。英雄未死心先碎,父老相逢鼻欲辛。夜读程婴存赵事,一回惆怅一沾巾。"后来,无锡人为纪念这位民雄英雄,在黄埠墩上建起了一座"正气楼",并将这首诗刻成诗碑树立在楼前,以供后世敬仰。

话再说回来,其实那次文天祥并未能被押解到元大都,兵船到镇江金山寺北面长江边停泊过夜时,他就被一直在暗中尾随的两位勇士乘隙巧妙地救走了。逃脱了的文天祥沿长江东下到南通,然后从海上再回到南方。他重整旧部、招兵买马,继续抗元。只不过,后来还是失败了,他自己不幸被俘,再次被押解北上。途中,他大义凛然地写下一首题为《过零丁洋》的名诗:"辛苦遭逢起一经,干戈寥落四周星。山河破碎风飘絮,身世浮沉雨打萍。惶恐滩头说惶恐,零丁洋里叹零丁。人生自古谁无死?留取丹心照汗青。"与之前的《过无锡》算得上是姊妹篇了。

5. 徐霞客,乘舟出行游天下

说了文天祥,再说说明代的旅行家和地理学家徐霞客。徐霞客是江阴马镇人,马镇现在已经改名为徐霞客镇。徐霞客故居东边有一条河叫胜水河,当年徐霞客出游大多是先乘船由胜水河到大运河,再从大运河的某处码头上岸徒步到各地去。

徐霞客从小熟读经书,人很聪明,文章、诗歌也写得非常好。但是他不愿意走科举入仕的道路,唯独对旅行和地理、地质考察非常感兴趣。他的母亲通情达理,很支持他。徐霞客花费了前后30年,多次外出考察名山大川,其足迹所至,相当于现在16个省、市、自治区,写出了重要著作《徐霞客游记》。他对我国喀斯特地貌的研究比欧洲人要早很多。他在《江源考》一文中,第一个提出长江要比黄河长,它的上游不是发源于岷山的岷江而是发源于青海的通天河和金沙江,岷江只是长江的一条大支流。这就是他通过艰苦的实地考察得出的正确结论。

徐霞客虽不愿意步入仕途,但他其实也很关心社会时事。他和一些东林党人关系密切,成了好朋友,如苏州的文震孟,无锡的高攀龙,江阴的缪昌期、李应昇,浙江的刘宗周,常州的郑鄤,等等。尤其是福建的黄道周,和他是生死之交。有一次,他到常州探望被罢官在家的郑鄤,郑鄤告诉他黄道周刚走一个时辰。徐霞客得知后,立即到运河码头雇了一艘快船向西追赶,追到丹阳终于赶上了黄道周所乘的驿船。两人见面后既高兴又激动,黄道周当场挥毫作长诗一首,赠送给好友。这首诗的诗题为《天下骏马骑不得》,长达70句490字,由衷赞扬徐霞客不骑马、不乘车,徒步万里,远游探奇的可贵精神。徐霞客把这首长诗墨宝带回家后,曾请多位名士赏阅并作了题跋,然后镌刻于"晴山堂石刻"之上。如今,"晴山堂石刻"和徐霞客故居一起被列为全国重点文物保护单位。

徐霞客故居原来有五进房屋,现在尚存三进,每进面阔五至七间不等。第二进和第三进都是明代建筑,修缮保护得非常好。其正厅名为"崇礼堂",堂后天井东西两侧还各有厢房一间。东厢房和后厅之间还有一棵古老的罗汉松,是徐霞客当年亲手所种,一直存活至今。

6. 家事国事,事事关心,东林书院名声高

说到东林党人,就必须说说东林书院。这所明代的著名书院坐落在无锡城东的弓河之上,即现在无锡市区的解放东路西侧。我们耳熟能详的一副名联"风声雨声读书声,声声入耳;家事国事天下事,事事关心",就与东林书院的讲学密切相关,至今还悬挂在东林书院的讲堂——依庸堂上。

东林书院历史悠久,最早创办于北宋政和元年(1111年),名为"东林精舍"。精舍也就是书院,它是宋代理学家杨时讲学的地方。杨时,号龟山,学者称他为龟山先生或杨龟山。"程门立雪"这个成语就与杨龟山有关。杨龟山年轻的时候非常崇拜理学家程颐、程颢兄弟,曾和另外一位同学一起去洛阳拜见程颐。他们赶到老师的家门口时,程颐正在午睡,为了不打扰老师午休,杨龟山和同学一直守在门外。当时天正在下大雪,等老师醒来请他们进门时,他们的身上已积了厚厚的一层白雪。这就是"程门立雪"的故事,后来便成为形容尊师重教、认真好学的成语。

杨龟山是福建人,他在程颢处学成后,就准备上路回南方去。当时程颢目送杨龟山,兴奋而感慨地自语道:"吾道南矣!"意思是说:我(程颢)的学说可以靠杨龟山传到南方去了。后来有一年,杨龟山从京城汴梁回福建去,顺道探望常州的一位致仕在家的老朋友邹浩,当时邹浩已重病在床。临终前,邹浩曾嘱托杨龟山,希望他能在常州讲学传道。与此同时,杨龟山在无锡的一位好友李夔及其儿子李纲(即后来成为抗金名相的李纲)又盛情邀请他到无锡讲学。因此,杨龟山在常州和无锡两地来回讲学长达十八年之久。这十八年间,杨龟山就借助大运河水上交通之便往来于常州和无锡两地。尤其是无锡的东林书院,东侧有条弓河,门前还有一条箭河,都是大运河无锡城中段上的支流,杨龟山乘船就可以直达书院,非常方便。

那么,无锡的这所书院为何名叫"东林书院"呢?原来,杨龟山先生在来常州、无锡之前曾到庐山东林寺寻访过东晋时期著名的白莲社旧址,追想过慧远法师和刘遗民、雷次宗等高人在那里悟禅讲道、吟诗作赋的情景,并作有《东林道上闲步》诗三首,其中第一首云:"寂寞莲塘七百秋,溪云庭月两悠悠。我来欲问林间道,万叠松声自唱酬。"杨先生酷爱庐山东林,难忘其自然人文景观,故将他在无锡城东的讲学之所称为东林书院。

东林书院创立后,曾培养了好几批优秀学生。到宋末元初,书院荒芜,沦为庵堂佛地,名曰东林庵。直到明代万历三十二年(1604年),在无锡学者、正直廉洁之士顾宪成、高攀龙、叶茂才、顾允成等人的努力下才得以恢复。当时,顾宪成等人恢复东林书院的举动还得到了常州知府欧阳东风和无锡知县林宰的大力支持。复建后的东林书院规模不小,从大门进入之后,有石牌楼、泮池、石桥,经仪门可以进至丽泽堂、依庸堂和燕居庙。丽泽堂和依庸堂就是讲学和举行仪式的地方。燕居庙是祭祀孔子及其几个主要弟子的地方。燕居庙两边还有典籍室和祭器室。典籍室就是我们现在说的图书馆,书籍都收藏在里面。另外还有学舍,是全国各地来听讲的学子们住的地方。学舍的东侧还建了道南祠,用来纪念杨龟山。

东林书院主要讲的还是程朱理学。授课老师除了被罢官回乡的顾宪成等人,一些还在任上的官员也会请假过来讲学。讲课之余,他们还会讽议朝政、裁量当朝官员的所作所为。东林书院在当时的影响很大,全国各地的学子都纷纷慕名而来,大运河的开通也方便了这些学子前来求学问道。也因此,东林书院跻身当时的十大书院之列。

东林书院的这些情况传到了当朝的一些邪党人士耳中,随即遭到了这批人的打压。尤其是天启年间,皇帝不理朝政,大权落到了魏忠贤手里。魏忠贤下令毁天下书院,东林书院首当其冲。很多在东林书院授课的东林党人都遭到了诬陷迫害,被下诏狱严刑拷打致死。高攀龙在得知自己即将被捕入狱后,效仿屈原,在自家池塘自溺身亡。到天启六年(1626年)的时候,魏忠贤直接下令拆除东林书院,东林书院被拆得只剩下道南祠。崇祯皇帝继位以后,阉党被诛,东林冤案得到平反,东林书院得以恢复了一部分。在清代顺治、康熙、雍正和乾隆皇帝的接续努力下,东林书院终于恢复了原来的规模。清代中后期,东林书院成为一所官办学校。清代时,以大运河为界,无锡被分为金匮和无锡两个县。因为无锡县有县学,金匮县没有县学,所以就把东林书院划为金匮县的县学。光绪年间,停学院改办洋学,东林书院变成东林小学和东林学堂。

20世纪80年代,文物部门把学校迁出去,在原址上恢复东林书院清朝最鼎盛时期的规模。复建后的东林书院成为国家重点文物保护单位。在这里,东林书院的整个发展史、东林党主要人物的生平事迹及历代有关东林书院的诗词都被梳理展出。如董必武就有诗云:"东林讲学继龟山,高顾声名旧史传。景仰昔贤风节著,瞻楹履学阈弥坚。"邓拓有诗云:"东林讲学继龟山,事事关心天地间。莫谓书生空议论,头颅掷处血斑斑。"

六、工业遗产丰厚,名人故居众多

鸦片战争之后,大运河无锡段及其重要支流梁溪河两岸,民族工商业很快崛起,而且发展特别迅猛。

1. 依托大运河,近代工业如雨后春笋大发展

说到无锡的民族工商业,还得从无锡成为全国四大米市之首说起。历史上,无锡向为江南优质稻米主产区之一,也是著名的稻米集散地。早在元代,朝廷就下旨:"置仓无锡州,以便海漕,合是州以及义兴、溧阳之粮,于此输纳。"这里的"无锡州"指的就是无锡县,因为元代无锡县曾升为州。所建粮仓名叫"亿丰仓",其地址就在大运河无锡城中段的东岸,即现在无锡城中公园北面原崇安区人民政府大院内。亿丰仓存在了一百多年,直到明嘉靖之后运河主航道改道,不再从无锡城中航运时,亿丰仓才退出历史舞台。这时候,在无锡城东门外的大运河主航道西岸又建了一所新的大粮仓,名为"东仓"。东仓很大,有南、北两个大门,南大门叫南仓门,北大门叫北仓门。到清代雍正、乾隆时,无锡每年吞吐的稻米以数百万石计。至道光、咸丰年间,运河失修,漕粮改由海上北运,无锡则又成为上海主要的粮食供应地。光绪十四年(1888年),清廷下旨规定江浙地区各府、县的漕粮均在无锡采购优质稻米装船北运。于是,外地稻米更大批汇流无锡。据统计,这期间无锡沿河的米行骤增100余家,仓储容量200多万石。无锡遂发展成为全国著名的"四大米市"之首,名列于湖南长沙、江西九江、安徽芜湖之前,同时也是大运河上最大的米码头。

米市的繁荣带动了其他行业的发展,无锡形成了著名的"四大码头"——米码头、丝茧码头、布码头和银钱码头。因商品交易需要资金的周转,当时无锡城北莲蓉桥附近的运河岸边便陆续开设了很多钱庄和银行,形成了"银钱码头"。起先,镇江的运河沿岸银钱码头最为发达,后来逐渐被无锡赶上并超过了。

无锡的四大码头主要集中在以莲蓉桥为中心的北大街、北塘大街、竹场巷一带。这里不但水上交通运输繁忙、便捷,而且晚清时开通的沪宁铁路,无锡火车站也靠近这里,水陆联运又大兴起来。交通上的便利促进了商业的发展,商业的繁荣也带动了手工业的发展,如造船、织布、浇铸铁锅、缫丝、碾米、制酱、酿酒和砖瓦业,等等。许多手工作坊的产品都形成过著名品牌,如西漳的平底木船、曹三房的钟鼎、王源吉的铁锅、大窑路的砖瓦、惠山的泥人、无锡的酱排骨、无锡的清水面筋、陆右丰的酱油、无锡的双面绣、留青竹刻,等等。无锡的作坊一般是与商店连在一起的,前店后坊。

手工业的发达也带动了民族工业的大发展。光绪二十五年,即1899年,杨宗濂、杨宗翰兄弟在运河环城段东岸的羊腰湾那里建起了一个由机器生产的大型棉纺织厂,名叫业勤纱厂。这家棉纺织企业不仅是无锡第一,在全国也是最早建立的由机器生产的大型工厂之一。在杨氏兄弟之后,周舜卿、祝大椿、薛南溟、孙鹤卿、荣宗敬、荣德生、荣瑞馨、匡仲谋、沈瑞洲、唐保谦、蔡缄三、唐骧庭、唐君远、程敬堂、王尧臣、王禹卿、薛明剑、杨味云、杨翰西、许稻荪、陈子宽、唐星海、薛寿萱、丁熊照、邹颂范、浦文汀等一大批的民族工商业家相继崭露头角。工厂也如雨后春笋,一批批破土而出。运河两岸烟囱林立、汽笛轰鸣,河岸水边码头栉比、货船如梭,一片繁忙景象。

到1933年,无锡已有工厂三百余家,而且形成了杨氏、周氏、薛氏、荣氏、唐蔡和唐程六大资本集团,资本总额达到1 841.3万元。当时,在全国的六大工业城市中,无锡的工业生产总值为7 726万元,仅次于上海、广州,位居全国第三。当时,无锡的产业工人有6.4万人,仅次于上海,位居全国第二。再加上商业和金融业的发展,无锡被称为"小上海"。

2. 遗产如珍珠,合理利用形成独特风景线

改革开放期间,城里的工厂迁出,搬到工业园区去,所以原来的一些工厂的厂房、烟囱、水塔、办公楼和仓库等就成为工业遗产。运河两边的工业遗产，据初步统计，有34处已被列为文物保护单位、文物保护点或者是工业遗产保护名录，其中有些已经成为供市民休闲及游览的重要场所。

我们介绍三处典型的地方。第一是茂新面粉厂旧址，就是荣氏的第一家企业——茂新面粉厂，现在是全国重点文物保护单位。它是抗战以后重新恢复的建筑，办公楼、自封车间以及仓库这三大主要建筑大楼都是1948年恢复重建的，里面的机器设备以及办公楼内的办公用具、办公桌椅大多都是原来的，其中荣毅仁做厂长时的办公桌还在。重建之后的茂新面粉厂已经化身为无锡中国民族工商业博物馆对外开放。

第二个地方是永泰丝厂旧址。永泰丝厂是薛福成的儿子和孙子两代人创办的一个重要的缫丝厂。它始建于1896年，是由薛福成的儿子薛南溟和无锡的另一个民族工商业家周舜卿在上海七浦路建起的一家大型的缫丝企业。二十年代从上海迁回无锡南门外大运河西岸大公桥附近，一直生产到20世纪初。停产以后，原来的车间、仓库、办公楼以及薛南溟旧居全部被保存下来，并进行了修缮，其已成为无锡中国丝业博物馆。

第三个地方也在运河边上，就在北门外火车站附近，环城运河的南岸，原来是江苏省的蚕丝仓库，叫北仓门蚕丝仓库。停业以后，这个旧址被保留下来。一栋办公楼，两座仓库，体量都很大，有三层楼，清水砖墙。仓库里面恒温恒湿、防虫防蛀，这是采用了近代的科技手段。修缮以后，它成为无锡生活艺术馆。

这三处地方是合理利用无锡民族工商业遗产形成景点的典范。除此之外，还有十几处也得到了利用和开发。对这些民族工商业遗址的合理利用，服务了现代人的生活，也为无锡经济文化的发展作出了贡献。

3. 名人故居多，永久流芳又生辉

大运河孕育、发展、繁荣了无锡城，也养育了近百代、数以千万计的无锡儿女。其中，历代都有名人杰士、精英模范涌现。尤其近代以来，革命家、思想家、外交家、科学家、文学家、书画家、经济学家、民族工商业家，等等，层出不穷，灿若群星。他们在大运河两岸留下的一座座故居、旧宅，成为后人学习纪念他们的场所，文化休闲旅游的好景点。到现在为止，无锡地区已经保护修缮并合理利用、对外开放的名人故居旧宅有一百多处，仅在运河两岸的就有几十处。在这里,我们介绍几处较为典型的地方,以见全貌。

第一处是薛福成故居,名为"钦使第",俗称"薛家花园"。它坐落在无锡城内的西南隅,学前街的西端、西水关附近。其东面为健康路,北面为前西溪,西面靠近解放西路和环城运河。薛福成是晚清时期的爱国外交家、思想家,无锡北乡西漳人。他从小读书勤奋,志向远大,关心国家大事。早年曾向曾国藩进献治国方案,得到曾国藩的赏识,收为幕僚,并成为曾国藩的四大弟子之一。后来,他又成为李鸿章幕僚,协助并参与兴办洋务,《筹洋刍议》就是他主张维新变法的代表作。在出任"宁绍台道"道台时,中法战争爆发,他协调沿海的军事力量与法军激战,在镇海之战中立了战功。因此,清廷又派他出任驻"英法意比"四国大使。在西欧,他进行了广泛的考察研究,写了很多文章著作,《出使日记》就有上下两部。他是我国最先走出国门研究世界的高官之一。

薛福成少年时期在无锡城里的家宅已在太平天国期间毁于战火,所以在出使海外之前,他就筹划重新建造他的宅第。当时他的大儿子薛南溟在天津做官,他就写信叫儿子不要做官了,辞职回无锡开设茧站,从事蚕桑丝茧业,顺带督造家宅。后来,薛南溟遵照父亲的指点,在兴办、发展民族工商业方面作出很大成绩,还担任过无锡县商会的第三任会长,而且在任时间特别长。

薛福成故居规模宏大,占地面积有 21 000 平方米。它的建筑布局分为左、中、右三路。中路为主轴线,前后共有六进建筑。第一进是门厅,第二进是轿厅,第三进是正厅,第四进是房厅,第五第六进是转盘楼。前面四进的面阔都为九间,后面的转盘楼更是面阔十一间。在封建社会,两品以上官员的宅第其厅堂面阔不能超过五间,薛福成当时的官衔是三品京堂赏加二品顶戴,他这座宅第的厅堂竟然均面阔九间乃至十一间,严重超标了,弄不好便会被撤职查办甚至招来杀身之祸。因此在建造时,他采用"对剖双排柱"的巧妙做法,将一个九间厅分成三个三间厅。这种做法和形制,在全国来说尚属少见甚至是独一无二。中路的左右侧各有条长长的备弄,贯通前后。左路也称东路,自南至北有戏台、迴廊、池塘曲桥、花厅看台、仓厅廒间、厨房餐厅,还有法式弹子(桌球)房。右路称西路,前后有三进附房、杂屋、西花园以及仿宁波天一式样的藏书楼。中路左路最后面,则是空间较大、略呈长方形的后花园,园内有荷池曲桥、廊亭假山,景色幽静。

新中国建立后,薛氏很多子孙家眷实际上都不住在这里了。他们分别迁居到了上海、北京、香港等地,有的则到了海外。于是,薛福成的长孙薛育津便作为薛氏家族的代表,将绝大部分房产委托给无锡市人民政府代管。从此,故居先后被作为政府机关办公地、工厂车间、学校校舍和居民住宅使用。20世纪80年代,这里办有三所学校、一家工厂,还住有五十几家居民。后来,在人民政府的支持下,文物管理部门把学校、工厂和居民搬迁出去,对故居内部进行了分批修缮、恢复,整体保护起来。

第二处是阿炳故居,坐落在无锡城中崇安寺旧址的东南角,原为图书馆路30号。阿炳是我国近代著名的民间音乐家,也可以称为民族音乐家。他是二胡独奏名曲《二泉映月》的创作者、演奏者。他出生在无锡城中一所名为"雷尊殿"的道观里,是当家道士华清和的私生子,出生后就被送到华清和的老家托其弟媳妇抚养。长到七八岁的时候,他又被送回道观出家当小道徒。他后来住的地方就是无锡城中洞虚宫的雷尊殿。雷尊殿是华清和住持的一个殿堂,华清和去世以后,就由阿炳继承。阿炳年轻的时候苦练琵琶、笛子、二胡等民族乐器,成为当时无锡地区年轻道士中的佼佼者,没有谁能在道教音乐上胜过他。

后来,阿炳双目失明,穷困潦倒,以在街头弹琴奏曲、说唱新闻为生。他一面创作,一面到街上卖唱赚取生活费。在卖唱时,他痛骂卖国贼、地主和不法资本家,批评当时社会上的黑暗现象,受到底层人民的欢迎。

无锡有一位年轻的音乐家叫杨荫浏,是名门望族的子弟,因从小爱好民族器乐,早年曾拜阿炳为师,跟他学弹琵琶,并与他结成了忘年交。新中国成立后,杨荫浏担任了中国音乐学院教授。1950年8月,他与曹安和女士一起从天津赶回无锡,看望病重在床的阿炳,并在无锡文化部门的协助下,用钢丝录音机录下了阿炳病中坚持演奏的《二泉映月》等三首二胡独奏曲和《大浪淘沙》等三首琵琶独奏曲,为抢救阿炳创作的名曲作出了重大贡献。原想等阿炳身体恢复健康后再来录制更多的曲目并邀请他担任学院民乐系教授的,可是天不假年,三个月后,阿炳竟不幸病逝于家中,成为中国民族音乐发展史上一大憾事!

随着时代的发展,大众对阿炳这个人物的评价越来越客观公正,也越来越高。在以前,有些人还认为阿炳是个"邋里邋遢""生活作风不太检点""不值得宣传"的对象,但是现在大家越来越觉得阿炳虽然有些方面不太好,但这也是受旧社会的生存环境所迫,他的音乐创作还是主流的,他的精神品德还是高尚的。所以,人民政府坚持把他的故居保护了下来。

当年对于他的这间小破屋怎么保护还引起了许多争论,究竟是保留它的原状原貌还是拆掉重建?最后,文物管理部门坚持"不改变文物原状"的原则,对它进行修缮加固,因为只有这样才能让人们感受到当年阿炳生活的窘迫,也才能让人们认识到阿炳究竟是在怎样的生存状态和心境下才创作出《二泉映月》等著名乐曲来的。如今对外展出的阿炳故居,除了阿炳生前住过的几间房子外,还有原来属于雷尊殿的几间房子,因为阿炳的一生与雷尊殿密不可分。阿炳生前经常卖唱的一处茶馆也被重建在阿炳故居旁。

第三处是钱钟书故居,名钱绳武堂。钱钟书是无锡名门望族钱氏的子孙,我国现代著名教授、作家和学贯中西的文学家,曾任中国社会科学院副院长。他的这处故居在无锡城中新街巷30号和32号,这里也是钱钟书少年时期居住、成长的地方,现在被列为江苏省文物保护单位。

钱钟书的名字据说是"抓周"抓来的。旧时江南地区有一种习俗,大户人家新生孩儿年满一周岁时,都要举行"抓周"仪式,父母长辈们在客厅的八仙桌上摆放十样小物品,让孩子去抓拿玩耍,看他首先抓到的是什么,然后以他最喜欢的物品为依据,从它名称中取字为这孩子正式起大名。当年钱钟书首先抓到的是一本书,所以便给他起名为"钟书"。说来确也神奇,钱钟书先生从小就爱买书、读书,后又教书、著书,他竟然与书打了一辈子的交道。他的长篇小说《围城》、学术著作《管锥编》《谈艺录》等,都是享誉海内外的名作。

钱钟书的夫人杨绛,原是他的同学,出生于无锡城中另一名门望族杨氏之家。杨绛的父亲杨荫杭是法学家,姑妈杨荫瑜曾任北平女师大校长,叔父杨荫浏则是前文中提到的中国音乐学院教授、民族音乐家,她自己则是著名的教育家、文学家、作家。新中国成立后,钱钟书夫妇俩曾多次从北京回无锡探亲,在此故居留住过。

这处故居系钱钟书的祖父钱福烔所建,前后两进,均为面宽七间、带有五垛式封火山墙的硬山顶平房,形制传统而优美。两进之间为天井庭院,庭院两侧还各有厢房一间。大门在第一进房子的正中,为江南大户人家常见的六扇竹丝板门。门槛两侧垛头之下,刻有楹联一副,是钱钟书的父亲钱基博教授早年亲自撰书的,联曰:"文采传希白,雄风劲射潮。""希白"是宋代文学家钱易的字,"射潮"则是指五代十国时期吴越王钱镠挽弓劲射钱塘江大潮以保百姓平安、免受海潮灾害的故事。钱镠和钱易都是无锡钱氏的先祖。因此,这副楹联便精辟地点出了钱家这处宅第称为"绳武堂"的用意了,"绳"即准绳,"武"是祖宗的脚印。两字相连,意为遵循祖先的足迹前行。这副砖刻楹联同时也显示出这处"书香门第"的鲜明特色。更令人注目的还有大厅"绳武堂"内庭柱上的一副抱柱联,竟是南通状元张謇亲笔题书的,联曰:"金匮䌷书,有太史子;泰山耸桂,若颍川君。"张謇题写此联时已七十二岁高龄了,而当时钱钟书还是正在东林学堂读小学的十四岁少年。他祝颂钱基博教授之子钱钟书将来能成为"太史子""颍川君"那样的著名文人,其预见之准也可谓绝矣!

20世纪90年代,无锡市文化文物部门为了完整保护钱钟书故居,花了不少心血和功夫,为了原原本本地保留故居,坚持在原址上进行保护和修缮。现在新街巷30号和32号被恢复成原貌,里面陈列布置了钱钟书的生平事迹展览。这处无锡城中最为典型的书香门第、名人故居,已成为对公众开放的一处绝佳的文化旅游景点。

大运河无锡城区段,是春秋之末(公元前495年)开成通航的,直到20世纪60年代,已有2460多年的历史了。它的河床基本上没有改移,河形也没有大变化,但是无锡城却从无到有,从小到大,从冷落到繁荣,从小县城到地级市,变化很大;运河与城市的关系也由靠城而过到穿城而过,再由穿城而过到环城而过。这段河道原本就存在的弯曲、狭窄、水浅、桥多孔小和嘈杂声扰民等历史遗留下来的缺陷已严重阻碍现代水上交通运输的发展,于是,1958年,无锡市人民政府决定启动了城区新运河的开挖工程。

根据国家批准的规划,城区的这段新运河起自西北面的黄埠墩,略呈弓状向东南方延伸,经过锡山东侧、锡惠公园东大门前,穿过许巷新石器时代马桥文化遗址,穿过老鸦浜、梁溪河和曹王泾,直到下甸桥附近与老运河主航道汇合,全长11.2公里,河面宽90米,河底宽60米,水深2.5米,1983年竣工通航。从此,城区的古运河、老运河等河段便不再作为大运河运输航道,而是成为旅游、休闲的历史文化景观河。

现在,这段长达14公里的景观河经过多年的保护和整治,达到了水清、岸绿、路通、景美、文物古迹彰显的要求,已成为世界文化遗产的段点之一,同时也成了市民步行健身、交友娱乐、读书休闲的好去处。新运河两岸还辟建了运河东路、运河西路两条快车道。快车道两边则有健走步道和布有雕塑、诗碑等文化艺术小品景观的绿化带,还有隔河相望的特色护栏和水埠码头,更有蓉湖大桥、锡山大桥、梁溪大桥等十座形制各异的现代化大桥飞架于河上。每到黄昏,桥上、两岸护栏上以及河中频繁来去的船舶上,各式彩灯齐亮、闪烁变幻,使新运河上的夜景非常美丽动人!

(主讲人　夏刚草)

第九篇
江苏运河史话苏州段（上）

一、苏州运河

　　大运河根据历史上的分段和命名习惯，共分成十段，分别是通济渠段、卫河（永济渠）段、淮阳运河段、江南运河段、浙东运河段、通惠河段、北运河段、南运河段、会通河段和中河段。

　　江南运河段流经苏州，从西北至与无锡交接的望亭五七桥经过苏州市区。江南运河苏州段是苏州境内的主要河段，是由不同历史时期开凿的一些河段组合而成的，总长度约83公里，占整条江南运河的24%，京杭运河总长度的4.5%。

　　大运河苏州段最早开凿于春秋时期，隋代成为大运河的一段重要河道，至唐代中叶基本定型。唐代以来，大运河经过历代的修筑、疏浚，保持了一个整体的走向，至今在交通运输、文化旅游等方面发挥着重要作用。历史上大运河苏州段曾有过三次大的改道。唐宋时期直到解放初期的1 300多年的时间里，大运河苏州段都是从枫桥至胥江，一直到宝带桥南下。唐代，苏州刺史白居易开凿山塘河，西接大运河，东至阊门环古城河，使山塘河成为一条自苏州西北方向与大运河贯通的航道。太平天国运动时期，阊门地区遭毁，山塘河两岸废墟堆积，通航能力有限，航道逐渐变窄，大运河从枫桥寒山寺南下横塘，再经过胥江进入苏州，从胥门进入环古城河，再到宝带桥南下，形成了一条主航线。1955年，苏州从枫桥西侧另外开凿了一条长800米、宽43米的新河道，之后往来船只就不通过枫桥了，而是走新开的那段河道，从彩云桥到胥江，再绕城南下，这段河就成为至今为止，苏州运河的主航道。1986年以后，苏州在横塘东南又新辟运河,放弃胥江故道,走澹台湖,使宝带桥北与原河道相连,这条运河后来成为往来货物贸易的主航道。2020年,环古城河工程启动,原来围绕城市一圈的环古城河、原运河故道,正式卸任了通航的职能,成为旅游景观河道。

迄今为止,大运河苏州段还是我国最繁忙的河段之一,苏州港口的货物吞吐量是世界之最,同时它也是最具有活力的河段,为社会的可持续发展作出了重要的贡献。

1. 城内水系与大运河

从隋唐至20世纪70年代开始,苏州环古城河一直是大运河的主航道,大运河水经过胥门、阊门进入苏州城内,与各河道水系相汇集。苏州城水系其实就是大运河水系融会贯通的一个组成部分,两者相互辉映,相辅相成。现在苏州城内的水系主要有两个,其中之一就是三横四直系统,现在三横四直图碑就保存在城隍庙里。三横四直是由诸多的干河系统组成的支河系统。干河又称官河,官河就是水深且宽的河道,主要是沟通支河之间的水系,汇集到干河里面,使全城的水位流速大致保持一致,就像人的血脉一样,有主动脉,有毛细血管,还有静脉,它可以使苏州整个城市血脉偾张,千年之水,源源不断。

三横四直的说法最早出现于宋代的文献记载。13世纪苏州最早的城市古代地图——宋平江图碑记录,当时那里有纵横水道78条,主干水系被称为三横四直。宋代以来,苏州城内的水流支流或是疏浚,或是填塞,时有变化,但是三横四直这样的水系肌理仍然保存到了现在。

大运河开凿以后,苏州古城的整个水系被纳入大运河这样一个水系文明当中,所以苏州是唯一一个以古城概念申报世界文化遗产并且成功入选的城市,这也得益于大运河之水使得苏州水脉相连,丰富了苏州的人文内涵和精神空间。

2. 水系与园林

大家都知道苏州是园林之城,江南园林正是以苏州园林为代表。苏州自古以来就以水乡泽国闻名,发达的水系给园林的造就创造了很多条件。古代园林选址,周围有没有丰富的水源,是一个比较重要的标准。最早的园林是春秋时候的吴国苑囿。晋朝时候,顾辟疆开辟了辟疆园,它是苏州私家园林的肇始。

唐代以来,苏州私家园林日渐兴盛,明清时期更是达到了顶峰。据历史记载,明清以来,苏州的私家园林有200多处。苏州园林均是依水而建,园林周边有三横四直,有支流,有水系,园林当中,也有园主人挖的水池,以及一些灌溉系统,包括假山。

苏州历代造园兴盛,名园日多,保存完好的古典园林有几十处,大多建于明清时期,具有典型的江南园林的特征。比如宋代的沧浪亭,元代的狮子林,明代的拙政园、艺圃,清代的留园、网师园、耦园、退思园等,其中拙政园、留园、网师园、环秀山庄等九座古典园林因其卓绝的造园艺术和个性鲜明的特征,被联合国教科文组织列为世界文化遗产。

3. 大运河苏州段重要遗产

2014年大运河苏州段申遗成功以后,苏州有七个点段入选运河遗产,它们是山塘历史文化街区、平江历史文化街区、全晋会馆、虎丘塔、吴江古纤道、宝带桥和盘门。

第一个先说说山塘历史文化街区。山塘河大家都知道,它是在唐代,公元825年,由白居易开凿的一条河流,其功能是疏浚大运河,贯通大运河和城内水系。山塘河北起白洋湾,南至阊门,全长6 200多米,所以又称七里山塘。山塘街与大运河是贯通的,是古代的主要航道之一,与山塘河相伴的山塘街则在2010年被评为中国历史文化名街。山塘河街,逶迤平行,以虎丘为中心,东段居民邻水而住,参差不齐,西段开始是一派郊野风光,所以山塘历史街区居民有80%以上是苏州的原住民,仍然保持着不少苏州的传统民俗,比如虎丘花灯、庙会还有花会,还包括山塘街的游船等民俗活动。

第二个历史文化节点就是虎丘云岩寺塔,它是七里山塘的终点,位于苏州的西北部。宋代苏东坡曾云:"到苏州不游虎丘,乃憾事矣。"虎丘就是苏州的地标性建筑,当时从大运河进入苏州古城的时候因为没有制高点,所以虎丘塔又是大运河在苏州的唯一的一个航标。虎丘四周河流环绕,从魏晋南北朝时期起,这里的宗教文化就非常兴盛,山间林木森森,既有自然山水也有园林之美,历史古迹围绕于此,其中虎丘云岩寺塔建于959年,是江南运河沿线现存最早的一个建筑遗存,也是苏州现存最早的地面建筑遗存。

虎丘塔是五代时吴越王钱镠在苏州营造,为七级八面的楼阁式宝塔。同时期营造的还有杭州的雷峰塔,但是虎丘塔是苏州现存年代最早,规模宏大、结构精巧的实物,它没有地基,是建在一块大青石板上的,其套筒式的结构使其千年不倒。其实,虎丘塔从建造之初就一直在西北方向倾斜,目前倾斜达2.34米,被称为"中国的比萨斜塔"。1957年,虎丘塔大修的时候,在天宫内发现了很多珍贵的文物,尤其是以越窑青瓷莲花碗最为著名,它是国宝级文物。

第三个是平江历史文化街区。平江河是苏州城内三横四直水系中的第四条直河,通过东西向大柳枝巷、胡厢使巷、大兴乔向河的支流与大运河贯通。平江路的东侧在古代一直是仓储、漕运的集散中心,河、街并行是苏州典型的双棋盘格局建筑形式,是水城苏州的一个缩影,2009年被评为中国历史文化名街。位于平江路北端的丰碑义仓建筑完整,是大运河沿线官仓的最重要标志。平江历史文化街区是苏州传统的小桥流水人家的典型区域。

第四个是全晋会馆。全晋会馆又称山西会馆,位于平江历史街区,是苏州现存规模最大的会馆建筑群,也是清朝末年大运河南北经济文化交流的实物例证,2006年被公布为全国重点文物保护单位。全晋会馆的中路建筑十分精美,尤其是戏楼,具有山西传统建筑与苏州传统建筑相结合的特征。戏楼上面是藻井的建筑形式,由632块木构件以及榫卯结合成一个放射形的聚拢型拱顶,能够产生余音绕梁的音响效果,是我国古代声学的杰出典范。全晋会馆现在作为中国昆曲博物馆使用,主要从事昆曲实物和历史资料的收集研究、保管和展览;另外还开设昆曲专场,定期组织专业演员进行表演,实现了物质文化与非物质文化保护的完美结合。

第五个就是盘门。盘门位于苏州古城的西南隅,是由水陆两道城门组合而成,从军事角度来看,水陆城门两个并举,陆城门有瓮城,敌人打进来的时候,两边城门一放就可以来个瓮中捉鳖;水城门也一样,当小船进入城门的时候,两边的闸一放,可以例行公事进行搜检,没有问题再开闸放行,一旦发现有什么安全隐患,城垛上面立刻可以射箭抵御。所以说,盘门是军事和建筑的结合。盘门也是苏州古代防洪的重要水利措施,它的朝向是向东但偏南十度,是面水背东的抹角做法,既可以避免西部来的水流冲击城门,也可以避免急流的正面冲击,减慢水流速度,防止船只与城墙发生碰撞。

第六个是宝带桥。宝带桥位于苏州古城城南,大运河的西侧,澹台湖的出口处,正好与运河并行,全长317米,有53孔连缀,是中国四大名桥之一,也是大运河沿线现存最长、桥孔最多、结构最轻巧的连孔石拱桥,是我国桥梁建造的一个范例。宝带桥2001年被公布为第五批全国重点文物保护单位。宝带桥始建于唐代,公元816年,由当时苏州刺史王仲舒主持修筑,因为形似宝带而得名,53孔的设计,利于太湖之水的宣泄。在营造技艺上,宝带桥采用了刚性墩和柔性墩相结合的做法,这样能够抵抗来自单面的水平推力,又减轻了桥身的自身重量,体现了我国古代工匠对结构力学的认知。

第七个是吴江古纤道。其位于苏州段运河南端,吴江段的运河西侧,是目前江南运河仅存的一条比较长的古纤道,也是凝结了我国古代工程建设者智慧结晶的杰出的范例。吴江古纤道也是由苏州刺史王仲舒在唐元和五年(810年)主持修筑,当时的名字叫松江堤,后来又称九里石塘。元代的纤道是在至正年间重修的,历经数次维修,才有了现在大家看到的古纤道的模样,它主要是由纤道本体、七星桥等建筑组成。

千年运河文明承载的是沿线城市的辉煌文明,载不动的是似水流年。现在,古老的运河中静静流淌着的是一个个时代的更迭以及对未来的美好憧憬。

二、运河故道岁月稠

京杭大运河可以说是春秋时期吴国争霸的产物。据史书记载,为了壮大国力,实现逐鹿中原的目标,吴王阖闾一登王位就向伍子胥讨教强国之策。伍子胥的强国建议是"筑城郭、设守备、实仓廪、治兵库"十二个字。于是阖闾就命伍子胥相土尝水、象天法地,建造阖闾大城,也就是现在大家看到的苏州城。吴地先民的治水智慧与伍子胥的谋略相结合,成就了至今2 500年的阖闾大城。伴随着阖闾大城的诞生,被列入中国大运河项目的苏州四条运河故道也应运而生,它们就是山塘河、上塘河、胥江和环古城河。

江南运河修成后,苏州地势比较低,没有陆路,汛期时河湖不分。9世纪初,苏州刺史王仲舒在太湖东岸修筑了一条长堤,将太湖与运河分开,同时在澹台湖与运河之间建造了宝带桥,解决了运河航运的风涛之险,其后也曾数次维修。至此,这段运河水源丰沛、航道稳定、运输通畅,加强了运河与苏州古城的联系。

公元825年,苏州刺史白居易在虎丘至阊门环古城河间凿渠,就是今天的山塘河虎丘至阊门段。其实,白居易在苏州做刺史的时间非常短,大概才七个月,但是他看到苏州百姓经常为水患所苦,所以一上任就挖凿了山塘河。山塘河现在作为大运河北入古城的一条重要水道,最晚至8世纪时,已经与大运河以及苏州古城的水系贯通了,四方客船可以相继抵达枫桥寒山寺,8世纪诗人张继所作的《枫桥夜泊》中外闻名,就是对这个场景的生动描述。13世纪的宋平江图,清晰地表明了上塘河是沟通大运河与苏州古城水系的一个重要的通道。

19世纪以来,阊门一带受战乱骚扰,上塘河通航能力逐渐减弱,部分河船只能从枫桥的寒山寺下横塘,东经胥江段进入环古城河,再进入苏嘉运河。公元前506年,吴王出于讨楚的便利,采用了伍子胥的建议开通了苏州通太湖、长江的一条胥溪,并以伍子胥名字命名,也就是后来的"胥江"。胥江自太湖出水口从胥口经过木渎到横塘,与江南运河相结合,是东南方向的第一泄水要道,也是大运河苏州古城段的重要水源补充。大运河苏州段自春秋时候开始到隋代初步形成,到了唐代中叶基本形成了现在的框架。唐代以来,在地方官员的主持下,苏州段运河的重筑、修缮、疏浚没有停止过,但运河的基本走向、大致面貌变化不大。

从隋唐至20世纪70年代,苏州环古城河一直是大运河主要的航道。大运河通过这条航道经过阊门、胥门、盘门进入苏州城内,与城内的水系相互汇合,所以苏州城内的水系现在也是大运河水系的一个重要的组成部分。

1. 苏州城内水系

前面说到,苏州城内有两条水系,一条是由"三横四直"主干河道组成的干河系统;另一条则是由诸多支河组成的支河系统。

苏州城内的水道水网系统,从伍子胥建城之日起,就已经奠定了良好的基础。公元前248年,春申君黄歇迁徙到了吴国。后来他封闭了胥门水门,开辟了葑门水门,令城南之水从葑门泄泻而出,同时整治了城内水道,形成了四条南北走向的河道。从吴国灭亡直到宋代,苏州城池都是遵循以前的格局,变化不是非常大,到了大运河开通以后,苏州城内水系从水源水量上面得到进一步的调节。宋代第一次出现了三横四直这样一个说法。宋代以后,支流水系或是拓浚或是填塞,时有变化,但三横四直这样一个水道系统一直沿用至今。根据宋代李寿明主持刻画的《平江图》,即全国第一块城市地理图,苏州在宋代时,城内就有纵横交叉的干河以及支河系统78条,当时河道总长82公里,桥梁314座,形如棋盘。到了明代,苏州的河道增加了很多,据统计,当时苏州城内的河道总共有87条,长度92公里,三横四直水道系统总共约27公里。从清代至民国,官府经常疏浚河道,但是三横四直水道系统一直延续到今天,非常珍贵。

2. 城内主干水系"三横四直"

根据南宋李寿明主持刻制的《平江图》碑,南宋苏州共有水道78条。其中第一横河从阊门水关桥向东,到至德桥、张广桥,再到南过军桥、尚义桥。第二横河西起吴县学前的渡子桥,经乘鱼桥、马津桥、顾庭桥等。第三横河自孙老桥起,向东经福民桥、饮马桥至迎春桥。第一直河北起皋桥径直南下,经升平桥、明泽桥,一直到盘门的水关。第二直河自董家桥起经西馆桥、杉板桥过查家桥后,再至新桥。第三直河自齐门赌带桥南行经跨塘桥、任蒋桥,过顾家桥,至竹隔桥。第四直河北起华阳桥,南行通济桥、雪糕桥,经过苑桥西折一直到望信桥。明末的《吴中水利全书》当中描述的三横四直,在南宋《平江图》当中都能一一对应找到,桥梁名字也大都一致。民国以来,苏州城内三横四直除第二直河有所缩短外,其他河道的变化都不太大。作为苏州城内主干河道的三横四直自宋代以来,历经元、明、清、民国至今仍然保持着原貌。

3. 苏州城内水系与大运河关系

再来看看苏州城内水系与大运河的关系。英国历史学家李约瑟曾经把环古城河和城内诸多的水巷形容成运河,并未将大运河与苏州城内的水系割裂开来。事实上无论从大运河的开凿历史、基本功能,还是其附带作用来看,大运河与苏州城内的水系都是密不可分的。

首先,大运河苏州段在开凿建设的过程中就已经将苏州古城的水系纳入它的系统,当年伍子胥在主持修建阖闾城时就已经形成了古城内外水道相连、河网纵横的格局。大运河苏州段自隋代以来基本形成了固定的格局,唐代进一步地建设后虽然经过疏浚修缮,但是其基本面貌仍保持不变。这意味着一千多年来,苏州大运河一直没有大动过,始终是从苏州的环古城河经过并与城内水系交流贯通。

其次,苏州城内水系是大运河漕运体系的一部分。漕运是历代统治者开通、维持大运河的目的,也是维持大运河的基本功能。宋代南迁以后经济重心南移,"苏湖熟,天下足"使得苏州成为漕粮的重要生产地,明清时期由于城市工商业的发展,苏州粮食产量减少,但历代的漕运皆依托苏州发达的水路交通系统而进行。苏州古城是漕粮的重要征集地和起运点,明代巡抚周忱和知府况钟为了加强对漕米的管理,把原来分建在各个农村的粮仓分别移建到了苏州城内的胥门和阊门一带,这些粮仓不仅靠近城门,而且粮仓前后都开有门,每个门都临水,城内的河道可通漕船,为漕粮收集、存储、运输提供了便利。

再次,大运河注入苏州城以三横四直作为主要的水网成为城市居民重要的生活水源。苏州是运河沿线唯一受运河水滋养的城市,苏州古城水系是大运河的支流水系,不仅存在着运输功能,也是城市居民生活水的来源。苏州古城地形主要是西高东低,运河水由西北角注入古城,通过以三横四直为主干河道的城市河流体系,再由东南角流出,为整个城市提供了鲜活的生产生活用水。

京杭大运河开通后的千百年中,大运河苏州段承担的不仅是漕运、海内外商品运输等重任,唐宋时期,苏州更是漕粮的重要产地,国家漕运十之一二都来源于此,苏州也因此被称为国之粮仓。明清时期,苏州是漕粮重要的征集地和起运地,大运河苏州段是漕粮的重要源头,成为国之命脉,为国家的政治、经济稳定作出了重要的贡献。大运河苏州段还通过娄江连通长江口的刘家港,既便利了漕粮海运,又便利了海外贸易。

近代以来,中外贸易频繁,苏州段大运河的重要性更加凸显。1896年,清政府在苏州古城东南灭渡桥外设立苏州关税务司署,管辖范围包括嘉兴以北、丹阳以南、昆山以西。1900年,清政府又在灭渡桥北设立了一个水文观测站,这个水文观测站连续记录水文资料已经超过了一个世纪,目前仍在使用。

苏州地区河网密布,地形复杂,运河上的桥梁不仅需要沟通水路也要保证运河航运的畅通。每一座桥梁的设计建造都构造独特、因地制宜,比如著名的吴门桥、灭渡桥、吴江的三里桥都采用了拱形设计,使得航道畅通;宝带桥、垂虹桥所在的水域比较宽广,又是太湖泄水口与运河的交汇处,因而以桥代替堤岸,采取薄墩连锁拱桥形式,既保证了运河的水源及太湖泄水畅通,又沟通了陆路交通,是我国桥梁史上的杰作。

根据清末光绪年间不完全统计,大运河苏州段主航道以及两侧各个时代、各种形式的桥梁有76座之多。大运河通过上塘河、山塘河、胥江汇入苏州环古城河,与苏州城内的水系水网相连。大运河绕城、穿城而过,古城被运河水滋养,两者关联度极高,使苏州城的兴衰繁荣与大运河息息相关。

苏州古城自宋代以来的三横四直主干道系统存留至今,造就了古城水陆并行,河、街相连的城市布局,并直接促成了享誉世界的苏州古典园林。这种水上园林的城市景观在大运河沿线城市中也是独一无二的。

三、运河城镇觅芳华

1. 运河之城

大家都知道苏州是运河之城,运河之水兴盛了整个苏州古城,当年是伍子胥营造了苏州古城。

到了晋代,诗人陆机经过阊门,远远望去,被它恢宏的气势所折服,于是便有了这首围绕着阊门而展开的诗作《吴趋行》:"吴趋自有始,请从阊门起。阊门何嵯峨,飞阁跨通波。重栾承游极,回轩启曲阿。蔼蔼庆云被,泠泠祥风过。"阊门城楼巍然高耸,城阁飞檐凌跨城河,重重短柱上承载了一个游梁,城楼两侧,回廊开展,曲蜓覆盖,整个建筑高入云端,时有和风吹过。阊门现在成了苏州一个地标性的建筑,也是苏州的一个很繁华的地方。曹雪芹当年在《红楼梦》中形容当时的阊门、山塘街一带为"红尘中一二等富贵风流之地"。

试想,2500年前,一座周长47里,辟有水陆城门共八座的恢宏大城拔地而起,随着时光的流逝,城内外有了馆娃宫、姑苏台、齐云楼等各个时期建造的宏伟建筑,还有了各式的私家园林,使得整个苏州城瑰丽壮观、举世无双。如今地面建筑经过沧桑更迭,所存的多为明、清时候的园林以及民居,还有一些断断续续的城墙证明着苏州城过往的辉煌。

公元前221年,秦始皇统一了中国,分天下为三十六郡,苏州属会稽郡,作吴国都城,设吴县为郡制。东汉顺帝永建四年设吴郡。三国时期,孙吴据苏十多年,得到了顾氏、陆氏等江东士族的支持,开创了东吴基业。开皇九年,苏州有姑苏山,这是苏州这个名称的肇始。越国公杨素在守城的时候,认为苏州地处平原,非涉险之地,于是在城南约七公里又另建了新城,之后又因为新城无法发展,在唐代的武德七年,又将郡制迁回了旧城。隋炀帝开通江南运河后,凭借着这条黄金水道,江南经济迅速发展,苏州成为东南沿海唯一的一个水陆要冲。大历十三年(778年),苏州成为江南唯一的雄州。到了宋代,"上有天堂,下有苏杭"的谚语已经不胫而走。元代的马可·波罗在游览了苏杭之后,就形容它漂亮得惊人。明清两代,苏州更成为全国政治、经济、文化的中心。但是在鸦片战争后,伴随着上海的崛起和太平天国运动对古城的破坏,以及沪宁铁路的开通,苏州城衰弱了,一个伴随着水运而兴起、鼎盛的农业和手工业的城市,在灿烂了一千多年后日渐凋落,古代的苏州盛景曲终人散。而如今的苏州城,以一个崭新的姿态迎接新的发展。现今,苏州"一体两翼,古城居中"的发展模式正是传统与现代交相辉映的发展模式,更具无穷魅力。

2. 运河小镇

伴随着苏州古城而生的是位于运河两边的诸多小镇,我们称为运河小镇。京杭大运河苏州段流经苏州府的郡城以及它下属的县城,促进了苏州城乡经济的发展,也促进了运河沿线的市镇的发展。隋唐以来,苏州运河市镇开始发展。明清间,苏州城乡经济空前繁荣,市镇发展不断加速,运河所经的市镇发展最快。运河沿线的一些市镇大多成为要镇、名镇和大镇,主要有江南著名的钞关浒墅关、吴江的松陵镇、枫桥镇的米豆市、盛泽镇的丝绸市场等,它们成了全国性的市场,在城乡经济建设中具有举足轻重的地位。

清末民初,近代的轮船业兴起,运河沿线市镇最先成为轮船航线的主要码头及中转站,凭着这些运河航线向周围的运河小镇辐射,密切着城乡关系,促进了城乡经济交流与繁荣。运河市镇的发展也促进了运河治理,它们对运河进行修筑、拓河、建桥,畅通了通行的航道。

运河沿线比较著名的市镇有望亭镇、通安镇、浒墅关镇、枫桥镇、横塘镇、长桥镇、松陵镇、同里镇、八坼镇、平望镇、盛泽镇等。

第一要讲的是第一大镇东吴"御亭"望亭镇。望亭位于江南运河苏州段最北端,是东汉末年东吴先祖孙坚所设的一个御亭,东晋咸和三年(328年)设为军事堡垒,晚唐已经有了集市。后来望亭历经战乱,多次迁址,唐时位于通波桥南,后来南迁至响水桥;明初到了杜桥以北;清雍正年间望亭又迁回苏州府,属常州县六镇之一。运河望亭段古时又称鹤溪,雍正时又称鹤溪镇。望亭西距太湖三公里,因为太湖和运河、长江水系交错,所以又设堰闸。望亭境内与运河连接的岔河有近二十条,以月城河、望虞河为主。望亭老镇区现在分布在运河的两岸,镇区主要的古迹有三国时东吴都督鲁肃的"螺丝墩",隋朝皇叔杨陵墓地"杨柳墩",清乾隆时候的"皇亭碑"以及古月城遗址等。

第二是姑苏绣乡通安镇。通安镇是因通安桥而得名的,位于运河的南侧,南靠阳山,西临太湖,北接望亭,东邻浒墅关镇。通安镇兴于清末民初,历史上也是苏绣的发源地之一。通安镇有浒光运河,是浒墅关镇连通光福镇的一条运河,有金墅港、前溪港、龙塘港等24条河流。浒光运河是京杭运河和太湖间的一条通道,通安镇就在浒光运河之侧。通安镇历来人文内涵非常丰富,阳山的箭阙峰、箭渎渠、鸡笼山、大石山等地都有历代名人墓葬,大石山上有建于元代的云泉庵,留有许多明清以来的名人摩崖石刻,还有商周时期的华山遗址,已被列为苏州市文物保护单位。

第三是江南第一钞关浒墅关镇。浒墅关俗称许市,在唐武周年间,吴县分为吴县和常州县,浒墅关隶属常州县,俗称"吴中第一大镇"。1949年4月,浒墅关成为吴县县政府所在地。浒墅关居运河要道,宋时成市,元时为镇。元执政时候是实物赋税,明洪武初设巡检司,宣德年间设浒墅钞关,景泰元年设关署,万历年间设税务关,下辖三个巡检司、钞收,为大运河七大钞关之一。清代浒墅关税务由苏州织造监理。浒墅关有草席、蚕桑两大传统产业,尤其是蚕桑业历史悠久,可追溯至春秋吴国。清宣统三年,上海蚕业学堂迁移到了浒墅关,成为国内蚕桑专门人才培训基地和蚕种的培育基地。浒墅关有山有水,山有阳山、观山、鹿山、真山等,阳山、真山有许多春秋吴楚贵族墓地,出土了不少珍贵的文物,现藏于苏州博物馆;水有大运河、白荡、浒光运河、青苔湖等,有董堤、石凉亭、十里亭、三里亭、文昌阁等遗迹。浒墅关不愧是江南第一大镇。

第四是枫桥古镇。唐代张继的《枫桥夜泊》可谓家喻户晓,苏州城西九公里处的枫桥镇就因诗中的枫桥而得名。这座桥紧依运河,横跨枫江。不仅是寒山寺因诗而名播海内外,这座枫桥也随之闻名天下,历代文人墨客在这里留下了无数诗词、佳作。

第五是古驿渡口横塘镇。横塘又称横溪,位于运河与胥江、越来溪的一个交汇处。胥江为春秋伍子胥所凿,引太湖水入河里城。隋开皇十一年(591年),杨素曾将苏州迁徙到横山东侧称新郭,当时县治设在治平寺,县学设在横塘,所以横塘历来为苏州文人所推崇。横塘位于苏州城西南要道,古有驿站,宋代时,横驿发展成为最重要的一个市镇,成为吴县六镇之一。横塘有两座著名的运河古桥,其中之一的横塘桥也就是普福桥,建于宋代,明洪武年间改为三孔桥,桥上有亭,康熙年间重修,1963年拆除改建;第二座桥是彩云桥,建于洪武年间,横跨胥江河口。此外,这里还有省文保单位横塘驿站和横塘王家村的唐寅墓等。

　　第六是吴国造船基地长桥镇。长桥旧称蠡墅、龙桥,位于苏州古城的南郊,西临石湖,东边有澹台湖,运河航道自横塘折东穿长桥而进,出澹台湖与运河故道相接。蠡墅位于运河的南侧,相传越国大夫范蠡曾居住在这里,这条老街上水道密布,文物古迹众多,这一带也曾是吴国的造船基地。康熙年间这里有朱陆两姓的一个造船工坊,雇工有三百多个人,修造木船两百多艘。新中国成立以后,造船工坊改称吴县蠡墅造船厂,成为苏州内河的木帆船、水泥船的制造基地。

　　第七是江南鲈乡松陵镇。松陵亦称吴江、淞江、鲈乡,位于苏州城南,属于吴江区。松陵位于运河驿道要地,唐代设镇并驻扎了军队;明代松陵镇因运河而兴盛;到了清代咸丰、同治年间,因为太平天国战火导致县城受损,十余年没有恢复;民国间这里以南北货、酒酱业为主。松陵镇现在为吴江区的政治、经济、文化中心,目前遗存的古迹有全国重点文保单位垂虹断桥、大运河遗产点吴江古纤道,以及其他文保单位三里桥、徐灵胎墓、钱涤根烈士纪念碑、苏州市控保古村落南厍村等。

　　第八是水乡古镇同里镇。同里是中国十大古镇之一,也是第一批全国历史文化名镇,位于大运河的东侧,属于吴江区。古镇四面环水,众湖环抱,现存四十九座古桥,这是比较难得的。同里镇为宋时建造,到了明清时候同里成为一个重要的商业集市。2003年同里镇被列为中国历史文化名镇,现在已被列入了江南水乡古镇,并申报世界文化遗产。古镇目前保存有13世纪初至20世纪初的38处私家园林、民居古建,47处寺观、祠堂,还有名人故居与富商大宅近百处之多。其中建于光绪年间的退思园在2000年被列入世界文化遗产名录,同时列入苏州古典园林的扩展名单。

　　第九是运河富"龟"八坼镇。八坼位于吴江区,在运河的东侧与同里镇接壤,镇区因运河而兴。八坼老镇为运河的支流所环抱,运河之水绕经镇区至镇东河浦。镇区老街逶迤，旧时有很多廊棚和跨街楼，现在仍保留着很多民居。目前有市保单位永宁桥、万安桥、联源桥、合浦桥，其他古迹以及城隍庙，以及著名的科学家、新中国放射化学奠基人杨承宗的故宅。

第十是"小枫桥"平望镇。平望位于大运河与太浦河的交叉口，南邻莺脰湖，西纳烂溪、頔塘之水。平望镇在京杭大运河中是苏、嘉、沪、湖的水陆交通枢纽，老镇区处在运河和市河的环抱之中，商店集中在南北大街、扇子街河东西两侧，商市以粮食市场为盛。现存的古迹主要有运河古桥安德桥、北渡桥、安民桥，此外还有小九华寺和莺脰湖等遗迹。

第十一是东方丝绸、衣被天下的盛泽镇。盛泽镇距大运河三公里左右，盛泽的鸭子坝为苏、嘉两市，也是江苏和浙江两省的运河交界。盛泽依傍运河，以丝绸业为主，由村落发展为商业名镇，先后有绸业公所、丝业公所、领业公所、钱业公所、米业公所等。一个镇区能有这么多公所，吸引着各地客商往来其中，是非常不容易的。盛泽重镇的历史遗存也非常丰富，有先蚕祠、济东会馆、坛丘三桥、盛泽丝厂、坛丘缫丝厂等。

除了上述几座运河古镇以外，星罗棋布的苏州运河之水也催生出一批古村落。现在苏州有中国历史文化名村5个，传统村落7个，列入市级保护名录的古村落17个，另外还有控制保护古村落14个。苏州现存的古村落大多集中在东、西山一带，被誉为苏州历史文化名村的有明月湾、陆巷村、三山岛村、杨湾村和东村，被列为控制保护村落的有甪里、后埠、堂里、东西蔡、植里等。这些古村落代表了苏州现存古村落的绝大多数，也是苏州传统村落的典型。苏州的古城、古村、古镇不仅是一个地域的组合，也是千百年来依托政治、依托运河的政治经济文化的集中体现，它们是苏州灿烂文明的见证和结晶。

四、全晋会馆内的吴觎雅韵

全晋会馆是大运河苏州段的一个点段，是苏州地区最完整，也最具代表性的一个会馆建筑群。全晋会馆亦是19世纪大运河南北经济交流的一个实物见证。

全晋会馆又叫山西会馆，位于苏州平江路的中张家巷14号，占地面积六千多平方米，建筑面积五千多平方米，坐北朝南，分为东中西三路。中路依次是头门、戏楼、正殿等。东路共四进，依次是门房、厅堂和前后楼，楼房之间有厢房沟通。西路有门房、桂花厅、楠木厅等。全晋会馆现在是苏州戏曲博物馆，中国昆曲博物馆所在地。全晋会馆的原址是在阊门的山塘街，乾隆三十年（1765年）由山西商人创建。到了清咸丰十年（1860年），太平天国运动中，全晋会馆毁于兵燹，破坏严重，后来因为修筑沪宁铁路，苏州的商业中心转向上海，于光绪五年（1879年）在这里重建了新的全晋会馆。民国后，会馆的功能逐渐衰败，从1958年到1984年，会馆先后被作为工厂、学校使用。1986年10月，为庆祝苏州建城2500周年，全晋会馆作为苏州戏曲博物馆重新开放。2006年，全晋会馆被国务院批准列入第六批全国重点文物保护单位。

全晋会馆门头为单檐歇山顶，面阔三间，进深五界，三间各设将军门一座，明间两扇的黑漆门绘有重彩门神，门前有抱鼓石一对，以脊柱为界，前面为海棠轩，后面为鹤胫轩，左右两边为水磨砖贴的一个八字墙，壁面有各种团龙雕饰。全晋会馆有三绝，一个是砖雕，一个是石雕，一个是木雕，墙顶瓦垄起脊，檐下抛枋雕饰戏文，青石须弥座，雕有鹿鹤同春、狮子滚绣球等。左右的八字墙后面造有正方形吹鼓楼一座，单檐歇山顶，呈参差错落之势。

全晋会馆最有特色的是戏楼，有两层，底层为仪门，还有两廊，楼层以北伸出一戏台，横列五开间有后台，由左右各纵联的厢房连接而成。戏台是歇山顶的，双戗飞翘，主要是以龙凤还有戏文的图案雕刻，正面悬雕花篮、狮子一对。戏台面阔6.55米，进深6.24米，高2.7米，整个凿井直径约3米，高2米，主要由632个不同的木构件以螺旋式的放射纹聚合而成，金碧辉煌、绚丽多彩，除美学功用外还具有聚音的作用。这个戏台是苏州现存的古典戏台当中最精美的一座，正殿面对的戏楼高出地基1.3米，原来面阔五间，现在的正殿是1986年灵鹫寺大殿的构建移建过来的，单檐歇山顶。东路共四进，面阔都是三间，依次是门房、厅堂、前后楼，楼房之间以厢房贯通，现在仍视为民居。西路有门房、桂花厅和楠木厅等，这些厅堂现在都是作为中国昆曲博物馆的展厅。桂花厅和楠木厅之间有庭院，当中点缀了一座太湖石，还有曲沼、花木，小巧玲珑、别具一格。中路有迎宾、祭祀、演戏酬神的地方，建筑为殿堂式、楼阁式，殿宇金碧辉煌，恢宏庄重，具有山西建筑的特色。试想一下，当年的山西商人在做生意之余，都在这里酬宾、会见各路同乡进行联谊，这里想必是热闹非凡的。

苏州原有会馆、公所一百多处。13世纪以来苏州的经济飞速发展，外地商人纷至沓来，为了联乡谊、聚友谊，便形成了众多的同乡会馆。19世纪中叶前，会馆主要集中在山塘街、平江路一段。1860年以后，城外遭受兵燹，所以会馆、会所大多迁到了城内。16到19世纪，苏州的会馆和公所就达九十多处。全晋会馆是苏州目前现存的保存最完好、功能结构最完整的建筑群，其最初是作为在苏州的外地人联络乡谊、集会、议事的公共场所。18世纪以后，会馆也逐步成为商人们存货、居住、议事的一个重要的场所。后来又逐渐演变成工商业会的组织，促进了区域间不同经济文化的频繁交流。

全晋会馆是运河沿线保存规模完整、历史价值独特的会馆之一。特别是它的古戏台，作为露天的戏台之最，是声学技术和建筑学艺术的一个完美结合。全晋会馆建筑布局严谨，层次分明，中路采用大式营造的手法，雕刻精美，兼得了山西传统建筑与苏州传统建筑的特色。戏台顶部的一个穹隆状的藻井，由324件精美的木构件和308朵木雕祥云组成，从大到小，从上而下相依盘绕十八圈，从声学和建筑学的角度，都有一个比较好的典范作用，可产生余音绕梁的声学音响效果。包厢与戏台之间形成一个科学的空间处理，观众可以随意选择座位，视线都不会被包厢的柱子所遮蔽。除了较高的科学价值，全晋会馆同时也是物质遗产与非物质文化遗产相互结合、合理利用的一个典范。全晋会馆现在作为苏州戏曲博物馆、中国昆曲博物馆这样一个载体，对外展示的是世界非物质文化遗产代表作——昆曲的展陈和表演，馆内的古戏台为原汁原味的昆曲表演观赏提供了最佳的场所，每年都吸引了众多海内外游客、昆曲票友前来交流观摩。典雅的环境和纯正的艺术表演再现了明清时期昆曲鼎盛时期的风貌，古戏台的建筑价值和昆曲的无限魅力就在这方寸之间，在这个大舞台上相得益彰，实现了物质文化遗产和非物质文化遗产的完美结合。而昆曲被联合国教科文组织宣布为第一批人类非物质文化遗产代表作，也是第一批被列入国家级非物质文化遗产名录。

元末明初，我国南方戏曲有四大声腔，即海盐腔、弋阳腔、余姚腔和昆山腔，其中的昆山腔是由昆山地区的小调民歌集合而成的地方声腔，是用昆山方言演唱的，只流行于吴地。昆山千灯的顾坚又号风月散人，他推动了昆山腔的传播。由于顾坚的整理加工，昆山地方声腔早在明初就有了昆山腔这样一个冠名。从明代嘉靖年间开始，以太仓魏良辅为首的一个曲家群落对南曲进行了大规模的改革，其中也包括了昆山腔。他们将苏州官话选定为舞台的语言，引进了北曲和南曲，从而改良了昆山腔。因其婉转流利，又被人称为水磨腔，就像水磨糯米粉似的。到了清代嘉靖末至隆庆初，昆山剧作家梁辰鱼按照昆曲的音律填写了一本《浣纱记》传奇，把原来限于清唱的昆曲运用于舞台的表演艺术当中。《浣纱记》的成功上演标志着一个新的剧种——昆曲的诞生。梁辰鱼所开创的骈俪的剧风为后人所推崇，并形成了昆剧的一个创作流派，即昆山腔，或叫典雅派。

明代万历的时候，吴江沈璟为了适应普通市民阶层的审美需求，提倡昆剧回归本色，要求语言通俗易懂、贴近生活，同时又以守律为主张，保证昆曲的正宗音乐韵味不致流失。明代万历末年，昆剧到了北京，同时也借机在全国各地落户，远至东北、云贵，很快就发展成为全国性的大剧种。昆曲与各地的戏曲、声腔、语音融合，或转变为当地的一个地方流派，较著名的昆剧流派有北昆、湘昆、川昆、晋昆和徽昆等，均是昆曲和当地曲艺结合后发展出的独特唱腔。清末民初社会大动荡，却没有使昆曲衰落，反而给昆曲创作注入了新的活力，名家辈出、杰作如林。在苏州地区涌现出以李玉为领袖的创作群体，史称苏州派。著名的昆剧剧作家除了李玉以外还有朱素臣、朱佐朝、张大复、丘园等。

太平天国以后，昆曲进入了一个低潮时期，苏州只剩大雅、大章、全福和鸿福四家昆班。民国初年，最后一家昆班全福也解散了，这时昆曲在曲社和在民间的流传只有一息尚存，可谓岌岌可危了，亟待保护。1921年起，昆曲界出现了一个关键的人物，上海的一个实业家叫穆藕初，他发起了昆剧传习所，地址位于现在的平门五亩园。他聘请了全福班艺人传教昆剧，培养了数十名昆剧的著名艺人和传字辈的一些学员，这些学员毕业后陆续在上海、苏南、浙江等地扎根。抗战时期，因为经费紧张，战乱频繁，传习所解散了。2001年，随着昆剧被联合国教科文组织列为"人类口述非物质文化遗产代表作"，其关注度迅速地得到了恢复。近年来，由台湾文化名人白先勇先生与苏昆打造的青春版《牡丹亭》，吸引了大批学生和广大观众，给昆曲注入了新的活力。昆曲也走出国门，在欧美、东南亚等地引起了广泛关注，成为我国古典文化传播和交流的一个著名品牌。

昆曲主要由歌、舞、表演和故事几个要素组成，作为苏州的一个代表剧种,苏州对其进行了大力的保护、继承和弘扬。昆曲保护工作也受到了广泛的赞誉,联合国教科文组织的官员就盛赞苏州昆曲保护为全国非物质文化遗产保护作出了表率,为世界非物质文化遗产保护作出了重要贡献。

五、运河功臣利千秋

苏州多江河湖泊,有聚三江五湖之利福泽百姓的功劳,但是也潜藏着水患频繁的隐患。苏州历代地方官员都把吴地治水作为主政要务,而那些治水政绩卓著的人物就受到了吴地百姓的拥护和爱戴。开挖人工运河、治理水患及兴修水利的漫长历史过程中,涌现出许多杰出的人物,同时一代又一代的治水人总结出了上百种水利专著,比如单锷的《吴中水利书》,姚文灏《浙西水利书》,归有光《三吴水利录》,张内蕴、周大韶《三吴水考》,张国维《吴中水利全书》等,堪称中国水利史上的传世之著。

下面向大家介绍几位苏州治水的名人。首先是阖闾,阖闾作为春秋吴国第二十四位吴王,对于水患国情十分重视,当时在伍子胥的建议下同时也是出于军事需要,他开凿了多条人工运河。周敬王十四年(前506年),为了讨伐楚国开凿了胥溪,胥溪位于今天的高淳坝东,长十多里,西通长江,东与荆溪相连,入太湖经胥江抵吴国都城。这条运河贯通太湖流域与青弋江、水阳江,在漕运史上起到了重要的作用。周敬王二十五年(前495年),又开掘了一条运河,自吴国都城的西面经望亭入无锡,到武进的奔牛,再到达孟河入长江,全长170里,其后面的河段就成为江南运河的一部分。

第二位人物是夫差,吴王阖闾的儿子。周敬王三十四年(前486年),吴王夫差准备讨伐齐国、晋国,以称霸中原,他筑城于邗也就是今天的扬州,开凿邗沟,南引江水,北过高邮,西折东北至射阳湖,后来经西北又从淮安入淮水,沟通了吴地与中原的水上交通,全长三百多公里,后来也成为京杭大运河的一部分。夫差在位23年,为了称霸诸侯,他穷兵黩武,连年征战,导致国力空虚,最终成为了一个历史的悲剧人物。夫差当年为了扩张吴国而开凿邗沟,也从客观上兴修了水利,便利了江淮间的交通和灌溉,为古运河的发展奠定了基础。

著名的治水人物伍子胥,名员,字子胥,春秋楚国人。阖闾元年,吴王阖闾举伍子胥为行人,而与谋国事。伍子胥奉命相土尝水、象天法地,筑造了阖阊大城,也就是今天的苏州古城,又献计开凿多条人工运河,主要有胥江、胥溪、胥浦等。伍子胥居住吴国38年来,前后辅佐了两代吴王,修城池,开凿沟渠,致力于吴国强盛,受到了百姓的爱戴,百姓为他立祠修墓,四时祭祀。农历五月初五端午节,吴俗吃粽子、划龙船都是与伍子胥有关的。吴地至今还保留了很多与伍子胥相关的地名,如胥门、胥江、胥口、胥山等。

春申君黄歇是战国时楚国人,与齐国的孟尝君、赵国的平原君、魏国的信陵君并称为战国四公子。黄歇在苏州历史上也有突出的贡献。《吴中水利全书》记载:"考烈王十五年,春申君黄歇城故吴墟内,北渎四纵五横,治水松江,导流入海,开港溉田,开浦置上下屯。"后人因为他姓黄就称其所开之浦为黄浦,亦称春申浦。黄歇除了重视修筑大型的水利工程外,还开展了很多农田水利建设。《越绝书·吴地传》记载:"无锡湖者,春申君治以为陂,凿语昭渎以东到大田,田名胥卑,凿胥卑下以南注太湖,以写西野,去县三十五里。"苏州城北的黄埭镇就是因为当年黄歇筑堤而得名的。

王仲舒,字弘中,并州祁人,也就是今天的山西太原人,元和五年(810年)出任苏州刺史。王仲舒在苏州兴利除弊,以堤松江为路,修筑了长洲县尹山至浙江嘉兴王江泾之间的长堤,成为苏州治水史上的第一大功臣。这条长堤既畅通了江南运河水陆并存的驿道,也使太湖严重的水患得到了治理,特别是疏浚了平望淤塞河段。大运河与澹台湖间的宝带桥,是一座53孔的长桥,于元和十一年至十四年间建成,据传就是王仲舒捐出腰带而筑成的,所以人称宝带桥,宝带卧波已成为运河风光的一景,它也是我国古代著名的水利工程。

白居易,字乐天,号香山居士,祖籍太原,生于新郑,先后任忠州、杭州、苏州等地刺史。白居易在苏州只待了七个月,他看到阊门有水患,便借鉴杭州治理西湖的办法,在苏州开凿了山塘河。当年阊门至虎丘间的沼泽地、虎丘山前的河道都属于半塘,每当汛期,桐桥以东就变成了水乡泽国。白居易主持开凿山塘河,用挖出的淤泥修了长堤,也就是现在的山塘街,从根本上治理了水患,也方便了阊门至虎丘陆路的沟通。当地百姓为了纪念他,将山塘街又称白公堤,后人还在虎丘上建立了白公祠,从此以后山塘街、白公堤成为游览虎丘的一个进水通道,也成为阊门外最繁华的商市。

范仲淹,字希文,苏州人,是大中祥符八年(1015年)的进士,一生在很多地方做过官,兴利除弊,为百姓做了很多好事。当年他在泰州任兴化令的时候就修筑、治理海防线,世称范公堤。景祐元年(1034年),范仲淹在苏州任知州,大兴水利,疏浚太湖路和江海水道,解除水涝之患。当时他还在苏州倡府学,设立义学、义庄。范仲淹不但是宋代名臣,而且是著名的文学家,著有《范文正公集》。范仲淹从政过的很多地方,包括延州、庆州、汴梁之地都有为他建祠纪念,苏州至今也保存着很多与范仲淹相关的纪念标志,比如景范中学,也就是范氏义庄,天平山范氏祖坟、天平山庄、先忧后乐牌坊等。

夏原吉,字维喆,湖南湘阴人,五朝为官,前后主管户部29年,对明初经济的恢复和发展作出了突出的贡献。明代初年,吴浙两地水患很严重,地方官连年治理没有效果,积涝成灾,百姓流离失所。明成祖朱棣遣户部尚书夏原吉到吴浙治水。永乐八年(1410年),夏原吉到了吴浙,察看了灾情,踏勘了河道,发现太湖流域下游地势平缓,河道弯曲狭窄,多年淤塞,于是他动用了当地民工十多万人日夜奋战,前后疏浚了吴淞江、白茆塘、刘家河、范家浜、大黄浦等地,并引黄浦、吴淞江的水取道刘家河入长江,重点开凿了范家浜,让它与黄浦江相接,将太湖东部的河湖之水引入长江,使黄浦江成为太湖东泄的主要通道,后因地建闸,用于泄蓄。两地疏浚改善了太湖下游的泄水格局,由以前以吴淞江为主改为以黄浦江为主,一直延续至今。治水期间夏原吉身体力行,布衣徒步,风餐露宿,日夜奔波于工地,最终根治了太湖流域水灾频繁的状态,使苏浙农商从中获利。同时夏原吉还上书朝廷如实申诉了百姓受灾饥苦的境况,请求朝廷减免税负,发粮米三十万担以赈济灾民。

况钟是苏州的又一位治水名臣,字伯律,明宣德五年(1430年)出任苏州知府,以励志闻名,被民间称为况青天。他在任期间兴修水利,鼓励农桑,致力办学,颇受百姓爱戴。当时苏州一府七县都建有况钟祠,其中西美巷的况钟祠保留至今。

张国维,字正庵,浙江东阳人。他是明天启二年(1622年)进士,明末任兵部尚书,清兵南下时,他宁死不降,以身殉国。崇祯七年(1634年),张国维临危受命,任御史巡抚应天、松江等十府,驻节苏州。张国维任巡抚的六年也是大兴水利的六年。崇祯八年,张国维与王一鄂修吴江石塘,并开浚了吴江垂虹桥两侧的泄水通道,建苏州十里石塘及平望内外塘、长洲至和等塘。他在修松江海堤、浚镇江及江阴漕渠的时候,收集了东南诸府治水资料,编就了70

万字的《吴中水利全书》，共二十八卷，于崇祯十二年刊印。苏州百姓崇敬张国维，现在的沧浪亭五百名贤祠中就有他的画像；还在虎丘给他建立了生祠，近代苏州著名的南社第一次雅集就在这里，现在被改为南社纪念馆。

林则徐，字元抚，福建侯官人，他也是苏州治水名臣。林则徐是嘉庆十六年(1811年)进士，中国近代民族英雄。道光十二年(1832年)二月，林则徐调任江苏巡抚，至道光十六年离任。他十分重视农业水利，治理了太湖一带的水患，疏浚了浏河、白茆河，并在各条河道处修闸建坝节控治水。林则徐还在宝山、华亭等县主持修治大海塘，外坡叠加桩石，使之固若金汤，沿海之地尽得保障。

六、运河诗碑书壮阔

都说碑刻文物是书写在石头上的历史，那么通过苏州历代的碑刻来了解大运河宏伟的图卷应该是一件挺有意思的事。利用碑刻形式来诉说大运河的故事优势在于碑刻都是第一手的鲜活资料，站在碑刻面前与古人对话，想象这方碑刻古人曾经刻过、拓过、阅读过，是一项有趣的体验。下面选取的一些碑刻主要反映苏州的建城史，展示了大运河苏州段水路航道、桥梁堤岸以及历年疏浚新修的情况。

《平江图碑》是我国最早的中国城市地图，刻于公元1229年，距今已经有790多年的历史了。南宋的时候苏州叫平江府，所以这张图也就是南宋时期苏州的城图。在这张图上我们可以非常直观地看到苏州城和大运河绕城而转、城因河兴的密切关系。碑上一圈白色的部分是护城河，大运河的水通过山塘河、上塘河，从阊门入，从葑门出。图碑上还有一圈"护城濠"，所谓的"河绕城转"真是再贴切不过了。白色的线条代表着水道，城内河道非常多，纵横交织，总共有20条河流，总长度约82公里，唐代诗人白居易说"绿浪东西南北水"，确实是非常贴切的。我们刚才看到的是"河绕城转"，那么何为"城因河兴"？苏州城特有的水陆并行的双棋盘格局，有着水路和陆路两套交通系统，交通的便利带来了苏州城的繁华，这些水路就相当于苏州古城的血脉，滋养了这座城市。从《平江图碑》上我们可以看到，苏州城规划完整，设施齐备，至今依然能够清晰地看到府衙、府学、馆驿(姑苏馆)、高丽亭，还有鱼行桥、鸭黛桥、鹅栏桥、丝行桥、谷市桥等当时的商业区。同时也因为双棋盘的格局,苏州城从古到今在格局上的变化也不大,以现在的人民路为例,到现在它依然是苏州的主干道,而且北寺塔、乐桥、饮马桥也都还在。从《平江图碑》诉说的苏州城市的发展史可以清晰地印证,苏州城址千百来年未曾变过,此乃世所罕见。

《平江图碑》将整个苏州城的水系体现得非常全面和完整,但是它没有区分主干河道和支流河道,清代嘉庆二年(1797年)的《苏郡城三横四直图碑》则将苏州城的主干河道表现得非常清晰。这张图形象地绘制出苏州城区三条横向和四条纵向的河流,因此也被称为《三横四直图》,图上清晰地标示了第一横河、第二横河、第三横河,然后是第一直河、第二直河、第三直河、第四直河,第四直河就是我们现在所说的平江河。平江河上有很多桥梁,在古地图上也都一一标识。

《重修白公堤碑》是纪念白居易的。白居易在苏州做刺史时,看到阊门外有水患,便用治理杭州西湖的办法开凿了山塘河。当年阊门至虎丘隔着沼泽地,虎丘山前的河道止于半塘,每当汛期,桐桥以东就变成了水乡泽国。白居易主持开挖山塘河,用挖出的淤泥修筑了长堤,还在虎丘种植了荷花,根治了水患又方便了阊门至虎丘行路,长堤也适宜人居。苏州百姓为了纪念他,就把山塘堤命名为白公堤,后人还在虎丘专门兴修了白公祠。近一千年以来,白公堤坏了修,修了又坏,破旧不堪,居民行人深受其害,这时候出现了一个志士叫达贤和尚,他在堤旁树下结了一个蒲团,身穿破袈裟,无冬无夏坐在上边,披星戴月,卧雨寝霖,用木头刻了一个铃铛一直在手中摇响,自称"木铃衲子",有富人舟车,酒人经过的时候,他五体投地,长伏不起地合掌膜拜,求资修堤,每乞到一点钱物就转手不剩地捐给匠人去购料,随购随用,马上补在堤上,世人都看到了修堤的成效。同时达贤的苦心励志,也得到了长洲县令韩原善的感佩,于是出现了一个转机。韩县令亲眼看到了形销骨立的达贤和他身后一段修整好的长堤,大为感慨,说连一介寒僧都如此尽心尽责,我作为地方父母官,怎能如此袖手旁观?于是当场捐出了月俸银360两。在韩原善的带动下,邑人纷纷解囊相助,众人拾柴火焰高,工役进度立刻加快,新堤迅速向前延伸。此后不久,达贤和尚就大功告成,圆了他的修堤梦。万历三十九年(1611年),达贤于半塘处建立了一个立碑,刻功纪铭,这就是著名的《白公堤石碑》。

《胥江水则碑》记载了同治九年（1870年）重修万年桥的情况，从不同的侧面反映了苏州水城的特色和苏州水利设施的建设情况。水则碑就相当于现在的水位测量表，用于测量水位高低。

大运河沟通了大江南北，促进了沿岸经济的繁荣。以山塘河为例，山塘河开凿后成为大运河进入苏州古城的一条主航道，外省客商大量涌入苏州，促使苏州阊门空前繁华。旧时广东地区泛称岭南，岭南会馆就是在苏州经商的广东商人所建的一个联乡语、叙乡情的场所，同时也可以住宿、存放货物、沟通信息。岭南会馆自明代万历年间始建，馆址就在山塘街上面。后三次重修岭南会馆，建广业堂碑，碑文中记载了清朝雍正年间重修会馆的情形，碑文后面还详细罗列了所有捐助者的姓名，其中包括七家老字号。这块碑原来在山塘中心小学内，后面移至苏州碑刻博物馆经济碑廊内。

晋商做生意也是非常厉害的，他们经营商品之多，投入资金之多，从业人员之多，在商帮里都是首屈一指的，比如金融业完全就由晋商控制。苏州城内的全晋会馆，又称山西会馆，清乾隆三十年（1765年）由旅苏晋商集资完成，后毁于兵燹。《全晋会馆应垫捐输碑》记载了建造时各方捐助的银钱数目。

《雍正皇帝诏谕回民碑》也挺有意思的，碑文记载了安徽按察使鲁国华上奏回民事，甚是怪诞，而雍正皇帝对这些上奏严厉驳斥，体现了雍正皇帝对回民的亲善态度。

京杭大运河开通后，大运河苏州段承担了漕运以外海内外商品运输的重任，因此管理好大运河的漕粮运输、河道设施、沿线经济秩序是历代苏州父母官的重大责任。当时苏州地方政府对大运河管理的一些政策法规被立为"诰谕禁约"碑，这些碑的碑文中主要介绍了为了大运河的正常运转，政府所制定的一系列政策法规，包括行业禁约、防贪腐、防污染等。

《巡漕察院禁约碑》刻于明代万历四十七年（1619年），碑文内容是督察院巡漕御史提出的七条禁令。漕粮是通过运河运送至政治中心的粮食，供应宫廷消费、百官俸禄、军饷支付和民食调剂，所以漕运是一件非常重要的事情。朝廷设置漕运总督来负责漕粮运输、漕船修造等事务。除了漕运总督外，朝廷还经常派漕运御史为朝廷巡视漕运。这块碑提出的七条禁令就涉及缴纳、运输、征集等方面的职责，以及漕粮品质管理等内容，对研究当时的漕运是非常有针对性的。其中，著名的碑有《苏州府永禁虎丘开设染坊污染河道碑》，可以说是世界上最早的河流水质保护法。

明末清初,当时东南第一大都会苏州的手工业处于全国领先地位,而作为手工业两大支柱的丝织业和棉布织业尤为发达。苏州城市的发展有赖于工商业的繁荣,但手工业的繁荣其实也往往给城市带来诸多不利的因素,其中污染就是这么一大害。苏州由于丝绸业的兴盛,染坊也随之增多起来,康熙乾隆时期,染坊大多集中在苏州城西北虎丘阊门一带,布坊各处,以阊门为盛。如此众多的染坊开设,大量的各色废水泄入河中,无疑严重污染河水。清乾隆二年(1737年),苏州府出具的禁令中描述了以下几大危害:一是破坏了自然景观,有碍帝巡。二是引起水质污染,危害人体健康。三是影响了农作物的生长,连种出来的茶也不堪饮啜。意识到这些危害的严重性,官府随即发布禁令,严禁在虎丘设立染坊,保护河流水质,令各染坊迁移他处开张,还警告他们说"如有违抗,定行提究,澟之慎之"。此后,山塘河水逐渐恢复了原有的面貌。有学者考证这块碑文所反映出的河流保护意识,在时间上比英国早96年,比美国早162年,可以说它是世界上最早的河流水质保护法,这块碑文所反映的内容无疑具有重大的历史价值和现实意义。

古老的大运河水缓缓流淌,古老的碑刻记录着运河两岸或壮阔或婉约的历史,让我们一起读着运河的昨天,畅想运河辉煌的明天。

七、运河展望绘蓝图

围绕着如何挖掘运河遗产的人文内涵,活态保护和运用运河,无论是运河守护者还是普通市民,都会有自己的一些观点。距离运河成功申遗也有不少年了,作为文物保护工作者我们也进行了许多的思考。

第一是加强运河沿线列入世界遗产名录的七个段点的活态保护利用。大运河遗产申报成功后,苏州成为运河沿线唯一以古城概念申遗的城市,要建设高品位的文化走廊,首先要把世界文化遗产名录的这七个段点和古城保护传承好,其中活态应用就是重中之重。

2016年全线贯通的苏州环古城河风光带和健身步道已博得了市民的交口称赞,应该说这项工程实际上是开启了苏州活态利用大运河的先河,在全国也具有示范模范作用。

目前将要开展的是大运河文化带建设工程,我们可以在环古城河保护工程的基础上进行深化研究,在现有的市民健步道的基础上沿环古城河打造水上旅游交通体系,通过水陆并行,沟通苏州八个城门,让环古城河除了具有市民健身步道的功能外,还能成为古城旅游的一条黄金水道,成为一道新的靓丽风景旅游线,让昔日城市的背后和角落转变成为今天城市的脸面和窗口。具体做法是利用环古城河,形成水上巴士旅游系统,引导游客将古城相关城门作为旅游路口,在城门的节点打造旅游集散地,通过这些节点让游客能够快速地进入山塘街,东、西中市,泰伯庙,平江路,观前街等。众多园林和其他古迹也使环古城河成为全城、全域旅游的一个模范区域。接下来继续进行城墙城门的多方位修复工作,恢复葑门和齐门城楼,为大运河文化带增添一个新的景观。

　　第二是切实抢救、发掘、保护、利用大运河的历史文化遗存,这也是我们应该肩负的责任。首先我们要梳理一下大运河苏州段目前有哪些历史文化遗存,其中涉及的相关人物事迹有吴王兴建长洲苑望亭,孔子弟子澹台灭明开凿澹台湖,秦始皇弯弓射箭的射渎,张继诗中的枫桥景区,还有范成大和贺铸笔下的横塘,明代张溥的复社,等等,当然也包括沿线著名的古桥和古堤,如三里亭、十里亭、虎丘白洋湾、安德桥、平望安民桥、郭巷、松陵、八坼等。历代水利工程则有浒光运河、望虞河、越来溪、太浦河、荻塘等。此外,两岸还有许多工业遗产,比如望亭电厂、苏州钢铁厂、江南丝厂、鸿生火柴厂、胥江水厂、苏纶纱厂等。2002年以来,由于环古城河风貌带的保护工作还有大运河申遗工作的开展,环绕苏州古城的那一段运河文化遗产保护良好,景观也非常丰富,而古城区之外的情况就不尽如人意了。

　　如果将大运河城区最精华的部分剔开,仅就通行的大运河和大运河苏州段的航道而言,其可观赏品味的历史风貌和文化景观就不容乐观了。具体地说,属于高新区的望亭、浒关、枫桥、横塘段的运河和属于吴中区郭巷段的运河景观情况都要差一些,而属于吴江的松陵、八坼、平望、盛泽的运河情况就要好些,可以分开来发掘。经过发掘梳理,现在通行的大运河苏州段,从苏锡交界处五七桥到江浙交界处鸭子坝的80多公里内,经过科学合理的规划,很多历史遗存、文化景观以及自然山水,都可以得到发掘恢复,比如望亭镇的临街景区、观光园、望虞河、苏州钢铁厂旧址、浒关镇临河街区、上塘河、运河体育公园、董公堤、白洋湾、普福桥、贺铸别墅、吴中区运河风光带、澹台湖、五龙桥、宝带桥、松陵基督教堂、垂虹断桥遗址以及鸭子坝、平望抗倭寇敌楼、胜墩田野风光遗址等地方，都可以作为运河的新的文化旅游点开发利用。

第三是在景观再造中延续。将大运河文化带的历史风貌在全方位的环境整治基础上科学规划，在适当地段再造部分历史文化景观，有的连成一线，有的连成片，这样有利于创造文旅深度游的新支点和点睛之笔。

大运河沿线环古城一带的历史风貌保护良好，文物古迹也相当丰富。然而对于现在继续通航的绝大部分大运河航道而言，情况却十分严峻。不少河段很难找到向历史致敬的对象，历史记忆失落。

以江南运河上最常见的古桥为例，据清光绪二年（1876年）《江南运河图》所载，大运河苏州段原有古桥70多座，然而时至今日，大运河两岸的古桥只有十多座，仅是过去的六分之一，而且只存在于苏州城周围，以及松陵、八坼、平望古镇的市河之上。

苏州运河在经过了20世纪70年代、80年代无数次的拓宽疏浚以后，原先宽不过二三十米的水道如今都变成了近百米宽的高等级航道。但由于多次的拆迁和拓建，许多古镇临河的建筑和老街几乎消失殆尽，运河沿线仅存的古镇如平江、八坼、平望、盛泽等因河道绕行，在运河里航行的人们已经无法看到古镇的风貌。这样一来，除了苏州古城在这条漫长的线形运河航道之内，其他可供观赏的景观真是少之又少。如果中国大运河最重要的苏州地区运河文化带的风光风貌都难以维持，那么如何能使大运河苏州段的文化得到延续再现？我们可以对此设想一些规划。

凡是古镇街区已经消失的地方比如望亭、浒关、横塘等地，可在临河适当恢复一到两处当地著名的古建或古建筑群，或者恢复一段老街区，作为古村的标志。

一些已经载入历史文献的知名古迹，比如浒墅关钞关、胥门接官厅，还有平望盛墩抗倭寇敌楼等，可参照《姑苏繁华图》和《乾隆南巡图》以及部分历史老照片的描绘，重建浒墅关清代衙署明远楼、胥门接官厅和胜墩敌楼。这些地方今后或可作为文化旅游的休闲场所。

有知名人物活动过的或者有著名诗词文章记载过的地方，如澹台灭明结庐修学处、秦始皇弯弓射箭处、宋人笔下的横塘等，可予以建碑、立亭，进行纪念。

已经消失的一些桥梁,可在附近的支河上予以重建,或者移建一些相仿的桥梁,如浒关兴贤桥、北津桥、南津桥、横塘普福桥、胥江五福桥、尹山桥等,以丰富景观。

重要河道经过的地方,如望虞河、浒光运河、山塘河上的白洋湾、上塘河、胥江、吴淞江、荻塘、太浦河等,可以在入口处竖立标志牌,或者建碑立亭,以示彰显。

在一些山水名胜可以借景的地方,比如高新区范围内可以远眺苏州西部山区的河段,越来溪可眺望石湖和上方山的河段,吴江松陵可遥望华严塔的地方,平望草荡湖边可以看莺脰湖和小九华寺的一些地方,都可以建一些相应的观景平台,以作为景观陪衬或者风貌烘托。

在一些仍然有居民或者村民居住的沿河地段,如浒关的一些临河村落、平望的草荡湖畔、盛泽戚家荡等,可按照水乡的传统村落进行规划,美化其环境。在一些目前仍然拥有大片农田的区域合理安排农田耕作,培育出较大规模的稻花香、菜花黄,或者打造蚕桑遍地的田野景观。已经消失了的河堤和官道,如十里枫桥塘、吴江九里石塘等,这些地方可酌情修复完善,用作附近居民游览参观和体育活动的场所。现存的一些工厂遗迹,可将其开辟为工业遗产地,如望亭电厂、苏州钢铁厂、太浦河储油库、盛泽丝厂等。在一些水上交通往来处恢复一些摆渡口,建立风雨亭,以方便当地居民,同时作为运河景观,增添一些新的水乡风韵。

在一些乡土文化深厚、村民居住比较集中的地方,增建庙会戏台等文化娱乐设施,为当地老百姓创建多元化的文化活动平台。与此同时,还要推动大运河周边惠民工程,如横塘文化驿站、澹台湖公园、浒关特色小镇等的建设,提升一些非遗特色小镇的品质。

大运河是人类共同的文化遗产,保护利用好大运河的物质文化遗产以及非物质遗产是我们共同的责任。

(主讲人 徐苏君)

第十篇
江苏运河史话苏州段(中)

一、运河航标虎丘塔

虎丘塔位于苏州古城西北部,是苏州古城的地标性建筑,古时候运河上北来的船只只要望见虎丘塔,便知苏州城快到了。

虎丘塔是云岩寺塔的俗称,因位于虎丘山而得名。虎丘被誉为"吴中第一名胜",景区内拥有头山门、断梁殿、云岩寺塔、剑池、真娘墓、大雄宝殿等古迹遗存。其中虎丘塔建造于五代末至北宋初年(公元959—961年),1961年被列为全国重点文物保护单位,2014年被列入中国大运河(苏州段)世界文化遗产名录。

1. 历史沿革

虎丘的历史可追溯到2 500年前。相传公元前496年,吴王阖闾在对越国的战争中负伤死去,其子夫差把他葬在虎丘。虎丘高34米,因形似蹲虎而得名。

虎丘成为佛教名山和游览胜地始于魏晋南北朝。东晋时,司徒王珣及其弟司空王珉各自在山中营建别墅,兄弟二人捐出私宅给佛寺,为虎丘山寺,分为东、西两寺。

南朝时,高僧竺道生从北方来此讲经弘法,留下了讲台、千人石等古迹。

隋统一南方后,隋文帝杨坚笃信佛教,下令各州郡建造佛塔,虎丘山顶有了一座木质佛塔,但后来被损毁。

到了唐代,为避唐高祖李渊祖父李虎名讳,虎丘一度改名武丘,寺名亦改为武丘报恩寺,仍分东西两寺。当时虎丘离城虽近,但无大路和河流可通,交通极为不便。

公元825年,苏州刺史白居易修建了自阊门直达虎丘的塘路,虎丘交通状况大大改善。

公元845年,唐武宗"灭佛",建寺已500多年的虎丘东、西二寺被拆得片瓦无存。不久,佛教得到恢复,重建的虎丘山寺合二寺为一寺,并从山下迁移到山上,形成了保留至今的依山而筑的格局。山下则另建东山庙和西山庙,以纪念王珣、王珉兄弟。

公元959年,云岩寺塔开始修造,961年建成。建成17年后,吴越国"纳土归宋",苏州正式归入宋朝版图。

北宋至道年间,苏州知州魏庠奏改虎丘山寺为云岩禅寺,由律宗改奉禅宗。

南宋绍兴年间,高僧绍隆到虎丘讲经,一时众僧云集,声名大振,遂形成禅宗临济宗的一个派别"虎丘派"。自南宋以后,虎丘变化不大,处于"守成"状态,景点略有增加。

1684年至1707年,清康熙帝多次游历虎丘,留下诗作,如:"随风画楫到山塘,水市阴浓草木香。石不点头谁说法,惟存涧响杂笙簧。"乾隆也多次到虎丘,并留下诗作。

2. 遗产构成

(1) 数量众多的文物古迹

1961年,虎丘云岩寺塔及二山门被中华人民共和国国务院列入第一批全国重点文物保护单位。虎丘山内至今保存完好的有憨憨泉、试剑石、千人石、剑池、第三泉、养鹤涧等自然胜景,以及云岩寺塔、二山门、御碑亭、平远堂、五贤堂、小武当、拥翠山庄等50多处人文名胜。

(2) 完整、真实的历史环境

虎丘山高30多米,面积约200余亩,自然环境优越,濒临运河航道,气势雄奇,亭台错落,殿阁参差,古木荫翳,冈岭起伏。山上的基岩形成多处天然泉穴,还有多处古代人工泄水工程的遗迹,如憨憨泉、剑池、白莲池等,均下泄注入运河内,共同组成了丰富的水资源和水生态系统。

(3) 源远流长的宗教文化

虎丘自魏晋南北朝开始,就从吴王墓冢变为佛教圣地,山上三建佛塔,现存云岩寺塔为唯一保存下来的珍贵古塔。虎丘的佛教文化绵延千年,禅宗"虎丘派"在中国佛教发展史上占有重要地位,并流传到日本。元、明、清各代,虎丘香火鼎盛,声名远播,是吴地重要的佛教圣地。

今天的"虎丘禅寺"匾额为清康熙帝所题。虎丘还有多处道教遗存,历史上形成了前佛后道的格局,在后山有一天门、二天门、三天门、小武当、中和桥、石牌坊、真武殿、玉皇殿等系列道教建筑。养鹤涧因"清远道士养鹤于此"而得名,这里山石层叠,悬崖流瀑,颇有道家崇尚的清远意境。

(4)浓郁的民俗风情

虎丘的"三市三节"曲会、灯会、庙会充分显示了民间传统文化的魅力。虎丘与苏州的人文地理孕育出众多的书画大家,虎丘山水是历代文人画家的创作源泉,为他们提供了丰富的艺术灵感,留下了无数诗文书画。农历三月初三,苏州的文人墨客常效仿晋人兰亭聚会修禊,雅集虎丘,吟诗作画。明代中叶至清代前期,虎丘中秋曲会延续了近两百年之久,在中国戏曲史上留下了重要的一页。如此诗、文、曲、画、会等繁荣发展,逐渐形成了虎丘独特的风雅文化和民俗文化。

(5)唐宋遗韵的建筑成就

云岩寺塔建造于五代末后周显德六年(959年),北宋初(961年)建成,距今已有一千多年,是宋塔中年代最早、规模宏大而结构精巧的实物之一。

塔八角七层,仿木构楼阁式砖塔,每层均施以腰檐平座,共高47米。塔内部为双套筒式结构,还保存了唐代以前空筒式结构的一些特点,许多局部手法表现了唐、宋建筑手法的过渡风格。

虎丘塔虽是砖结构,却是严格仿木形式的。外檐每层转角处,均砌作圆形倚柱,每面正中均辟作壶门,门两侧以立柱把外壁划分为三间,斗拱、塔檐作法与宋《营造法式》所规定的制度相符。塔内回廊亦隐作出枋、斗拱,每层均设塔心室。除塔身内外所表现的木结构形制之外,虎丘塔内、外的雕塑装饰亦有许多体现时代信息的细节。如在回廊内侧、塔身外壁上,塑饰出许多形式的花饰,有芍药、卷草、如意等,其中勾栏湖石,是现存较早的独立陈设假山湖石的实物形象。

塔的第七层为明代重修,塔身至少于明崇祯年间开始向东北倾斜,目前塔顶偏心距已超过3米。1957年在维修工程中发现10世纪的铜佛像、银镀金镂花锁、越窑青瓷莲花碗、经箱以及丝质刺绣经袱等文物多件,还在第一层与第二层之间发现一石函,内贮经匣,上面写有"辛酉年建隆二年十二月十七日丙午入宝塔"的字样,是此塔建成年代的有力证明。

虎丘塔历史上几经兴废。新中国成立后至20世纪末,针对虎丘塔的结构安全进行了两次大修:第一次加固了塔身,弥合塔身裂缝;第二次加固了塔基,制止了塔身倾斜的势头。这两次工程集结了刘敦桢、陈从周、罗哲文等两代著名文物专家,创造了我国文物保护工程史上的技术高峰,被罗哲文先生评价为"工程延续时间之长、投入专家力量之多,在全国古建保护维修工程中,也是罕见的"。

虎丘塔在经历了两次"大手术"后,结构问题已基本根治。进入新世纪,由于年久与环境因素,虎丘塔出现塔身材料劣化加速的趋势。2012年前后,工作人员在日常维护中发现,虎丘塔存在塔顶漏水、塔体渗水、砖体风化酥松掉落、塔身生物侵害等险情,随即委托资质单位进行勘察、设计。工程于2015年10月竣工。本次工程定性为保养工程,虽工程难度较前两次简单,却是一项预防性保护理念与科技保护措施相结合的现代文物保护工程。工程内容除涉及塔身的保养与修缮外,还首次应用三维激光扫描技术对塔身进行了整体扫描,共采集有效点云数据43亿个,高精度地记录了云岩寺塔的三维立体信息和纹理信息,为虎丘塔保存了数字档案。同时,委托对塔身各个时代的建筑材料进行取样分析,评估其性能及状态,并通过实验室成分的检测,揭示虎丘塔建造的传统工艺。

虎丘塔的历史价值、文物价值、艺术价值举世瞩目,是唐宋时期建筑技术的杰出代表,显示了运河沿线城市高度的生产水平和物质文明。

二、盘门的剑与火

盘门位于苏州古城西南隅,东临东大街,南、西傍古运河,北接新市路,与瑞光寺塔、吴门桥相邻,是连接大运河与苏州古城的一个重要节点。盘门战时可守城防御,汛期可防洪,平时可水陆通行。

1. 现状

盘门地处水陆要冲,大运河环抱城垣,自北而南绕城而过,然后折向东去。从盘门登舟,可溯运河北上抵达京城,或至胥江口折而往西,进入太湖;

往南则可经江浙咽喉吴江松陵、平望等镇,直下杭州。盘门由水陆城门、瓮城、城楼组成,两侧与城墙相连接,总占地面积约为1.28公顷。水陆城门南北交错并列,总平面呈曲尺形,朝向东偏南10度。

2. 历史沿革

公元前514年,吴国修建新都城,"立陆门八,以象天之八风;水门八,以法地之八卦"。阊、胥、盘、蛇、匠、娄、齐、平八个城门均为水陆并列,其中就有盘门。盘门,素有龙蟠水陆之称。伍子胥建城之初,为防越国北侵,曾用木头刻成蟠龙悬挂城门上,以示震慑越国,故名蟠门。又因其门水陆相伴,萦回曲折,改称盘门。现存的盘门为元末明初时建筑,水陆两门交错并列,包括两道陆门和两道水门,在全国绝无仅有,在世界上也堪称独特。

苏州的八座水陆城门,历代虽有修缮,但无大的变化,一直沿用至南宋。14世纪初,由于蒙古统治者习于游牧,"四海为家,六合为宫,不设险于区区城郭",凡是城池皆令夷平,盘门也不能幸免,被拆毁。14世纪中叶,朝廷又下令修城以防范反元义军,苏州城于1351年修复,辟有阊、胥、盘、葑、娄、齐六门,其中也有盘门。

1356年,张士诚入据苏州,筑瓮城于六门,以加强防御。14世纪以后,城池、城门几度修缮,其中以14世纪和17世纪末规模最大,19世纪中叶进行了最后一次修葺。1937年底毁于战火。

1976年至1981年先后对年久失修的陆门和水门进行维修加固,并修缮城台、四周女墙、垛口和登城马道。

1983年整修东段城墙约300米。1985年至1986年按历史照片原貌重建城楼于旧址。

2006年盘门被中华人民共和国国务院批准列入第六批全国重点文物保护单位。

2014年被列入中国大运河世界遗产名录。

3. 遗产构成

盘门由水陆城门及两侧城墙构成。盘门水门由内外两重城门和水关贯穿组成,外门石拱券作分节并列式构筑,金刚墙高达7.25米,开有闸槽。水关作长方形,南北为石砌驳岸,东南隅城墙内辟有洞穴通道,可循石级登城台,为守城兵卒检查过往船只和下河取水的通道。内门由三道石拱串连构成,三拱尺度不一，第三道拱最大。内外两水门建筑结构不同，外门年代早于内门。

陆门也有内外两重，其间为方形的瓮城，内周长177米。外门在瓮城东北方，由三道石拱构成，左右城墙由花岗石砌筑。内门偏于瓮城西南，以三道砖拱构成。为增强稳固性，门外左右加筑梯形护身墙。城楼下以及外城门、水城门，均保留闸槽、绞关石等闸门设施。

城楼位于盘门陆门上，坐西向东，进深8.8米，面宽15.4米。建筑为两层三开间木构，重檐歇山顶，筒瓦屋面，四角发戗，外设回廊。大木构架为圆作抬梁式，设抹角梁上承采步金，外刷朱红色油漆。

马道位于城墙北侧，长约21米，由武康石、青石、花岗岩组砌，由此可登上城墙。

城门东西各连接一段高约6米的城墙，其中东段城墙长约300米，外砌城砖。西段城墙长约550米，为夯土城墙。根据考古资料，城墙基址未变，其年代不晚于公元前5世纪。

4. 价值评估

盘门水陆城门是古代重要的城防设施，是现存同类建筑遗存的孤例，是古代军事城防技术的一大创举。盘门地处水陆要冲，两城门结合了苏州水陆并行的格局，使水陆两路均有防御功能。水城门二道，城门之间有"月城"，其驳岸南端特设下城通道，仅容一人通行，为守兵由城面直抵战船和关闭闸门的暗道。陆城设瓮城，空间开阔，四周高墙壁立，墙上设箭垛口，城楼上设防火攻设施，易守难攻。与中国其他地区的水陆古城门与城墙平行的做法不同，盘门水陆城门与城墙成90度夹角，更利于军事防御。这种周到的备战设计，是国内的孤例，是城市建筑和军事防御相结合的创造性杰作。

盘门水陆城门是苏州古代防洪的重要水利设施。苏州位于长江下游多雨地区，水门的设置，可以防止雨季洪水灌入城内。盘门朝向东偏南10度的设计科学合理，这主要是出于本地的水利考虑，大运河主航道的环城河由北而下，在此折向东流，盘门采用"面东背水"抹角做法，一方面可以避免西来激流冲灌入城，另一方面可以避免急流的正面冲击，让流水平顺通过，还可以避免过往船只与城墙碰撞。

盘门水陆城门是大运河与苏州古城水上联系的重要枢纽，承载着重要的水上交通功能。苏州是著名的水城，除陆路交通之外，水上交通是苏州古城又一重要交通体系。盘门兼有两个交通体系,水城门是进入古城的一个重要通道,连通了古城内外,为古城内的千家万户带来了便利,使大运河运输功能在苏州古城内得以延伸。

三、岁月悠悠宝带桥

1. 现状

宝带桥,位于苏州市城南的江南运河畔,横跨澹台湖口,是贯通江浙陆上古道和宣泄太湖水出海的多孔古石拱桥。宝带桥桥身之长、桥孔之多、结构之精巧,为中外建桥史上所罕见,与赵州安济桥、北京卢沟桥、福建洛阳桥并列为中国四大古桥。2001年被列为第五批全国重点文物保护单位,2014年作为中国大运河遗产点列入世界遗产名录。

2. 历史沿革

宝带桥建于唐元和十一年至十四年(816—819年)。相传刺史王仲舒捐宝带助建,故名宝带桥。

宝带桥于南宋绍定五年(1232年)重建。明正统年间再度重建。清康熙九年(1670年)为大水冲毁,3年内又修复。道光十一年(1831年),又由林则徐主持修建。同治二年(1863年),英侵略军头目戈登为攻取苏州,拆去桥之大孔,致连续倒塌26孔。抗日战争时期,南端6孔又为日军炸毁。1956年、1981年、1986年,政府数次拨款修缮。

2012—2013年,苏州文物部门历时一年半的时间,完成了宝带桥本体加固和环境整治工程,使宝带桥本体及周边环境风貌得到极大改善。

3. 遗产构成

宝带桥全长317米,面宽4.1米,53孔薄墩连拱。北端引道23.4米,南端引道43.06米。桥堍成喇叭形,下端宽6.1米。桥南有青石狮一对,桥北存青石狮一只以及石碑亭和白塔各一座。桥面两侧均施锁口石压沿,中间横铺条石,规格大小不一。桥两侧金刚墙均用侧塘石叠砌,立面呈倒梯形。桥体用料以花岗石为主,间有青石和武康石。

宝带桥拱券为纵联分节并列砌置,主孔由5排拱石和4根龙筋石相嵌筑成,每排由7~9块拱石组成。相邻两孔拱脚宽平均为0.55米,称为柔性墩。拱券顶部距桥面为0.5米,北起第27、28孔间,两孔拱脚宽为1.2米,称为刚性墩。

桥北堍有花岗石碑亭一座,同治十一年(1872年)重建。单檐歇山式,方形,边长4.32米,通高6.13米。石亭敞开式,南、北两侧有石栏,可供纤夫、路人歇脚。亭中立《宝带桥重修记》碑。桥北堍与桥中间刚性墩西侧各有宋代石塔一座,高4米,五级八面,以整块青石雕凿而成,刻海浪云龙纹,每级各面雕凿出佛龛。

4.价值评估

宝带桥连通了运河沿岸的纤道,对保证漕运的顺利畅通起到了重要作用。苏州古地为水域泽国,直到9世纪初苏州城南仍是一片水网地带,河湖不分,不仅陆路不通,船只往来也因风大浪急常遭覆溺。9世纪,苏州刺史王仲舒为确保漕运,在运河西侧修筑塘堤阻挡风浪,同时在澹台湖与运河的交汇处建造宝带桥。宝带桥共有53孔连缀,中孔较大,方便行船,也能有效地宣泄澹台湖水,使大运河苏州段水源充沛、航道稳定、运输通畅,对大运河漕运起到了重要作用。

宝带桥与大运河及澹台湖融为一体,构成了运河沿线独特的文化景观。该桥桥形一直保持至今,是大运河沿线现存最长、孔最多、结构最轻巧的连拱古石桥。从远处望去,宝带桥狭长如带,又如苍龙浮水、长虹卧波,它与西边澹台湖和桥东大运河,以及远山近水交相辉映,构成了一幅运河沿线独特的画面。尤其明月当空,每个桥洞各有一个月影映于湖面,形成"宝带串月"的美景。

宝带桥的建造凝聚了我国古代造桥匠师的聪明才智,具有独特的科学技术价值。宝带桥地处长江下游冲积平原的河网区域,表土层松厚,为防止桥基下沉,宝带桥采用了软地基加固法,尤其是密打的木桩,不仅起到挤密土体的作用,而且与桩本身一起共同承受上部荷载。在设计营造上,宝带桥采用了"柔性墩"与"刚性墩"相结合的方法:"柔性墩"既减轻了桥身的自重,又减少阻水面积,利于宣泄洪水;"刚性墩"以自重来抵抗来自单向的水平推力,防止一端拱券倒塌,波及另一端的其他各孔。宝带桥的营造体现了古代造桥匠师对结构力学的认识深度,是桥梁史上的杰出范例。

四、"地与江平"话平江

1. 现状

平江河是苏州"三横四直"中的第四直河,平江路东侧是苏州古代仓储中心,漕运集散地。其通过东西向的大柳枝巷河、胡厢使巷河、大新桥巷河等河道与大运河(东环城河)直接贯通,是水城苏州的一个缩影,是"小桥、流水、人家"的典型地区。

平江河/路自北向南街河并行,其河道为苏州城内主要水系之一。平江河水系与环城河相贯通,街区内的通利桥、朱马交桥、胡厢使桥(又名胡相思桥)、唐家桥、新桥、雪糕桥等在13世纪《平江图》碑上均有记载。800年来,平江河道、街巷、桥梁的位置、格局未变,是水城苏州水陆并行、河街相邻的典型区域,有着一巷沿河、二巷夹河、一街一廊夹一河等多种多样的城市独特布局。

关于平江说法的由来有三:一是开宝八年(975年)苏州始名平江,起初意思是"平定江南",到北宋政和三年(1113年)升苏州为平江府,于是"平江"成为苏州的正式名称;二为地理之说,苏州地势低洼,城东娄江水势平缓,地与江平,故称平江;三是由于苏州是水城,"平地起江,水与江平"故名"平江"。

2. 历史沿革

12世纪曾改苏州为平江府。13世纪为平江路治所,主街平江路以此得名。15～19世纪中期,官府为加强对漕粮的管理,把原分散在各县农村的粮仓分别移建到苏州古城内娄门和阊门一带城脚下,今平江路东侧的仓街因此得名。18世纪,平江路地区丝织业高度发达,据《乾隆元和县志》记载,"东城比户习织,不啻万家"。19世纪中叶,苏州遭受了战乱,但平江路所受影响较小,河街格局保存完整。20世纪多次疏浚平江河及支流胡厢使河、大柳枝河等河道。2002年启动实施了平江路风貌保护与环境整治工程,重点对平江路河道及两侧建筑风貌进行保护整治。2009年,平江路被评为首批中国历史文化名街。

3. 价值评估

平江河/路地区是16～18世纪江南重要的漕运集散地和起运地,由此将江南的漕粮、丝绸和其他手工艺产品源源不断输送到京都。据美国学者黄仁宇《明代的漕运》研究，16世纪末湖广地区漕粮25万石，山东省37.5万石，而苏州府69.7万石，约占全国总数的20%。据不完全统计，明清两代平江路有大小粮仓百余处。在现存的古代官府粮仓中，丰备义仓建筑格局保存较完整，是大运河沿线官仓的重要例证。

平江河/路是水陆并行双棋盘格局的典型地区，是苏州古代独特城市规划的典范，是人与水、环境与生活和谐相融的宜居之地。平江河/路较为完整地展示了运河城市水道体系原貌，反映出苏州这座运河古城的历史风貌。

遗产区中河道与街道并行，在街道与河道相交汇的地方，通过桥梁进行立体交叉，形成了水陆立体交通的"双棋盘"格局，是13世纪石刻城市图《平江图》原真状态的缩影。平江河水系及街巷至今完美地保存着中国江南水乡城市风貌和传统建筑格局，是研究古代城市规划、城市建设的重要范本。

五、七里山塘到虎丘

曹雪芹在《红楼梦》第一回中把阊门、山塘一带称为"最是红尘中一二等富贵风流之地"，可见当时山塘街的繁华。

山塘河是大运河由西北方向进入苏州古城的主干河道，北起白洋湾，南至阊门，长6 200多米。山塘河与大运河连接贯通，是大运河水网的重要组成部分，是古代大运河苏州段的主干航道之一。与河伴行的山塘街则是著名的历史文化名街。

1. 现状

山塘河/街，集居住、商贸、旅游、民俗、工艺于一身，吴文化特色浓郁，声名远播。北京颐和园的苏州街就是模仿山塘街而建。山塘河/街现存文物古迹众多，有会馆、寺庙、祠堂、戏楼、牌坊、园林、名人墓、古桥、宅第，等等。现有国家登记保护的文物古建筑22处，其中省级文物保护单位3处，市级文物保护单位4处，市控制保护建筑15处，另有古桥、牌坊20多处和大量传统民居。

山塘河、街平行，保持着"水城古街""一河一街"的传统格局和"小桥流水""粉墙黛瓦"的历史风貌，保留了文化遗产的完整性。

2. 历史沿革

自古以来，山塘河就是大运河水系的一部分。

公元825年，时任苏州刺史的白居易组织百姓凿河筑路，以利水利和交通。这条人工河即山塘河，河长约7里，故有"七里山塘到虎丘"之说。白居易还沿河筑堤为路，人称白公堤，即为现在的山塘街。

明代《长洲县志》记载，"至唐白公居易来苏守是州，始凿渠以通南北而达于运河，由是南行北上无不便之，而习为通川，今之山塘是也"。这说明山塘河开通伊始就与大运河相连，并成为运河水系的一部分。

清代《苏州府志》记载，枫桥运河水"北流与虎丘山塘水合，曰射渎……射渎之水横出运河为浒墅。其南为乌角溪，北为柿木泾白鹤溪，并与运河合流"。从史料可知，山塘河水与大运河水多处融汇。

山塘河、上塘河和胥江构成了大运河水进入苏州环城河和城内水网的三大航道，这在清人绘制的水利图《江南运河图》上清晰可见。

山塘河/街开凿以后，游人和商人逐渐汇聚于此。《虎阜志》载白居易《武丘寺路》诗："自开山寺路，水陆往来频。银勒牵骄马，花船载丽人。芰荷生欲遍，桃李种仍新。好住湖堤上，长留一道春。"

山塘街第一次大发展是在宋代。因商业文化日渐繁荣，10～13世纪，山塘街沿线修建了许多桥梁和寺院，如渡僧桥、桐桥、西山庙、小普陀等均建于这一时期。山塘街人口日益增多，增建了许多民居、店铺、茶苑、酒肆。范成大《半塘》诗"柳暗阊门逗晓开，半塘塘下越溪回。炊烟拥柁船船过，芳草缘堤步步来"，即描绘了这一繁华景象。

明万历年间，木铃衲子募化修堤，长洲县令韩原善助其成事。

明清两代是山塘街历史上最为昌盛的时期。此时山塘街商业高度繁荣，逐渐成为苏州经济文化中心，大量店铺、会馆、庙宇聚集。保存至今的玉涵堂、敕建报恩禅寺、五人墓、普济桥、通贵桥等均建于这个时期。

清乾隆年间，苏州籍宫廷画家徐扬创作的《盛世滋生图》(又称《姑苏繁华图》)，上绘一村、一镇、一城、一街，以表现苏州的繁华。这"一街"就是山塘街。

清代名臣孙嘉淦在《南游记》中描述山塘街的繁华："居货山积，行云流水，列肆招牌，灿若云锦，语其繁华，都门不逮。"

《岭南会馆广业堂碑记》记载："姑苏江左名区也，声名文物，为国朝所推，而阊门外商贾鳞集，货贝辐辏，襟带于山塘间，久成都会。"

商贾们之所以选择在山塘街经营,是因为山塘河是大运河水网的主干航道之一,商品运输便利。山塘街的许多店铺,或从各省输入商品,或把苏州商品外销各省,其贸易范围通过大运河已扩展到全国。

太平天国时期,山塘街遭受重创,但很快有所恢复。1949年后,山塘街曾多次整修。2002年至今,苏州市人民政府又分期对山塘街进行全面保护、修复。2010年,山塘街被评为中国历史文化名街。

3. 价值评估

山塘河是古代大运河进入苏州古城的重要上流骨干水系,价值独特。

(1) 山塘河是唐宋至明清时期大运河苏州段的主航道之一

山塘河开凿以后,成为大运河进入苏州古城的主航道,外省市客商凭借山塘这苏州段的运河,大量拥入苏州,促进了苏州阊门的空前繁荣。明代王稚登《重修白公堤疏》中的"山郭近而轮鞅喧,水村深而帆樯集"(引自《虎阜志》·卷二)便是其生动写照。大运河苏州段经山塘河直达阊门,造就了阊门"天下第一大码头"的现实地位。

山塘河/街自然与人文景观相互辉映,形成了独特的运河景观。山塘河/街逶迤平行,绵延曲折,以中部的望山桥为节点,以西为郊野风光,大部分为农田、村舍,地旷人稀,水面疏朗宽阔,夹岸花木扶疏,绿树浓荫。以东为城市景观,河道两岸临河人家,商业居住,前店后坊。水面幽深宁静,民居临水构筑,水榭水阁,参差错落,各种河埠、码头石级依次掠出水面。沿河亭馆布列,疏朗有致,其间酒肆茶坊、坊表牌楼、会馆公所、祠宇园圃排列有序,绵延相续。古桥或高或低,或平或拱,或单孔或三孔,形态各异,舟船穿梭往来。山塘河/街作为运河的组成部分,形成了独特的运河景观,为中国大运河注入了丰富的内涵。

(2) 山塘河是人类水环境保护的杰出范例

山塘河普济桥上刻有"放生官河"四个字。清代乾隆、嘉庆年间苏州官府立石永禁在山塘河网捕鱼虾,山塘河成为我国最早的水生野生动物保护区。古代苏州人较早认识到了聚居环境的脆弱性,从而生发了保护身边水环境的观念与实际行动,这一"维护人与自然环境良性互动"的理念与行动,具有跨越时空的突出普遍价值,在今天的世界更显其重要性。

1737年,苏州官府刻勒《苏州府永禁虎丘开设染坊污染河道碑》,是世界上最早的保护水质的法规,比 1833 年英国的《水质污染控制法》早 96 年,比 1899 年美国的《西部河川港湾法》早 162 年。立法保护环境的价值观念产生于运河城市苏州,一个世纪后实现了与英美的跨时空交流,对城镇规划、景观设计都产生了重大影响。这说明古代苏州官民较早意识到了聚居环境脆弱易损,并立法补救,代表着人类对于自身活动与自然环境相互作用的重视。

(3) 山塘河/街文化遗存丰富,是该地区千年历史进程以及经济、文化繁荣的实物见证

山塘河/街文物古迹密集,门类丰富。山塘街沿线现保存名人宅第、会馆、义庄、店铺、戏台、牌坊、寺庙、祠堂、园林、古桥等 50 余处。其中省级文保单位 3 处,市级文保单位 4 处,市控制保护建筑 15 处,另有古桥 13 处,以及大量传统民居建筑。山塘街的非物质文化遗产内涵丰富,据清代顾禄的《清嘉录》记载,18 到 19 世纪,山塘的游览活动,有二月春暖花开的"百花生日",清明的"山塘庙会",五月端午的"山塘竞渡",八月"中秋曲会",绵延不绝。有的还延续到现在,保持了恒久的生命力。至今山塘街仍有很多的原住民生活于此,保留着传统的生活习俗。

六、桥是江南旧相识(吴江古纤道及运河桥梁)

吴江运河古纤道位于吴江区 227 省道东,京杭大运河西岸,唐元和五年(810 年)始筑,又称"至正石塘",名松江堤,全长约 1 800 米。明清两代多次修葺,现存驳岸的巨型青石为元代遗存,为江南运河仅存的一条古纤道,意义重大。2006 年被列为全国重点文物保护单位,2014 年被列入世界文化遗产名录。

吴江古纤道有着悠久的历史,可以追溯到唐代前。据《吴江县志》记载,太湖与吴淞江之间为广阔水面,湖尾江首浑然一体,古称"一片白"。1 100 多年前,吴江是个水乡泽国,现在的运河古纤道以东是运河,西面便是太湖湿地,太湖水涨时,水会漫过浅滩与运河交汇。由于风急浪大,船行不便,翻船覆舟是常事。因此,筑堤修路成了古代吴江人的共同愿望。

唐元和五年(810 年)和北宋庆历二年(1042 年),在苏州刺史王仲舒和苏州通判李禹卿的指挥下,太湖东沿修成一条南北贯通、水陆俱利的湖堤,史称"吴江塘路"。

元朝至正六年（1346年）用巨石重筑，所以被称为"至正石塘"。

在吴江这样地势低洼、土质松散、湖荡密布的地方筑堤修路，实在不是件容易事。但古代吴江人却用聪明才智战胜了困难。

公元1346年至1347年间，全部用统一尺寸的青石再次进行修筑，并用杉木梢打入土中作路基，路体内外再筑两道石墙，中间填入泥石，路面在3米到5米宽，全长约9里，这一段名为石塘，又称"九里石塘"，至此形成了江南运河有史以来最坚固、最完整的一条临水路道，被喻为江南的"水上长城"。古纤道除了在航运上发挥的作用，它的历史意义更显得弥足珍贵。

"水上长城"凝聚着劳动人民的智慧和汗水。这一古纤道是江南古塘路中的佼佼者，为了方便太湖泄洪，古塘路共设计了136个涵洞，构造极其科学，成为后来许多塘路效仿的典范。明朝永乐年间大水连绵，吴江塘路大多遭到破坏，但九里石塘只有少数块石歪斜。后来这一纤道多次修葺，现存的1800米巨型青石驳岸为元代遗存，距今已有600多年历史。

1984年，吴江航道处在进行航道养护工程时，将沿线各地残留的古纤道大青石进行集中，重建了1.6公里的古纤道，并修复了3座古桥；在京杭运河苏南段四级航道整治期间，吴江又对该段古纤道进行维修；在苏南运河吴江段三级航道整治工程期间，设计方案绕开运河古纤道，保护了这段宝贵的文物古迹。

古纤道有着优美的传说。唐朝时，这里有一股泉水甘洌纯白日夜喷涌，"茶圣"陆羽都慕名前来品尝，评之为"天下四品甘泉"。如今，古纤道一带已成为热闹的城区，吴江汽车站就在一旁。新老吴江人和游客们到古纤道散步，沿着塘岸、石桥走去，观赏着运河、纤道、小桥、花树、亭石、船只，甚是惬意。

大运河两岸除存有文化底蕴深厚的名胜古迹外，至今存有多处水工设施，其中桥梁就有十座，自北向南为上津桥、下津桥、吴门桥、灭渡桥、彩云桥、垂虹桥等。

上津桥位于苏州市阊门外枫桥路东首，跨上塘河（古运河段）。始建年代无考，明末重建，清同治五年（1866年）、1984年重修。上津桥南堍有"故明郝将军卖药处"石亭一座。史料记载，郝将军姓郝名太极，明代人，守城立下战功。明朝灭亡后他来到苏州，在上津桥卖药为生。他虽然是个低级军官，但苏州人仰慕郝太极的爱国精神、民族气节和淡泊名利的可贵品质，称他为"郝将军"，并在上津桥畔立下"故明郝将军卖药处"碑，以示纪念。

下津桥位于苏州市阊门外上津桥西，为一明代始建的单孔石拱桥。该处原为古运河重要渡口，隋代江南运河开通后，阊门一带商业繁荣，摆渡不能适应过往行人需要，明成化十八年(1482年)建桥。清康熙四年(1665年)、道光二年(1822年)重修，1984年又修。

吴门桥，位于苏州古城西南盘门外，为北宋初建清代重修的单孔石桥。桥以苏州金山花岗岩构筑，杂有少量宋代旧桥所遗的武康石。跨古运河(护城河)，为陆路出入盘门的必经通道，为江苏省现存最高的单孔古石拱桥。与盘门、瑞光塔并称为"盘门三景"。

灭渡桥位于苏州古城东南隅葑门外，跨京杭古运河。该处为水陆要津，原没有渡船，因旅客不能忍受舟人把持敲诈，由僧人发起集资募建桥梁，取名"灭渡"，今讹称觅渡桥。桥始建于元大德二年(1298年)十月，至大德四年三月竣工，历时一年有余，武康石、青石、花岗石混砌，为薄型单孔拱式。明代正统间苏州知府况钟重修。清同治间再修。1985年又修，并恢复石栏。

彩云桥位于苏州市郊横塘镇，跨越京杭大运河，桥始建无考。桥身东西走向，东端引桥折北，与长堤相接，由此经驿亭去胥门；西端引桥南北落坡，向南步入市镇。因大运河拓宽，1992年迁建此桥于胥江上。

垂虹桥始创于北宋庆历八年(1048年)，原为木桥。德祐元年(1275年)毁于兵乱，同年重建为85孔。元代大德八年(1304年)增建至99孔，不久桥又塌塞五十余丈。直至泰定二年(1325年)始由知县张显祖易木为石，改建为联拱石桥，全用白石垒砌，长500多米，设72孔。据史料记载，当时垂虹桥三起三伏，环如半月，长若垂虹，故而得名。桥孔比一般的桥孔高，便于行舟，利于泄洪。桥两堍各有一亭，并有四大石狮，栩栩如生，雄踞桥堍，甚为壮观。桥身中央，建有桥亭一座，名垂虹亭。亭作平面正方形，九脊飞檐，前后有拱门二道，可通行人，别具一格。

垂虹石桥的建成，消除了苏杭驿道的最后一个险要大渡口。自此商贾云集，墨客聚会，吴江成为车船之都会。历代文人雅士留下了许多描绘垂虹桥的诗篇。

1967年5月2日，垂虹桥在雨夜中倒塌，所留遗迹于1986年被列为吴江县文物保护单位。1996年和2005年,吴江市人民政府先后修缮西端和东端遗迹共17孔。2006年6月被列为江苏省文物保护单位。如今市委、市政府已经建立了垂虹遗址公园。2019年垂虹桥入选第八批全国重点文物保护单位。

每当皓月当空,垂虹桥笼罩在夜色之中,别有一番意境:"垂虹桥下秋水清,垂虹亭上月初明。""垂虹夜月"也成为吴江八景之一。

三里桥位于松陵镇北,横跨大运河,总长50.4米,净跨16米,矢高12.5米,甚是恢宏雄伟。此桥始建于元泰定元年(1324年),现存之桥建于清光绪十一年(1885年),距今也已历130余个年头,可依然似一条雄健的苍龙浮卧在古运河上。此桥有一个特别之处,那就是在东桥台建有纤道,以前来往船只上的背纤人可沿着这纤道直接从桥下通过。

安民桥位于平望镇北,横跨大运河。现存之桥建于明崇祯二年(1629年),至今已近四百年。一种名叫薜荔的蔓生植物攀满整座桥梁,远远望去,犹似一条苍龙横卧在碧波之上。

安德桥位于苏州市吴江区平望镇司前街,跨古京杭运河与荻塘河交汇处。唐大历年间(766—779年)始建。南宋庆元三年(1197年)重建。明清两代多次修建,清同治十一年(1872年)再次重建。桥为南北走向,单孔石拱结构。桥面宽4.53米,全桥长54米,矢高9.30米,跨径11.50米。

七、运河科技焕新颜

京杭大运河是世界上里程最长、工程最大的古代运河,是中华民族文化地位的象征之一,是世界运河史上的创举。大运河历经千百年的发展演变使用至今,仍在沿线地区工农业经济的发展中发挥着巨大作用,具有突出的普遍价值。

大运河苏州段,北起苏锡交界的望亭镇五七桥,南至江浙交界处的吴江鸭子坝,穿越苏州相城区、高新区、姑苏区、吴中区和吴江区,全长96公里,是江南运河重要组成部分,文化遗产丰富,地方特色鲜明。

大运河苏州段全线为四级航道,是全国第一条标准化航道,全线水深2.5米,航宽40~150米,跨河桥梁共35座,两岸码头145个,泊位377个。沿线还有相城、浒墅关、白洋湾、龙桥、运东、平望和坛丘7个内河港口作业区。年吞吐量超过100万吨的码头9个。

2014年中国大运河申遗成功,其中苏州段有四条运河故道、两个历史街区、五处文保单位成功入选世界文化遗产名录。作为典型的大型线性文化遗产、活态遗产,大运河遗产以其构成复杂、形态不一成为遗产保护的难点。

根据世界文化遗产保护标准和国家相关部署的要求,为更好地保护世界文化遗产和珍贵文物的安全,需对世界文化遗产进行保护性监测。同时根据《苏州市文物保护事业"十三五"发展规划》(苏府办〔2016〕258号)要求,需对大运河全域实施全景及声呐监测。

为实现大运河苏州段遗产的持续性监测,尽早实现监测数据的全覆盖,苏州市大运河遗产监测中心组织开展了"大运河苏州段遗产监测项目"。该项目旨在用最尖端的技术从水下、水面、空中三个维度对大运河河床及驳岸形态变化、遗产区及缓冲区绿化、建筑等变化情况开展监测工作,并对监测数据进行分析处理,以指导大运河遗产的保护工作。

针对河床部分,监测可能影响运河通航、行洪的河床形态变化情况。

针对驳岸部分,监测其保存状况变化,在增加监测数据覆盖范围的同时,完成多期监测数据的对比分析。

针对遗产区和缓冲区的监测,根据整体格局现状、体量、历史风貌等特征,记录和预防可能出现的周边环境影响及其整体格局无序变化等病害情况,监测遗产区和缓冲区内的植被、建筑等变化。

实现监测数据的可记录、可追溯,并赋予时间刻度信息,对监测过程本身进行数字化存档,形成历史数据库。

其内容主要分为四部分:

1. 河床形态扫描

该项目为运河河床首次测深,为获取精确、完整的河床形态数据,项目采用多波速测深技术完成了环古城河全覆盖河床扫描,为后期的监测提供首期参考数据。

与传统的单点式测深系统相比,多波束测深系统实现了从"点—线"测量到"线—面"测量的跨越。通过对河床地形数据进行分析可知,环古城河段水下地形整体较为平缓,河床上除有少量凸起的石块及凹陷的坑洞外,未发现有明显淤泥及障碍物情况。但不同路段的河床因水流、地形、人为等因素的影响,水底地形有所差异。

2015年、2017年分别对觅渡桥至南园桥段,运用SeaSurvery-MS400多波束测深系统对水下地形进行全覆盖测量,获取了高精度、高分辨率的多波束点云数据,以两期点云为基础对河床两年内的形态变化情况进行了分析。

大运河河床测深成果将成为后期河床保护工程、清淤工程、监测工程的重要参考数据,为后期的比对、分析提供历史数据支撑。

2. 水面驳岸及桥梁监测

由于自然因素和人为活动影响,驳岸及桥梁保存状况会发生一定变化,项目采用三维激光扫描、影像采集以及定位系统对大运河水工设施进行监测。水上移动测量系统可采集驳岸二维全景影像及三维点云数据,影像可用于驳岸材质、形态等的判断,三维点云可用于变化区域的量测。

项目已完成大运河苏州段全线的驳岸的三维扫描工作及吴门桥、蟠龙桥等五座运河桥梁的三维激光扫描。这部分数据将成为大运河驳岸及桥梁监测的基础数据。

3. 空中缓冲区变化监测

根据《苏州市大运河责任分解方案》要求,需启用定期航测对一部分监测指标要素进行观察。航测成果有利于在中长期内较好地跟踪一部分监测指标,如绿化、违章建筑等。航测范围将覆盖苏州全市的大运河遗产。

项目利用无人机航测技术,生产了多种监测数据,主要包括:正射影像图(DOM)、空中实景、航拍视频。根据2015—2017年的正射影像数据及历史正射影像数据,完成了2013—2015年、2015—2017年大运河缓冲区及遗产区整体变化监测。依据《苏州市规划用地信息普查数标准》,对水系、道路、建筑、植被等项目进行监测及数据分析,得出了近三年大运河的水质及周边空间信息变化的数据。

2014年大运河申遗成功后,运河作为跨区域活态线性遗产,面广量大,类型复杂,遗产的监测管理难度很大,这就更加需要各职能部门的协同合作。苏州市政府也为此做了很多努力,建立了"数据共享、信息联动、平台融合"的遗产监管联席制度,并且,本着"充分利用现有资源"原则,整合了环保、气象等多个部门的水位、航运量等已有监测数据,开发了一个"精简""实用""真实""可靠"的能体现苏州地方特色的监测平台。平台集"遗产展示""遗产研究""遗产监测""遗产管理""公众参与"五位一体,大运河所涉单位可在平台上完成数据报送工作,遗产监测人员通过监测数据比对,了解大运河保护情况,如发现违规,可在平台上向有关单位发出问询函,涉事单位调查后进行回复,在平台上就能完成大运河全线监测工作。

未来,苏州文物部门将继续扩大高科技在运河遗产保护上的运用,用现代技术为大运河的遗产保护保驾护航。

(主讲人　赵　婷)

第十一篇
江苏运河史话苏州段（下）

我所讲的内容，是站在一个一线文保工作人员的角度，来讲解我们大运河遗产的监测工作。作为苏州大运河遗产监测的一线工作人员，我们每天的工作都是在重复中进行，无论是日常巡查、工程巡查、数据报送、预警处置、航拍对比等，都是在一段时间内进行的重复性工作。虽然工作是重复的，但是我们每天也可以在重复的工作中找出点新意，许多有新意的东西，都是在重复的过程中被我们发掘。我们的工作主要就是找这些细微的变化，来判断它对于我们大运河遗产是否有影响。

我们每天的工作从打开苏州大运河遗产监测管理平台开始。这个平台是苏州市文物部门在国家文物局大运河遗产监测总平台的基础上，根据苏州地方特色开发的。每天打开这个地方性的专业平台，所要做的第一件事，就是填写当天的数据，查看是否有预警信息，有没有市民的举报。处理预警及举报，就打开了我们当天工作的一个序幕。首先我们会针对预警进行人工的判读，确定预警是否真正的存在。如果预警存在，我们则会通过人工判读的方式，确定相关的职能部门，即它应该由哪个部门来处理，然后我们就会发函给相关的职能部门要求其给予协助，请求他们来帮助我们处理相关的预警信息。如果遇到公众举报的问题我们也是采用一样的做法。如果需要现场确认，我们则会派出工作人员去现场确认预警的情况。最后我们会将整个预警处置的结果和公众举报的结果，向公众进行反馈。

定期巡查是我们大运河遗产监测中不可或缺的重要环节。定期巡查又分为定期的日常巡查和工程巡查。对巡查中所发现的一些问题，我们会把它编写成报告，提供给相关的主管部门，相关主管部门会协助我们处理这些问题。

监测控制地带内大运河的相关工程巡查,是我们遗产巡查中不可或缺的一个部分。2019年,我们引入了"大运河遗产范围内工程的开工备案"这样一个机制。这样,大运河遗产区和缓冲区内的工程,都需要来我们这里进行备案,提供相关的建筑信息。这样就方便我们在工程巡查的时候,更好地对一个工程进行判断。比如说它是否经过审批,它的整体体量如何,它的建设工期多长,让我们对工程整体建设情况有一定的了解,这样就能够更好地控制大运河遗产和缓冲区范围内建设工程的情况。整个工程结束以后,我们也会要求工程的建设方向我们提供最后的工程验收报告。我们会将工程的验收报告和开工备案表,以及我们在日常巡查和工程巡查中对于工程的一些监管材料整合在一起,作为一个完整的工程材料进行归档和存储。

定期巡查是一项更加枯燥而乏味的工作,因为整个大运河苏州段遗产73公里的范围内,都需要我们步行巡查。我从事遗产监测工作从2014年开始到现在(2019年),有5个年头了,可以说我们的脚步踏遍了整个山塘历史文化街区的每一块砖、虎丘云岩寺塔的每一个台阶,我们可以说是在用脚步丈量着苏州73公里的遗产线。我们经常与各个遗产景点上的游客擦肩而过,但是我们和他们却是怀揣着不同的心情。他们所看到的是景点的美丽和风光,而在我们眼中这里并不只是一个景点,它更像是一位病人,我们需要为它做体检,在体检过程中,要探寻这位病人是否产生了问题,是否需要我们对相关的病害去进行处置。我们在巡查过程中发现最多的问题,是垃圾堆积和河面漂浮物。这不仅影响了整个大运河的生态环境,同时也会影响游客游览的心情。如果发现有垃圾堆积,我们就会与苏州市的城市管理局联系,请求他们来帮助我们清理垃圾,避免垃圾堆积的情况持续下去。如果是河面漂浮物或者是水质问题,我们会联系河道交通部门、水利部门,请他们来帮我们改善水环境。因为水是大运河不可或缺的,如果水出了问题,对于整个大运河遗产来说,就是一个极其严重的问题。

除了日常巡查外,我们也会借助一些科技手段,对大运河进行更全面的科技化监测。我们应用无人机技术,从空中的视角,对苏州整个73公里的遗产线进行航拍。从空中这样一个大范围的角度,我们可以更好地看出苏州大运河遗产整体的建设情况,包括它整体的绿化、水路、道路面积的变化。五年来,通过每两个月一次的航拍,我们可以看到,整个苏州大运河遗产区及缓冲区内,呈现出"水系、道路、绿化面积增加,建筑面积减少"这样一个"三多一少"的良好局面,这也体现出我们遗产监测工作的一个成果,大运河周边的环境在向好的方向发展。

河床和驳岸扫描,更像是给苏州大运河进行血管造影。通过河床的三维扫描,我们可以得到最真实的苏州大运河遗产区内河道的驳岸数字化整体的情况,包括河床淤泥堆积的形态。通过多次扫描和对比,我们就可以分析河道驳岸的病害、变化情况,病害数量是否在增加,或者是原先的小病害是否在扩大,就可以为水利和交通部门今后对驳岸的整体改造和病害的筛查与处置提供更科学的依据。

另外,我们还对苏州大运河相关遗产点的遗产建筑,包括遗产本体进行了三维的扫描。通过三维扫描,一方面我们可以确定整个遗产建筑现在的形态、状况,同时也可以为今后的遗产修复、遗产的改造,或者是今后可能会面临的一些重建问题,提供数字化和影像化的依据。前不久的巴黎圣母院燃烧事件,其实就将经历这样一个过程。我们为了防止类似巴黎圣母院的灾难事件在国内、在我们苏州大运河遗产上发生,进行了这样的三维扫描。

说是大运河遗产监测工作,其实不只是遗产监测的工作,我们还承担着遗产的传承和对外宣教的工作。依托苏州大运河遗产展示馆,我们中心会定期举办一些线下的活动,包括参观苏州大运河遗产展示馆,为公众讲解大运河的历史,为公众讲解大运河的文化。同时也开发游船项目,让公众乘坐游船在苏州大运河的护城河,包括山塘河、上塘河上游览,近距离地感受苏州大运河的魅力。通过苏州文物保护管理所的微信公众号,我们会定期推出文物知识普及的推文,包括苏州大运河遗产相关知识,通过普及知识对公众进行宣教。同时我们也会发起征文或者征集照片的线上活动,并通过公众号中的市民举报模块,让市民把他们发现的遗产所存在的问题向我们反映,我们在处理之后,也会及时将处理结果反馈给公众。

大运河不仅是一项遗产,还是文化的传承。大运河遗产城市现在都在做着大运河文化带的建设,苏州作为大运河沿线重要的城市,在这方面当然不能落后。大运河作为一项流动的遗产,也是流动的文化。在古代,它是我国货物流通的一条主要水道,战时它可以运送武器、士兵、粮食;在和平年代,米、丝绸、盐、铁都是通过水路来运送到当时的国都,再由国都分发到各个地方,同时也有无数的人通过大运河这样一个交通水道,到达祖国的各地。大运河不仅承担它的航运功能,把大宗的货物运送到各个沿线的城市,特别是建材、燃料这一类对于时间要求不高,但是体量特别大的货物,水运有着它天然的优势;同时,大运河现在也是南水北调工程的组成河道,将南方的水运往北方,改善了北方人民的生活条件。

苏州是因大运河而繁荣的城市。现在的苏州卫星图片与宋朝时期的平江图对比,整体格局并没有发生多大的变化。最早在伍子胥建苏州城的时候,就运用了"相土尝水、象天法地"的规划思想,对苏州市城市自然河道水系进行了改造疏通和连通,同时又开挖了一些新的人工河道,使苏州形成了水陆并行、水陆双棋盘的交通格局。

大运河最早是作为军事设施,包括苏州环湖护城河,是因为当时吴王夫差为了北上争霸,开挖了北上的河道,这是苏州连通外河的第一条运河。隋唐时期隋炀帝下令开凿京杭大运河以后,才正式把苏州的水系纳入京杭大运河的水系之中,使苏州的水系成为京杭大运河的重要组成部分。自古以来苏州大运河又是和周边河道相连通的一大水系,比如西侧的太湖,东侧的金鸡湖、澹台湖,北侧的阳澄湖等。连通水道最大的一个功能就是泄洪,在雨季使苏州城内水系的水可以排向城外的湖泊,防止苏州城内发生内涝。现在这个排涝功能依然在发挥着作用。唐代由白居易主持修建的白堤,就是现在的山塘历史文化街区,由于当时苏州大运河的客运功能,使整个白堤形成了商贾云集、商铺林立的景象,可以说是当时苏州的一个经济中心,正如《红楼梦》中所写,阊门外是"红尘中一二等风流之地"。如果没有京杭大运河,诗人张继也不会夜宿在寒山寺,那么也就不会写下《枫桥夜泊》这样一首名诗。如今的苏州大运河遗产仍然承接着货物运输的功能,现在每天还有大量船只经过。大运河苏州段也仍有着航运功能,是仍然在使用的一段黄金水道。苏州大运河也是国内现在少有的,遗产区仍然在走航运的河道。

苏州城内因为水质和环境的要求,现在不通航运了,变成了景观河道,承担着水上旅游的功能。苏州城内景观水道现在有游览线路,在游船上市民以及游客能够近距离地体验苏州大运河的文化和风景。大运河两岸的遗产点有山塘历史文化街区、南湖拙政园寺塔、平江历史文化街区,还有全晋会馆、虎丘、宝带桥、盘门等，它们都是苏州重要的景点，也是来苏州旅游的游客除了园林之外必去的景点。这也带动了整个苏州旅游GDP的上涨。还有环城河的健身步道，是苏州市民茶余饭后的休闲之所。大运河苏州段，让苏州有了深厚的文化底蕴，也让苏州市民有了更多的茶余饭后的休憩之所。这也为我们遗产监测工作提出了更高的要求，让我们感受到了更强烈的迫切感。

　　大运河是苏州继苏州古典园林之后的第二项世界文化遗产，也是苏州的一张新名片。如何保护和传承好这样一张名片，是我们遗产保护工作人员所必须要考虑的问题。为什么要保护，怎么去保护，保护好后我们又能做什么，这是每一个遗产保护工作者都逃避不了的问题。对我们来说，大运河是一项流动的巨型遗产，也是一项新的遗产类型，它包含了遗产河道和相关的附属遗产。在保护过程中，我们没有太多的以往的经验可以去参考，只能在摸索中前行，不断地总结过去的经验，运用新的思维、技术和方法，对保护的方式方法进行补充和完善。我们的目标就是要保护和传承好大运河遗产，保护好我们苏州的大运河。这项工作不仅仅是我们遗产工作人员要去做，更多的是需要广大市民包括游客一起参与进来。我们需要大家一起努力来保护好苏州大运河，一起来传承和保护好这样一条文化的河流。

（主讲人　张　晨）

参 考 文 献

[1] 束有春.传统与现代[M].南京:江苏人民出版社,2012.

[2] 方诗铭,王修龄.古本竹书纪年辑证[M].上海:上海古籍出版社,1981.

[3] 郦道元.水经注[M].北京:中华书局,2009.

[4] 李吉甫.元和郡县图志[M].北京:中华书局,1983.

[5] 赵明奇.徐州自然灾害史[M].北京:气象出版社,1994.

[6] 刘云鹤.宿迁市志[M].南京:江苏人民出版社,1996.

[7] 宿迁市宿豫区地方志编纂委员会.宿迁市宿豫志[M].北京:中华书局,2014.

[8] 宿迁市地方志编纂委员会.宿迁市志[M].北京:方志出版社,2020.

[9] 朱伯俭.运走宿迁[M].南京:江苏人民出版社,2019.

[10] 宿迁市人民政府史志工作办公室.宿迁饮食文化[M].南京:江苏人民出版社,2019.

[11] 朱偰.大运河的变迁[M].南京:江苏人民出版社,2017.

[12] 董文虎,等.京杭大运河的历史与未来[M].北京:社会科学文献出版社,2008.

[13] 水利部淮河水利委员会,《淮河志》编纂委员会.淮河志[M].北京:科学出版社,2000.

[14] 《洪泽湖志》编纂委员会.洪泽湖志[M].北京:方志出版社,2003.

[15] 张卫东.洪泽湖水库的修建:17世纪及其以前的洪泽湖水利[M].南京:南京大学出版社,2009.

[16] 王英华.洪泽湖—清口水利枢纽的形成与演变:兼论明清时期以淮安清口为中心的黄淮运治理[M].北京:中国书籍出版社,2008.

[17] 朱兴华,张友明.千年古堰洪泽湖大堤[M].北京:人民日报出版社,2007.

[18] 周平,刘功昭,等.淮安运河遗韵[M].北京:中国书籍出版社,2008.

[19] 吴棠,鲁一同.咸丰清河县志[M].北京:中国文史出版社,2017.

[20] 胡健,荀德麟,等.淮安的古典小说与运河诗文[M].北京:中国书籍出版社,2008.

[21] 夏宝国,严定忠,裴安年,等.运河枢纽高家堰历代诗文选编[M].北京:中国文史出版社,2019.

[22] 高岱明.淮安饮食文化[M].北京:中共党史出版社,2002.

[23] 洪泽县文化志编纂委员会.洪泽县文化志[M].北京:方志出版社,2012.

[24] 张强.江苏运河文化遗存调查与研究[M].南京:江苏人民出版社,2016.

[25] 庐山.岁月沧桑古运河[M].北京:中国文史出版社,2002.

[26] 范然,张立.江河要津[M].南京:江苏人民出版社,2004.

[27] 镇江市文化广电新闻出版局.江河交汇:镇江物质文化遗产文物保护单位图录[M].镇江:江苏大学出版社,2013.

[28] 刘建国,王书敏,霍强.名城地下的名城:镇江城市考古纪实[M].南京:江苏人民出版社,2006.

[29] 李德柱,王礼刚.运河怀古[M].南京:南京大学出版社,2016.

[30] 王玉国.古城名街映金山[M].镇江:江苏大学出版社,2017.

[31] 史能之.咸淳毗陵志[M].朱玉林,等点校.扬州:广陵书社,2005.

[32] 顾祖禹.读史方舆纪要[M].北京:中华书局,2005.

[33] 常州市地方志办公室,朱玉林,张平生.明永乐常州府志[M].叶舟,点校.扬州:广陵书社,2006.

[34] 邵志强,张戬炜.常州运河史话[M].南京:凤凰出版社,2013.

[35] 袁康,吴平.越绝书[M].上海:上海古籍出版社,1985.

[36] 无锡市水利局.无锡市水利志[M].北京:中国水利水电出版社,2006.

[37] 无锡市水利史志编纂委员会.无锡水文化史话[M].北京:中国文史出版社,2008.

[38] 褚绍唐.历史时期太湖流域主要水系的变迁[J].复旦学报(社会科学版),1980(S1).

[39] 魏嵩山.胥溪运河形成的历史过程[J].复旦学报(社会科学版),1980(S1).

[40] 夏刚草,章大为.无锡"钦使第"——薛福成故居[J].中国文化遗产,2005(6):56-61.

[41] 苏州市文物局.大运河苏州古城墙段遗产研究报告[M].北京:文物出版社,2016.

[42] 刘敦桢.刘敦桢全集[M].北京:中国建筑工业出版社,2007.

[43] 梁思成.梁思成全集[M].北京:中国建筑工业出版社,2001.

[44] 唐寰澄.中国古代桥梁[M].北京:中国建筑工业出版社,2011.

[45] 陈瑞近,钱公麟.苏州古代城墙的营造[M]//国家文物局文物保护司,江苏省文物管理委员会办公室.中国古城墙保护研究.北京:文物出版社,2001.

[46] 束有春.江苏省运河文化遗产保护与展望[J].东南文化,2006(6):58-62.

[47] 黄锡之.太湖障堤中吴江塘路的历史变迁[J].苏州大学学报(哲学社会科学版),1988(3):115-117.

[48] 程章灿,张乃格.江南通志(整理本)[M].南京:凤凰出版社,2019.

[49] 汪中.广陵通典等三种[M].扬州:广陵书社,2004.

[50] 焦循,江藩.扬州图经[M].薛飞,点校.南京:江苏古籍出版社,1998.

[51] 刘宝楠.宝应图经[M].扬州:淮南书局,1883.

[52] 刘文淇.扬州水道记[M].扬州:广陵书社,2011.

图书在版编目(CIP)数据

运河帆影：江苏运河史话 / 南京图书馆编. —南京：东南大学出版社,2021.11
 ISBN 978-7-5641-9857-2

Ⅰ.①运… Ⅱ.①南… Ⅲ.①大运河-史料-江苏 Ⅳ.①K928.42

中国版本图书馆 CIP 数据核字(2021)第 248227 号

责任编辑：马　伟　责任校对：子雪莲　封面设计：毕　真　责任印制：周荣虎

运河帆影——江苏运河史话
Yunhe Fanying—— Jiangsu Yunhe Shihua

编　　　者	南京图书馆
出版发行	东南大学出版社
社　　　址	南京四牌楼 2 号　邮编：210096　电话：025-83793330
网　　　址	http://www.seupress.com
电子邮件	press@seupress.com
经　　　销	全国各地新华书店
印　　　刷	广东虎彩云印刷有限公司
开　　　本	700mm×1000mm　1/16
印　　　张	16
字　　　数	253 千字
版　　　次	2021 年 11 月第 1 版
印　　　次	2021 年 11 月第 1 次印刷
书　　　号	ISBN 978-7-5641-9857-2
定　　　价	78.00 元

本社图书若有印装质量问题，请直接与营销部联系。电话(传真)：025-83791830。